新编21世纪社会学系列教材

现代都市人类学

周大鸣 编著

Contemporary Urban Anthropology

中国人民大学出版社
·北京·

内容简介

都市人类学是现代人类学最为活跃的分支研究领域。这一领域在跨文化的视野中，发现并解释人类都市文明发展的多种路径和样态。本书立足于人类学学科发展脉络，梳理了都市人类学起源与发展的历程，结合中国及世界其他国家和地区城市发展的案例，系统介绍了城市的职能、城市的基本组织、族群与族群关系、人口迁移与都市发展、都市与都市问题等都市人类学研究的基础领域，总结了人类学开展这些领域研究的具体路径和方法技术。全书力图呈现人类学在与其他都市研究学科开展积极互动的同时，围绕对人和文化的研究所形成的对都市进程及都市社会的独到理解。

作者简介

周大鸣　教育部“长江学者”特聘教授，享受国务院特殊津贴专家，云南师范大学社会学首席教授，中山大学社会学与人类学学院荣休教授。致力于都市人类学、移民与城市化、乡村都市化、村落发展等研究领域，取得了相当丰富的研究成果。尤其在移民与城市化、族群与区域文化、人类学应用研究等领域积累深厚，经过三十年的探索，对人类学学科建设贡献突出。20世纪90年代至今已出版专著及编著十余部，在《社会学研究》《民族研究》《中国社会科学》等国内外核心学术期刊共发表论文200余篇，在SSCI来源期刊发表英文文章20余篇，主持国际项目、国家社科基金项目、教育部攻关课题十余项。

序

我 1989 年研究生毕业，留在中山大学人类学系工作，最早展开的研究就与都市人类学有关。我和周大鸣教授的学术缘分之一，很大程度上也来源于我们在都市人类学方面的共同思考。1989 年 12 月，阮西湖先生（2021 年刚刚故去）在任国际人类学与民族学联合会都市人类学委员会执行理事期间，与美国学者顾定国共同主持了首届中国都市人类学国际会议，我和周大鸣教授当时作为最年轻的中方代表，参加了这次对之后中国民族学、人类学国际化的推进具有深远影响的国际会议。会议也在国外出版了英文文集，我们的文章也被收录其中。那是我第一篇英文论文。1997 年版的《现代都市人类学》，就是周大鸣教授在此次会议之后，进一步思考和研究的成果。2023 年版的《现代都市人类学》，在 1997 年版本的基础上，对每一章都进行了修改，重写了个别章节，其中增加了很多他的团队最新的个案材料，为我们认识巨变的都市社会，提供了非常丰富的一手资料。

都市人类学的发展，对于人类学学科转向对现代生活方式的研究，具有引领性的意义。著名人类学家福斯特和肯珀指出，历史上人类学经历了三次革命：第一次是从 19 世纪中期开始，研究无文字记载的原始民族（简单社会）。第二次是 20 世纪 20 年代—40 年代进行的乡民社会研究。以葛学溥的广东凤凰村调查（1925 年）、林德夫妇的中镇调查（20 世纪 20 年代）以及费孝通教授的江村调查（1936 年）为代表。第三次是 20 世纪 50 年代，英国社会人类学家对非洲城镇的调查，是人类学研究现代都市社会的开始。

我们比较熟悉的还有沃斯在 1938 年发表的著名的《作为一种生活方式的城市性》，他认为可以从"人口数量""居住密度"和"居民与群体生活的异质性"三方面来观察城市生活的特性。他将自己的分析加以总结，指出："城市性作为一种特别的生活方式，可以从三个相互关联的角度去实证地介入。一是生态角度，即作为一种由人口基础、技术和生态秩序组成的物理结构；二是组织观念角度，即作为一个涉及社会结构的特点、一系列社会结构以及社会联系的典型模式的社会组织；三是个性及态度的观点角度，即作为一组个性及态度的观点以及牵涉集体行为的典型形式和服从于社会控制机制特性的个性的组合。”①由此，原有的但一直隐匿起来的来自民族、宗教等的文化问题凸显出来，人们对城市中不同民族社会的比较研究，越来越成为人们所关注的焦点。当下正在发生的俄罗斯和乌克兰的战争再一次说明，我们的人类社会正面临着一场社会“危机”乃至文明“危机”。这类全球性问题所隐含的潜在危机，引起了人们的警觉，成为人类学研究的主题。在本书中，作者强调都市人类学作为人类学的一个分支学科，其研究方向可以被归纳为这么几类：（1）城市中的农民研究；（2）都市问题研究；（3）人类学传统与城市研究；（4）族群与族群关系研究；（5）都市化比较研究。这些研究领域构成了人类学都市研究的基础。

马克思与恩格斯曾从批判的视角出发，将城市与乡村的差距解释为脑力劳动与体力劳动区分的表现，并认为城乡差距是社会异化的主要表现之一。美国芝加哥学派对城市社会做了诸多深入研究，他们将城市看作一个生态系统。其实在费孝通先生晚年，一直希望我们这些当时正年轻的老师能够重新回到古典，能够多阅读古典文献。其中，费孝通先生提到的重要参考书目就是芝加哥学派帕克等人对城市研究的著作。对城市问题的研究也让我们不断梳理，特别是在冷战结束以后，曾经隐匿起来的来自民族、宗教、文化的冲突，地域政治的问题等等纷纷显露，带给我们一些思考社会危机、文明危机的讨论。当然这些讨论都是偏历史和国际政治取向的讨论。但人类学的研究更加具有现场感、实践感。正如本书一直强调的城市文化的适应和文化认同的问题之于都市研究的意义。今天我们每个人都生活在全球体系之中，城市中的文化生产和空间再造，越来越成为大家关心的课题。在我们的研究中，经常面对的是不同民族迁居城市之后，其个体、家族、群体等如何改变原有的生活方式来适应多样化、快节奏的城市生活。这也是人类学一直强调的城市化不是人口数量的城市化，而是生活方式的城市化。35 年前我在写硕士论文的时候，就研究过呼和浩特多民族的社会和文化的适应问题。之后到 10 多年前，我又做了进一步的跟进调查。而 21 世纪的呼和浩特市的城市文化与全球体系是连接在一起的。我在广州工作期间，看到了阿拉伯人、非洲人、东南亚人等有不同文化背景的人，如何在广州共同生活，共同适应广州的社会和文化。在一次交谈中，耶鲁大学的萧凤霞教授就做出了广州是全球人类学的实验室的论断。这就反映了全球化背景下中国都市地域化的文化生产与更为广阔的全球文化的互动过程。这一过程也表明，面对发端于西方世界的全球化浪潮，非西方世界在接受西方文化的同时，也通过自身的文化个性来予以回应。都市就是这一文化互动的典型场域。即全球化与地方之间有一种互相对应的逻辑关系：在全球化过程中，生产、消费和文化策略

① WIRTH. Urbanism as a way of life. American journal of sociology，1938， 44（1）.

之间已相互扭结为一个整体。全球化过程中的一些思考，其实就是费孝通先生在国际人类学与民族学联合会中期会议上的主旨发言中所提出的总结：如何来创造一个和而不同的全球社会，如何在全球化的今天，不同的文化和民族在“美美与共”中达到天下大同。所以文明间的对话变得越来越重要，而具体所指的文明可有不同程度、不同视角的分类和定义。

都市也是我国社会巨变的缩影。自 20 世纪 80 年代初期起，中国区域经济发展的不平衡性加剧，东部沿海地区与中西部地区的差距日益明显。由于乡镇企业的凋敝，费孝通先生提出的“小城镇、大问题”的“离土不离乡”的模式出现变化，之后跨区域的异地人口流动成为主流，表现为大规模的“民工潮”，即常说的“离土又离乡”。这一变化，恰恰是都市人类学所关注的主题。周教授在这一领域耕耘多年。在我的记忆中，他从 20 世纪 80 年代就和顾定国教授共同研究刚改革开放的珠江三角洲的城市化问题。他也在田野调查研究的基础上，把自身的研究与本教材有机地结合了起来。他把费孝通先生在 20 世纪 80 年代提出的“离土不离乡”的“钟摆人口”，扩展为“人口钟摆式移动”。他指出，他们中的绝大多数不会永远地定居于城市，而是处于一个钟摆一样的过程中，即摆动在乡村社会与城市之间①。

当下，人口流动出现若干新的趋势，这方面的研究也转向一些新的现象和人群，这其中最突出的就是对第二代农民工（即 1980 年后出生的农村劳动力）的研究。随着人口结构的变化，农民工主体由第一代向第二代转换。第一代、第二代农民工在成长环境、价值观念、生活方式、流动动因等方面存在着很大不同。第二代农民工对城市生活有强烈的认同感，并且以不同的方式建构自己的身份认同与归属，但是同时面临着更加尴尬的境地——既无法定居、融入城市也无法回到父辈居住的乡村。作为社会主义新传统的二元城乡体制显然已经不再适应当前人口大规模流动的社会现实，但如果简单废除以户籍制度为核心的这一体制，那么第二代农民工在无法适应城市生活之后可能退无可退，这一庞大的人群将暴露在社会治理体制之外。从这个意义上讲，第二代农民工如何融入城市生活的问题，实际上指涉的是二元的城乡体制如何在新条件下调整的问题。大多数关于新生代农民工的研究倾向于反对城乡二元结构，并将其视为现代社会的身份制，是农民工通往城市生活的人为障碍。这些研究相信新生代农村流动人口的社会认同已经发生了改变，他们的价值观念、行为模式将推动城乡关系的融合，并预期出现流动人口的“半城市化”②。但事实上，中国的农民工流动并不是农村人口向城市流动的单向过程，而一直是一个双向的过程，既有以年为周期的钟摆式长途流动，也有以农业季节为周期的短距离流动，绝大多数农民工最终会面临“进城返乡”的问题。

---

① 周大鸣．珠江三角洲的人口移动探讨．社会科学战线，1990（2）．周大鸣．珠江三角洲的人口移动与文化适应问题//阮西湖．都市人类学．北京：华夏出版社，1991．周大鸣．从农民工眼中看农民工和适应过程//马戎，周星．田野工作与文化自觉．北京：群言出版社，1998．

② 王春光．农村流动人口的“半城市化”问题研究．社会学研究，2006（5）．

改革开放以来，中国地区间、民族间经济文化、社会生活发生极大变化，过去相对封闭的少数民族地区出现了日益发展的族际人口互动现象，少数民族人口向东部发达地区和中心城市流动的现象也日益突出。因为其特殊的文化传统、民俗习惯和政治身份，少数民族流动人口带来的影响和问题也被纳入了学界的视野。如作者的团队对于城市中的民族村、都市流动人口的族群认同与文化适应、人口结构的变迁等问题，也进行了调查和研究，这些成果也反映在本书的相关个案中。

今天，随着各民族同步迈向社会主义现代化，对多民族“互嵌式社区”的研究，成为都市人类学研究的重中之重。在西部大开发以后，大量中东部地区的人口进入西部地区和边疆地区。正如习近平总书记所指出的，70年来特别是改革开放以来，各民族在社会生活中紧密联系的广度和深度前所未有，我国大散居、小聚居、交错杂居的民族人口分布格局不断深化，呈现出大流动、大融居的新特点。

第七次全国人口普查数据显示，2020年流动人口规模近3.8亿人，比2010年增长了将近70%，人口流动更趋活跃。大范围的人口流动，导致社会结合方式的松动以及传统文化的快速变迁。人口流动将城市、生态、文化等裹挟到社会变迁的浪潮中，带来了一系列新现象和新问题。流动本身成为中国当前的主要社会特征，流动现象反映了作为过程的城市化中国的新问题。

我们强调互嵌式的社会结构和社区环境，正是希望各民族在基层社会和社会结构两个层面通过结构互嵌、空间互嵌、经济互嵌、关系互嵌和文化互嵌，巩固和发展出一个结构相连、利益相关、情感相通的中华民族共同体。

总之，《现代都市人类学》一书，启发我们以不同的研究专题，从不同的研究视角来回应这些问题。我们相信此书不仅对于教学一线的老师和渴求知识的学生非常重要，也是社会人士了解、认识我们周围快速变迁之社会的重要精神食粮。

作为大鸣兄的学弟，不敢为他的书写序。只是谈点心得，以共勉。

麻国庆(教育部高等学校民族学类专业教学指导委员会主任委员)

2022年3月25日于北京魏公村

目录

第一章　绪　论

第一节　都市人类学的形成 …… 001
第二节　都市人类学的研究范围 …… 008
第三节　几个基本概念：都市性、城市、都市化 …… 013
第四节　中国都市人类学 …… 018

第二章　都市革命——城市的起源和发展

第一节　城市的起源和发展 …… 029
第二节　中国城市生活发展的过程 …… 036
第三节　当代中国城市化的历程 …… 041

第三章　城市的职能

第一节　经济职能 …… 044
第二节　政治职能 …… 048
第三节　文化职能 …… 050

第四章　城市的基本组织

第一节　家庭 …… 058
第二节　邻里（社区） …… 064
第三节　社会组织 …… 067
第四节　亲属群体 …… 068

第五节 职业群体 …… 071
第六节 网络群体 …… 075

第五章 族群与族群关系

第一节 族群 …… 080
第二节 20 世纪 90 年代的广东族群 …… 094
第三节 国外族群与跨国移民 …… 107

第六章 人口迁移与都市发展

第一节 人口迁移理论 …… 116
第二节 人口迁移概说 …… 122
第三节 移民与都市化 …… 128
第四节 内陆移民与都市化进程 …… 133

第七章 中国的都市化

第一节 中国的乡村都市化 …… 152
第二节 20 世纪 80—90 年代中国少数民族地区发展与都市化 …… 161
第三节 中国大都会区的发展 …… 173

第八章 都市与都市问题

第一节 都市问题 …… 182
第二节 都市与负性反应的研究 …… 184
第三节 城市与人类健康 …… 187

第九章 都市人类学研究方法与技术

第一节 都市微观民族志 …… 196
第二节 网络分析技术 …… 202
第三节 都市宏观民族志 …… 205
第四节 网络民族志 …… 208

附录 1 中西姓名译名对照表 …… 212

附录 2 主要参考文献 …… 215

后 记 …… 221

第一章

绪 论

第一节 都市人类学的形成

一、人类学的本质

人类学是研究人的科学。人类学研究人类的过去、现在和未来的发展，既包括人类本身体质的发展，也包括人类创造的文化的发展。人类从在地球上诞生之日起就对自己的由来有着浓厚的兴趣。在浩如烟海的各国史籍中都有关于人类发展历史的种种记载与解释。可是，由于知识水平和技术的制约，在人类 300 万年的历史中，有文字的历史只有几千年。人类在很长的一段时间内只能依靠神话与传说来解释自己的起源、文化的形成和变化等问题。人类学就是一门试图通过科学的方法来回答关于人类自身的一系列问题的学科。人类学希望建立关于人类及其行为的总括性知识，达到不带偏见地认识人类差异性的目的。

人类学产生于 19 世纪各人文科学、社会科学学科确立的时代。在那个时代，以达尔文（Charles Darwin）为代表的进化论派在科学的各个领域取得了全面的胜利，因而进化论的观点构成了早期人类学理论的核心。早期人类学的代表人物泰勒（Edward Tylor）、摩尔根（Lewis Morgan）、弗雷泽（James G. Frazer）等无一不持进化论观点。建立在达尔文生物进化论基础上，以各地民族志为研究材料的早期人类学，在不长的时间中便获得了快速的发展。马克思（Karl Marx）和恩格斯（Friedrich Engels）在创建历史唯物主义和科学社会主义时，就吸收了同时代的人类学研究成果。人类学，无怪乎被称为马克思主义的第四个理论来源①。

人类学是一种直接与人相关的学科。它在较短的时间内建立起了自己的一套理论和研究方法，并在过去的 100 多年间扮演了使各国人民彼此认识的角色，因而发

---

① 孙九霞，周大鸣．人类学是马克思主义的第四个主题：《马克思主义人类学》一书简评．民族研究动态，1995 (2).

展较快。现在，世界各大洲的主要大学都设有人类学课程。以英美为例，著名的综合性名校全部都开设了人类学专业。2018 年，美国有 800 多家人类学教学科研机构，从事人类学研究的专业人员约 1.8 万人。英国目前也有超过 100 所大学开设了人类学专业，包括牛津大学、剑桥大学、伦敦政治经济学院等名校。可以说，几乎全世界所有著名的大学都建立了人类学教学科研机构。在联合国，人类学的基本思想已成为其制定政策的依据。在世界许多国家中，人类学的基本知识，如关于世界各民族的知识、文化相对观和反对种族主义等观点，已普及到中小学的课本中。人类学家在政府各部门以及社会的广泛领域中所发挥的独特作用，愈来愈受到人们的重视。

人类学并不是研究人类的唯一学科，历史学、经济学、哲学、医学、心理学、社会学等也以人类为研究对象。人类学与其他学科的差别在于研究的是什么，以及如何研究。人类学与其他研究人类的学科的基本区分在于，人类学强调整体观、文化相对观，且具有特殊的研究方法。

人类学的整体观强调人类社会的不同部分是相互整合的。对一个人类学家来说，对一个特定文化的研究不仅包括对政治、艺术、宗教、亲属关系、经济的逐项研究，而且要把特定文化的各个方面与更大的生物环境和社会环境相互整合形成系统来研究。我们只有对某种习俗生存的广泛背景有所了解，才能真正认识这种习俗的意义。人类学这种重视广泛联系的思想体现着一种“整合”（integration）的观点。

文化相对观是人类学的又一核心思想。这种观点认为，所有的人都是完全平等的。无论是布须曼人、俾格米人、美国人还是中国人，都是同一种属。既没有任何种族与猿人关系“更近”，也没有任何种族比别的种族进化级别更高。正因为所有的人都是平等的，所以人类学家对所有的人持有相同的基本态度和热情。文化相对观也认为，要认识异文化，要判断与解释别人的行为和信仰，就一定要按照他们文化自身的传统与经验去解释。因为对一个文化来说是正确的，对另一个文化来说就不一定如此。如在一些文化中，堕胎是可以接受的行为；而在西方的一些国家中，这样做却意味着道德与法律上的过失。当然，文化相对观也并非要求人们对一切行为都必须不加批评地全盘接受，而只是告诉我们，当评价一种文化模式时，必须将它放在具体的环境背景之中去考虑。①

文化相对观是为克服“民族中心主义”（ethnocentrism）的障碍而产生的。民族中心主义以特定人类群体自身的文化价值与传统来衡量其他社会的行为，代表着一种文化沙文主义——认为自己文化中的一切都无可争辩地优于其他文化。这些在人类学家看来，一方面是积极的力量，能够给人们自豪感、安全感，能够提高人们参与民族解放运动的自觉性；但另一方面，也存在消极的因素，既是所有偏执与歧

① 博厄斯．人类学与现代生活．北京：华夏出版社，1999. 李安民．试论文化相对论．中山大学学报（哲学社会科学版），1987（3）.

视的思想根源，也是殖民主义、帝国主义压迫弱小民族的理论依据。由于民族中心主义消极地认识、对待其他文化，因此人类学家认为，要想真正地认识其他文化，就得坚持文化相对观。

人类学为了实现科学地认识人类的目的，采用了一系列的理论和方法。其中最具特色的研究方法就是参与观察法与跨文化比较法。参与观察法就是对一个社群及其生活方式进行持续的研究。它属于自然观察研究中的一种。人类学家运用这种方法一直很成功。所以，他们惯于长期居住在所研究的社群内，与社群内的所有成员进行接触，熟悉研究对象和他们生活的全貌，甚至成为他们中的一员，不被研究对象视为外人，以便收集资料。这种参与观察法，随着人类学研究领域的不断扩大，而被成功地运用到对农业社会和当代工业社会的研究中。

跨文化比较法的基本前提是把全世界的各种不同文化作为样本，对这些资料做比较研究，以便验证对人类行为的假设。这种方法的重要性在于，它不但使研究者挣脱单一狭窄范围的限制，而且能让研究者发现更多、幅度更广的人类行为。更为重要的是，这种比较研究可以提供一种类似实验法的研究方法。人类学家通过跨文化比较研究，认识到文化的差异性、普遍性和复杂性，亦清楚地认识到各种文化是怎样变迁、怎样适应变迁的，从而能预测文化变迁的方向。同时，跨文化比较研究能端正我们的文化观，既排除民族中心主义观念，又去除文化自卑感，使各种文化能友好地交流。

二、人类学对乡村社会的研究

人类学对乡村社会的研究至少可以追溯到 19 世纪中叶，如泰勒和亨利·梅因（Henry Maine）爵士，他们根据从乡村社会和部落社会获得的资料构建了他们的文化概念。但那时的人类学家的主要兴趣集中在所谓的原始民族和部落社会上。而都市人类学从乡村到都市的研究，一般被看成从对现代乡村、社区的研究到对一些小镇的研究这样一个过程，所以从现代都市人类学的角度来看，对乡村社会的研究的开端可以说是在 20 世纪 30 年代，其先锋人物有葛学溥（Daniel H. Kulp）、甘米欧、雷德菲尔德（Robert Redfield）和帕森斯（Talcott Parsons）等。葛学溥对中国潮州凤凰村的研究，被称为人类学史上的第二个里程碑，开拓了乡村社会的人类学研究方向。① 第二次世界大战期间及之后，人类学家兴起了乡村社会研究的热潮。

人类学中心向乡村社会转移，担负起与原始民族和部落社会研究复杂程度不同的研究工作。人类学家把乡村社会的农民文化视为社会文化整体中的一部分。如克鲁伯（Kroeber）就把农民定义为居住于乡村而与城市保持联系，构成包括城市在

---

① KULP D H. Country life in south China. New York：Bureau of Publications Teachers College Columbia University，1925.

内的人口群体中的一个阶级[1]。他们不像部落社会那样隔离孤立、政治自主、经济自给自足；他们对自己的乡土有认同感和整合性，对土地有着浓厚的感情。这种观点强调城乡之间的结构关系，不论是从纵向还是从横向来看，乡村社会所拥有的文化都是整体文化中的一个构成部分，另一个互相关联的部分便是城市。因此，当人类学家认识到城市对乡村社会的主导作用时，都市人类学的产生及人类学中心移向城市研究就是可预期和合乎逻辑的事。

有关复杂社会研究的概念是在罗伯特·雷德菲尔德的倡导下建立起来的。雷德菲尔德的人类学观点为大家所公认。许多乡村社会研究和城市研究中都提到了他。一开始，雷德菲尔德并没有意识到俗民社会与乡村社会的区别。他最重要的田野工作是 20 世纪 30 年代对位于墨西哥尤卡坦半岛的四个社区的调查。选择这四个社区是基于这么几点标准：规模、同质性和主要都市辐射距离。[2] 但雷德菲尔德没注意到这样一个事实：在被西班牙征服以前，即使是四个社区中规模最小、最闭塞的社区，其生活也仍然受其他社区的直接影响，也仍然是大的社会政治和经济市场体系的一分子。因而，他把这个社区作为一个孤立的社区来描述。

1947 年，雷德菲尔德写了一篇名为《俗民社会》的文章。这篇文章影响极大，并刺激了此后 20 年中大量相关的研究。这篇文章的目的就是给俗民社会下个简单的定义。为了发展这一理论概念，他在规模、同质性和主要都市辐射距离这三点标准之上加上了“神圣”与“世俗”、“稳定”与“巨变”这两对指标。他尽管主要对俗民社会进行了描述，但也提出了相对应的都市形式，那就是假定俗民社会是同质的和神圣的，而都市社会则是异质的和世俗的。一个重要的争论点是“社会”作为与社区相对应的词的应用。俗民社会和都市社会都并不是完整的社会系统，而仅仅是社区形式。雷德菲尔德既比较了部落、乡村和都市社区，又比较了传统与现代社会。

雷德菲尔德在后来的 20 年里，改变了其分析框架，把研究转向了中美洲乡村社会。他认识到乡村和都市的两分法对于一个复杂多变的社会系统而言过于简单化了。因此，他将村落社区定义为大系统中的一个单位，而且为农民村落取了一个“小传统”的名称。他认为村落社区是在专制政治权威统治下的一种扩展的政治形态。此外，村落社区与外部的经济联系、生产和消费都与大系统中的市场有关。

镇和城市是非村落社区，雷德菲尔德称之为“大传统”（与乡村系统的“小传统”相对应）。这样，经典、传统的舞蹈、音乐、击鼓等形式在都市中心建立，而俗民这类活动的表演则在村落举行。俗民传统在各个村落中显示出变异，而城市则具有稳定、集中、一致性的宗教、文化和艺术中心。[3]

---

① KROEBER A L. Basic and secondary patterns of social structure. The journal of the royal anthropological institute of great Britain and Ireland，1938，68.

② REDFIELD R. The folk culture of Yucatan. Chicago：University of Chicago Press，1941.

③ REDFIELD R. Peasant society and culture. Chicago：University of Chicago Press，1956.

这样，雷德菲尔德就与辛格（Singer）一起开始关注城市在大社会文化系统中的文化角色。在他发展的大传统与小传统的划分中，大传统是相对重要的，而小传统的村落则从属于大传统。

三、都市人类学的产生

在都市人类学产生之前，除了雷德菲尔德的工作之外，还有一些早期研究城市的例子，包括考古学家对城市起源和古代城市的研究，人类学家对前工业社会的研究、对美国早期社区的研究，等等。某些区域研究专家（拉丁美洲学家、非洲学家等）的目光也向都市转移。所有这些因素都影响着都市人类学的形成。

（一）社区研究

人类学对美国现代生活的研究大致始于20世纪30年代，这造成人类学与社会学领域的联系。这类研究通常被称为“社区研究”，即利用一些综合的策略（包括参与观察和其他研究技术）以了解单一的社区。

与这一研究领域相联系的首先是林德夫妇（Robert S. Lynd，Helen M. Lynd）在20世纪30年代对美国中部城市的探索，其成果反映在他们合著的《中镇》一书中。他们广泛地运用民族志调查方法（长期居住、参与观察、访问交谈等），把都市社会的正式和非正式结构、经济状况、社会角色，以及人们的身份地位、权力、价值观念等结合在一起做整体研究。

第二位先驱人物是华纳（W. Lloyd Warner）。他在对澳大利亚的门金（Murngin）部族进行3年研究以后，决定将这种人类学研究技术转向美国城镇。他的研究成果是《扬基城》系列丛书。他采取的方法是招募助手对选定的社区展开民族志式的研究，并辅以统计资料和问卷资料。他强调由于工具的限制，这种方法仅适用于较小的社区（少于2万人）[①]。他研究的对象并非大都市，而是类似于中国的集镇。

怀特（William Foote Whyte）是受华纳影响较大的学者。他出版的《街角社会》就是把华纳的一套方法照搬到都市中心的里弄研究中。还有赫伯特·甘斯（Herbert J. Gans），其著作《都市村民》就是在怀特的工作基础之上，就族群性和非都市社会组织及其联系模式进行了研究，同时比较研究了郊外社区与都市的生活方式的异同。

人类学家维迪奇（A. Vidich）和社会学家本斯曼（Joseph Bensman）合作对纽约州城市社区的研究，被视为人类学社区研究的典范。他们出版了《大众社会中的小镇》一书。该研究特别强调了人类学的方法和理论，把小镇视为一个大系统中的一分子，强调了社区与州、国家的关联。

可以说，由华纳等人发起的美国社区研究，后来被社会学家及社会人类学家逐

---

① WARNER W L. Yankee city. New Haven：Yale University Press，1963.

渐地扩展，并运用到第三世界都市研究中去。美国有关都市邻里的都市人类学研究可以说是从华纳、怀特、甘斯到利博（Liebow）一脉相承的。

（二）考古学研究

考古学家较早关注都市研究。他们通过发掘，了解到从小规模聚落模式向大都市发展是人类历史重要的变迁之一。柴尔德（V. Gordon Childe）称之为“都市革命”，认为都市革命与经济生产的转变相关联。他强调，都市聚落是考古学家不断追寻的文明之源。

考古学对都市人类学的贡献有两点：一是城市产生于不同条件之下，且都市是一个长期发展的历史过程。这方面研究的典范是布雷伍德（Robert Braidwood）等编写的《通向都市生活之路》[①]。二是考古学注重对物质生产和生活各方面的复原。按照狭义的都市聚落的概念，考古学主要强调诸如建筑模式、住宅规模、街道设计、中心与边界等物质因素。

（三）传统城市研究

一些人类学家最初研究的是农业社会中的传统城市，如我们提到的迈那（Miner）对 Timbuctoo 城的研究。这些美国人类学家运用民族志技术分析传统城市的特点，因而得出与考古学不同的结论。肖博格（Sjoberg）在他的代表作《前工业城市》中，将历史资料与民族志方法结合起来。所有的研究都试图为跨文化都市现象的比较奠定基础。通过对世界各地传统城市的研究，我们能在更广泛的构架中认识都市生活。

（四）区域研究

许多英美人类学家研究墨西哥和其他拉丁美洲、非洲村落，从最初对美洲印第安人或其他部落民族的兴趣发展到对农民的兴趣。当随着工业化和现代化的发展，大批从乡村到都市的移民出现时，人类学家便不得不从村落社区向都市转向了。一些拉丁美洲学者开始讨论都市现象以及都市居民的经历。如比尔（Ralph Beals）的文章《都市性、都市化和涵化》中就试分辨了题目中的这三个概念。当奥斯卡·刘易斯（Oscar Lewis）从村庄进入墨西哥城时，他便成为第一批都市人类学家中的第一位。比尔曾著文（最初是致美国人类学学会前主席的信）极力主张研究城市和复杂社会，以便改变美国人类学过分强调心理学的倾向。今天，人类学一方面与社会学渐行渐远（社会学越来越重视数据、定量分析和模型，而人类学仍旧主要聚焦于个案分析、田野调查和定性研究），另一方面则走向了比尔所主张的方向。

当美国人类学家随着农民群体移动转向拉丁美洲城市研究时，美国人类学也发

---

① BRAIDWOOD R，WILLEY G R. Courses toward urban life. Chicago：Aldine Publishing Company，1962.

生了类似现象而转向非洲城市研究。美国社会人类学家注重对部落生活稳定和传统方面的研究，在第二次世界大战以后开始对社会变迁感兴趣。在20世纪60年代出版的一部重要著作《非洲社会变迁》中的许多文章，都涉及非洲研究的转折，即从部落民族向都市中心的转向。在拉丁美洲，城市移民同样占有重要地位。这种兴趣导致后来对都市特征、都市社会体系和部落社会体系的都市性的研究。

四、都市人类学的确立

尽管对都市生活和城市研究早有兴趣，但都市人类学的真正确立经历了很长一段时间。一个主要的原因就是美国考虑到保持人类学学科的“独特性”，以及与其他的社会科学特别是社会学的区别，而延缓了对都市人类学的确认。

人们不禁要问：“都市人类学与社会学怎样区分?”要回答这个问题，就要涉及前面讨论过的有关人类学的方法和概念。然而，其他学科的社会科学家也可能采用这些特征的几种或全部的要素。如果都市人类学的目的是理解城市和都市生活，那么这个问题并不重要。即使概念、方法和内涵都是从其他学科借用或与其他学科共享的，也没有什么可怕的。也许，所有的社会科学都会有研究城市的分支。人类学和都市人类学的成熟也要求我们在学科范围和地盘上多费精力。人类学在方法论及其他研究方面，与别的学科存在着较大的差异。我们将在后面章节中讨论人类学在都市研究上的独特贡献。无论怎样，研究城市的学科之间的界限是模糊的，我们难以寻求到精确的劳动分工。由于都市及都市社会集人类文明之精华，因此研究都市及都市社会的学者就包括各种不同学科及各种不同领域。目前，参与都市研究的有生物学、建筑工程及设计、城市规划、政治学、经济学、心理学、历史学、公共行政学、电脑及系统工程学等学科的成员，社会学家和人类学家当然也包括在内。目前在西方社会，研究都市及都市社会已形成了一种专门的领域，不少大学设立了都市研究学院或研究中心，从而综合各种不同学科之所长来处理、研究都市问题与都市现象。可见，都市研究并不是某单一学科的专利。

当然，每一学科都有其特色和传统。文化人类学注重对异文化的田野调查，并在这一方面树立起自身的信誉和地位。所以，有些人把在城市中的田野调查工作视为“非正统”的，而那些最正统或最固执的人类学家仍然在非西方的部落和乡村中工作。即使是在美国，有关城市的人类学研究在20世纪60年代之前还不断受到指责。因此，都市人类学的真正确立经历了相当长的一段时间，第二个主要原因就是，人类学的都市研究被视为对传统人类学的背叛。

但下列三方面的原因，对都市人类学的确立起了促进作用。其一，都市人类学是时代发展的需要。第二次世界大战以后，随着经济的发展、产业结构的改变、交通的发达以及信息传递的进步，人口迅速增长，都市化程度提高，使人类学研究的对象发生了变化。一方面，亚非拉几大洲的一些不发达国家的都市迅猛扩大且动乱日趋频繁，西方人类学家转而研究这些国家的都市。另一方面，西方社会都市中的社会问题日趋严重，这也促使西方人类学家转向对自身都市社会的研究。

其二，都市人类学的发展是学术潮流所趋。当代学术潮流一方面是课题的专门化和区域化，另一方面是多学科的综合、渗透和合作研究。都市作为人类文明的结晶，已成为多学科涉猎的领域，并逐渐形成专门的学科——在西方被称为都市学。目前，一些大学成立了都市研究院或都市研究中心，其重点是集各学科所长来解决都市中的各类问题。由此可见，研究都市与都市社会并不是任何一个学科可以完全包含的，需要多学科的综合研究，都市人类学的兴起也就成为必然。

其三，都市人类学的产生亦是学科本身发展的必然。人类学自产生以来，一直强调学科的应用，这也促使人类学随时代发展而发展。自第二次世界大战以来，人类学的领域越来越宽，而研究的专题越来越细，因此学科开始分化，产生了许多分支学科，如教育人类学、心理人类学、医学人类学、乡村人类学等等。随着都市化的加速，城市的作用越来越重要，以都市为主题的人类学分支学科的产生也就成为必然了。[①]

一般认为，任何一个学科的确立，都要有三个要素：系统的教材和专门的著作，专门的研究队伍和专业杂志，系统设置的课程。都市人类学的确立是以那些专门著作的出现为标志的。自 1968 年以来，有多本都市人类学的教材及阅读本问世；美国人类学学会之下设立了都市人类学会；专业杂志《都市人类学》《城市与社会》定期出版；英美大学普遍开设了都市人类学的课程。

伴随着 20 世纪 80 年代人类学的重建，都市人类学进入了中国。1986 年，美国太平洋路德大学的顾定国（G. E. Guldin）曾在中山大学率领研究生进行都市人类学调查；1990 年年初，首届都市人类学国际会议在北京召开；1992 年，在北京成立了中国都市人类学会；1992—1993 年，顾定国还与周大鸣主持了“华南乡村都市化比较研究”项目，在福建、广东、云南、西藏、湖南等地进行了田野调查，并用中英文出版了研究成果[②]；中国都市人类学会出版了三本都市人类学论文集，以及《中国都市人类学通讯》；中山大学人类学系开设了“都市人类学”课程。以上这些表明，都市人类学已成为中国人类学的一个重要组成部分。

第二节 都市人类学的研究范围

都市人类学作为一个分支学科，包括研究方法、资料收集、研究重点和研究范围。这一学科的研究方向可以被归纳为这么几类：（1）城市中的农民研究；（2）都市问题研究；（3）人类学传统与城市研究；（4）族群与族群关系研究；（5）都市化

① 周大鸣．都市人类学三题．中山大学学报（社会科学版），1991（4）．
② 周大鸣，郭正林，等．中国乡村都市化．广州：广东人民出版社，1996．

比较研究。

一、城市中的农民研究

都市人类学工作中的很大一部分像是传统人类学的外延，把目光集中在都市中的乡村移民群体和乡村农民对都市环境的适应问题上。首先，这是乡村社会研究的扩展，即研究同一群体在乡村和都市中的不同的活动，或者是探讨乡村或部落移民的影响。这种研究主要探寻移民的原因、移民的模式，以及移民对城市的适应。这种研究还逐渐扩展到世界上的主要地区，并形成“城市中的农民研究”这一主题。

这一主题的基本假设是城市对于新来者是一种新的社会环境。而新来者所面临的是新的环境、新的制度、新的行为代码。他们必须在一个与他们所知的极不相同的社会聚落中寻找工作和住处。这些工作的组织、所需的技术及所在的地方对他们来说都是陌生的。他们对住房的形式及房产市场更是一无所知。他们必须学会新的理财习惯和新的作息时间，改变时间观念以适应都市的节奏。他们必须形成新的社会行为，以使自己的行为适应城市的医疗、公共及教育等方面的制度。

移民适应研究包括：

（1）描述寻求适应策略。移民主要是通过亲属制、拟亲属制（非血缘或姻亲的相关亲属）、部落、地方和联谊团体来扩大社会联系的。

（2）描述移民在城市新社区组织和结构模式中的转变。

（3）描述在异质性都市媒介中所形成的新的认同和稳定群的问题。

移民适应的问题还要从城市及城市以外的范围来考察。很少有乡村移民会完全割断与乡下的联系。相关的人，由于财产的管理、钱物的交换或者小孩的抚育而经常往来；移民也可能由于假期、宗教仪式、家庭危机和生命周期中的事件（结婚、死亡等）而返回乡下。此外，乡下保留的土地和财产，使得移民与村里保持联系。城市与其周边农村的关系取决于交换和互动的模式，并成为城市和乡村变迁的动因。那些对这一问题进行研究的人类学家清楚地揭示了这一过程。此外，那些对文化变迁和经济发展感兴趣的人类学家也把这种联系视为主要力量。

对移民适应研究的评价：“城市中的农民研究”的基本内容是进一步的比较分析。不少研究方案设计了对不同群体的比较。比较的内容是广泛的，如对不同城市移民的比较，对同一城市中来自不同地区和不同部落的群体的经历的比较，对短距离和长距离迁移的比较，以及对循环移民（在乡村与都市之间重复迁移）现象和阶段性移民现象（从小聚落到大聚落的迁移）的比较。

对这方面研究的批评之一认为，这些研究大部分注重传统的保存与变更。在城市问题研究中，这种情况被视为对城市这种非组织化的、非部落化的、非文化社区的体系的对抗。这种观点产生的部分原因是人类学所熟悉的移民传统聚落中所具有的“乡村自我中心主义”，也可以说来自人类学早期训练的影响和对文化吸纳观点的维持。

另一种批评意见认为，新移民引起的都市环境和都市结构扩展的问题被忽视了。随着都市人类学的发展，这些问题被成功地转化为都市人类学新的研究方向，即都市问题研究。

二、都市问题研究

“城市中的农民研究”与人类学长期对乡村感兴趣直接相关。而相比之下，“都市问题研究”不是文化人类学的传统，而是都市人类学在西方社会工作中的主要特征。在人类学的发展过程中，人类学的一些资料广泛地为统治集团所利用，西方殖民主义迫使人类学进行问题取向的研究，甚至导致应用人类学的产生。从多方面看，问题取向的都市人类学家是追随早期都市社会学传统的。早期都市社会学注重研究社会的越轨行为和少数群体。而人类学研究则注重统治阶级和生态环境对一般性问题的作用。所以，有的学者将都市人类学定义为“对都市少数民族、都市退化、大众不满等问题的研究”。

在问题取向的都市人类学中，关于政治对不同阶层的作用的研究是普遍的。如对被压迫民族的研究，试图帮助它们建立发展策略以迅速地改变旧有体系。另一些研究者试图在一种制度性的框架中研究，以便改善这种环境。这两种做法都涉及他们的行为和政策的作用。这些人类学家都感受到对其报道人所负有的责任，并对所研究的对象充当辩护人的角色。相比之下，有关少数群体、越轨者、低收入群体的研究，仅仅是描述和解释这些群体的存在，而实际上，无论在何种政治下，其影响的存在都是无须怀疑的。

也许有关贫困的研究在问题取向的都市人类学研究中是最多和最完整的。在 20 世纪 60 年代，许多研究试图纠正、修改社会科学对贫困发展的价值观和行为的描述。奥斯卡・刘易斯的著作最早讨论贫困现象。他创造了一个引起广泛争议的“匮乏文化”的概念和一种大众文学式的写作方式。对这一概念进行反驳或修正的尝试，大大刺激了都市民族志研究的展开。

尽管有关贫困的资料屡屡出现在大学课程中，甚至被作为都市人类学的读物，但是，有关的研究并不是出自对都市研究的兴趣，甚至不是以都市为基础的。这种研究充分显示出与一般政策的联系。伴随着都市研究的扩展，都市人类学的概念和方法也在逐渐完善。

对少数群体，尤其是对美国城市中少数群体如非裔美国人、奇卡诺人、波多黎各人的研究，已成为美国都市人类学的核心。美国都市人类学也对一些专门的制度及邮递服务困难等进行了研究。学校、医院、康复中心、监狱等组织机构的制度都被作为研究的对象，以了解这些制度的故障，以及造成这些故障的原因。此外，就是对各类病态的、反社会的群体及越轨群体进行研究。这些人类学研究并不注重群体机能失调，而注重群体的内部结构、标准模式和认知世界，并且把吸毒者、贫民区居民、性工作者、易性癖者、同性恋者都视为一种次文化群体。这些研究深入地了解了上述群体的真实生活方式。一些研究则重点关注改善这些群体的处境的专门政策，并对有关的法律提出批评。

对这些被忽视的“下层阶级群体”的研究常常受到批评，如批评它们视野太窄，不够现实。批评者认为，要了解都市问题的原因，就必须了解都市控制的策略和社会制度的主要因素。尽管对被压迫群体的研究为统治阶级提出了一般性问题，但因为它们没有对统治阶级进行详细的研究，因而仍不能回答基本问题。例如，对少数群体及相关政策的研究只注重少数群体的民族志工作，而没有研究与政策工作相关的媒介，所以其提出的建议就很可能是不现实的。因此，要在对都市生活的整体了解之下进行专门、个别的研究。

三、人类学传统与城市研究

都市人类学的第三个领域更注重概念与理论，对城市的外部结构比对移民适应更感兴趣。虽然“城市中的农民研究”仅仅是传统人类学的扩展，但这类研究不仅导致人类学传统向城市的发展，也导致这一学科的相关城市理论的转变。一些传统的问题，如社会结构、社会进程、文化和认知，在占世界人口越来越多的城市聚落中仍然是基本问题。

“城市中的农民研究”与“传统理论”之间有一些区别。前者主要关注都市化、适应策略和社会变迁，后者则更趋向于一般人类学理论、亲属制理论、社会化理论和社区研究方法。

许多都市人类学家并没有放弃传统的亲属制研究，一些人研究都市农民与适应相关的亲属制，一些人研究亲属制在维持都市社会结构中的作用。对都市社会关系的分析导致了社会网络概念的发展。这种方法因以个人为中心、由个人“选择”主要社会联系而与亲属制相区别。亲属群体和社会网络都是基本的社会单位，并且对社会的行为和规范有极大的影响。两者是相互联系的，因为个人的社会网络中仍会包含一些亲属。

一些人类学家试图通过对都市聚落中的某些群体的研究来理解社会过程，例如跟随传统人类学家对亲属制的兴趣，选择一些族群作为研究单位，并把每一族群视为“小文化”。人类学家将这种群体定义为紧密合作的团体，其成员由出生地决定，其文化由涵化形成。这种定义适合人类学家使用传统的文化概念和民族志技术。

都市人类学较常关注的一类非亲属群体就是邻里。这是因为，传统人类学研究被限制在有限空间内的居住群体，所以即使这种地方（如棚户区、低收入居住区）对都市人的生活并不重要，也仍是都市人类学方法论中最典型的研究单位。

城市中传统人类学的另一类研究是与政治、经济、宗教相关的问题研究。都市人类学研究都市邻里中的领导模式、权力关系，失业，边境贸易，民俗药物和治疗的保存，神话、民俗风情的持续，等等。

对城市中人类学传统研究的批评，主要是认为其缺乏对小规模社会研究的整体观。要像传统人类学家研究部落生活一样“把城市作为一个研究整体”来研究是非常困难的。要研究亲属制，一个人不可能研究整座城市的亲属制；要把族群次文化作为一个“孤立的小文化”来研究，或把邻里作为一个孤立的“村庄”来研究，就难免失去对整体的透视——对整体城市的交往模式、各部分之间的相互联系等的了解。

四、族群与族群关系研究

现代城市的一个特征是文化多元性。这种文化多元性是由于多族群、多种族聚集在一起而形成的。多族群、多种族聚集在一起，常常会因为文化的误解，而造成冲突和产生许多社会问题。因此，许多人类学家进行这方面的研究，以为政府的决策服务。

美国族群政策的变化反映了学术研究的应用过程。美国是个移民国家，对不同族群的移民采取什么样的政策是非常重要的。美国的族群政策经历了三个大的阶段：一是“盎格鲁-撒克逊”主义，即不管什么地方的移民都必须“归化”和被同化。二是文化“熔炉”政策，即认为美国像一座大熔炉，任何族群都会“熔化”在美利坚民族中。三是文化多元主义，即让各族群在保持其自身文化特色的前提下，认同美利坚民族。[①]

从文化强权到文化多元，从种族隔离到种族融合，一方面是人类学文化相对观思想普及的结果，另一方面也是人类学成果的体现。从 20 世纪 60 年代到现在，族群及族群关系研究都是都市人类学最重要的研究主题。研究的对象既包括亚非拉的族群，也包括欧洲的族群。这些研究的结果往往引起政府和大众的关注。政府、跨国公司、大学都设立了多元文化的机构，用以维护各族群的利益。

我国是一个多民族国家，民族关系一直都是重要的研究课题。所以，都市人类学一传入我国，就把“族群与族群关系研究”作为最重要的课题。中山大学人类学系开展了对岭南族群与族群关系的研究。笔者也对澳门族群与广东族群关系做过研究（详见本书第五章）。

五、都市化比较研究

比较研究是人类学的传统，因此，“都市化比较研究”成为都市人类学的最早主题并一直延续到今天。欧美都市人类学家一般研究原有的殖民地城市，如英国人类学家对非洲城市的研究、北美人类学家对拉丁美洲城市的分析、其他国家的人类学家对东南亚城市的研究。这些研究为比较提供了基础。通过比较，人们已意识到

---

① 马戎．民族关系的社会学研究//周星，王铭铭．社会文化人类学讲演集．天津：天津人民出版社，1997.

发展中国家与发达国家都市化的差异，以及都市化道路的不同。

我国是都市化发展极不平衡的国家，沿海、内地与边疆地区的差异相当大，即使是同一地区也有不小的差异。因此，都市化比较研究是极有前景的。笔者曾对沿海各省与西藏、云南的都市化进行过比较，发现各地都市化的启动机制、发展道路各有特色（详见本书第七章）。

第三节　几个基本概念：都市性、城市、都市化

一、都市性

（一）沃斯的理论及其批评

沃斯（Wirth）提出的“都市性（urbanism）是一种生活方式”，引起了社会学对都市研究的兴趣。芝加哥——沃斯居住的地方——是一个极好的例子。芝加哥从19世纪开始成长，经过一个世纪成为人口超过300万的大都市。沃斯尽管描述的是一种普遍的模式，但明显强调的是现代工业化的都市性。这一模式把规模、人口密度和异质性视为城市的特征。他提出了与这些特征相关的一些要素，如家庭、社区和个人主义的异化（指非常规化、疏远和无序），以及科层制（非人际的社会结构类型）。其目的是提醒人们不仅仅要注意物化，更要重视个人。[①]

沃斯的理论催生了许多社会学家和人类学家的研究。例如，雷德菲尔德在1947年对墨西哥尤卡坦半岛的大、中、小城市及印第安人村庄等四个社区进行了比较研究，提出了“俗民社会”——与沃斯的都市性相对应。他认为都市社会是非人际的、异质性的和世俗的，俗民社会是人际的、同质性的和神圣的，村落社会则是满足的、平静的、高度整合的和较少有争端的。这种关于乡村的理念与对都市的认知是相反的。

迈那应用芝加哥学派的都市性框架来研究非洲的一个有6 000人的小城市，并获得了成功。他发现，城市的宏观层次的特征与基层的邻里、家庭的特征并不一样。因为城市的邻里和家庭甚至比乡村整合度更高、更具有人际性。巴斯科姆（Bascom）1955年对尼日利亚城市的研究结果与此类似。他通过参与观察，发现尼日利亚的城市在群体行为上与乡村并没有什么大的区别，这与西方城市是不一样的。

梅里（S. E. Merry）对美国的一个城市中多族群聚居的邻里进行了研究，发现沃斯关于都市性的观点大多是正确的。沃斯描述的城市特征——匿名性、无序性和

---

① WIRTH L. Urbanism as a way of life. American journal of sociology，1938，44（1）.

开放性成为区分不同族群（如华裔、黑人、泛西班牙裔和白人族群）“边界”的基础。每一个族群内部的都市居民都是人际的、相互联系紧密的，但是那些生活在同一邻里的不同族群之间却相互不熟悉，交流不多。

也有学者批评沃斯的都市性模式具有西方人的偏见。因为美国人和西非人对都市的概念的理解有极大的差别。社会学家肖博格花费了 10 年时间对欧洲前工业化城市和当代第三世界的城市的基本特征进行了研究。他断言，沃斯的都市性模式仅仅适用于西方工业化城市。他认为，前工业化城市的技术基础以人和畜力为动力，而不是机械；整个社会以农业人口为主，社会由居住于城市中的精英统治；浓厚的亲缘及其他特定的联系把统治精英集团整合起来。

许多人类学家对肖博格和沃斯的都市性理论进行了批评，认为城市总有一条界线把城市社会与农业社会和狩猎采集社会区分开来。城市具有一些普遍特征，如大量的人口、高度专业化分工的经济、为特定功能设计的建筑、永久性的区域等等。当然，有些城市具有其中的某些特征，有些城市则缺少其中的某些特征。

城市的开端有不同的方式，城市也具有不同的功能，这些功能左右着城市和乡村关系的本质。如有些城市一开始仅是一个仪式性中心，随着贸易或侵略者的入侵，城市自然地向世俗社会转化。事实上，城市有许多不同的分类标准，对进行城市比较研究的学者来说，很难找到一个单一的标准。

（二）工业社会中的都市性

不管怎么样，沃斯的模式对现代都市性的阐述都是很有意义的。安德森（Anderson）在 1962 年根据沃斯的框架提出现代社会是一个主体，无论是都市还是乡村都离不开这一主体。因此，要研究现代社会的都市性，首先必须了解现代工业社会的特征。现代工业社会的都市性有如下特征：

（1）具有高度的劳动分工、集约生产和服务。

（2）机械动力在生产和非生产性工作中占有主要地位。

（3）人际分离，个人的联系和从属时间更为短暂，人们对层级制（如政府和公司的科层制）更为依赖。

（4）具有高流动性，包括日常的流动、职业的流动、居住地的流动和社会身份的变化等。

（5）都市环境中人为因素持续变化，包括结构的更新和技术的发明。

（6）个人和群体完全从属于机械的时间，由时钟控制的约会和合作增多。

（7）由于相互之间联系的短暂（如第 3、4 条），因此人际交往具有匿名性。

（8）人的期望和忠诚不断变化。

（9）记录被更为普遍地运用在人们的行为、契约、盟誓等场合中。①

由上可见，安德森并不强调人口异质性和密度的特征，而是强调技术（如机械

---

① ANDERSON N. The urban way of life. International journal of comparative sociology，1962，3（2）.

动力的使用，以及时钟和计算机等）对现代社会的影响。无论是都市还是乡村，都规避不了这种影响。如美国种植玉米和养猪的农民完全依赖化肥和各种农业机械。他们除了要能使用机械外，还要能准确地判断国际市场粮食和肉类的价格，因为这直接影响着他们的收入。

现代工业社会中的都市性的定义是对肖博格的前工业社会研究的补充。但安德森与沃斯一样忽视了某些因素会有相互抵消的作用。例如，书信、电报、电话虽然减少了面对面的接触，但可能使人保持更紧密的联系。

（三）都市环境

有些学者注意到了人口的异质性和高密度的问题。实验心理学家用老鼠来做有关拥挤对行为的影响的实验。他们假设在同样的环境下，老鼠和人会有一样的行为反应。心理学家也对人，特别是对美国大学生进行了在拥挤状况下的行为反应的实验，证实了拥挤状况会对人产生负性的影响。这些影响包括侵略性行为和相互缺乏关心等。

这些实验不是在自然状态下进行的，实验的条件是人为的，实验也是短暂的；同时其也没有考虑到人可能会适应拥挤的环境，重新安排居住的模式；此外，不同文化中的个体在人际交往、与物体的接触方面会有差异，如个人谈话、相互接触、相互感觉呼吸和味道的正常空间距离是不同的。社会学家和人类学家仍然不能断定拥挤、噪声，以及都市环境中的其他刺激性因素对都市产生的影响。可是，西方的一些研究者的研究已肯定了过度拥挤对人类有不利的影响。

（四）大城市中的小群体

都市人类学家、社会学家对现代都市性提出了新的看法。沃斯最初的观察以及后来人的研究都强调现代都市中社区的丧失，基本关系的衰落、无力和无规则性。但新的研究发现，都市中的棚户区、郊区的中产阶级社区相当稳定，人际关系密切。都市中的异质性和人口密度对社区成员在基本关系中的作用并不比文化特征、个人的经济地位、职业的作用更重要。许许多多的研究显示出都市社区的稳定性和持久性。例如，甘斯把美国波士顿市的一个意大利人邻里描述成“都市村庄”。按照他的观点，人们并没有在拥挤中失去什么，社会生活仍然发生在小群体，如家庭、教堂和街道等中。

甘斯综合了沃斯和其批评者的观点，意识到了家庭、邻里、族群和职业团体在当代都市中扮演的重要角色；一些社会科学家也注意到了城市中的不同人群、新的交流形式和人口的高流动性的重要性。由于具有共同的族群认同，或共同的利益关系，因此人们构成一个群体进而发展出“次文化”；新的交流形式和高流动性也能促进个人对社区的认同。

在传统的村落中，邻居、亲属和朋友往往是重叠在一起的。而市民则有不同的联盟、派系和联结方法。虽然空间距离的接近仍然很重要，但许多重要的关系并不是发生在邻里或附近的街区，而是相隔较远。市民因为具有多重关系，而对社区缺乏归属感。例如，某人住在广州，他的亲人住在湖南，要好的朋友住在远郊；这些人可能相互见面的机会不多，主要通过电话、书信来交流，相互之间并没有紧密地交织在一起；对于他的邻居，他可能还叫不出名字，当他需要紧急求助时，也许无办法可想。

人类学家进入社区研究，常常选择一个单一的村庄或教堂。现在的社会科学家把社会网络作为研究的关键。网络即个人之间联系的范围，每个人都会与其他人有各种联系，有些联系紧密些，有些联系松散些。网络为透视现代社会提供了新的视野，这在后面的章节会有更多的讨论。

二、城市

（一）自然城市的特征

什么是城市？城市的定义可以从不同的角度来看，首先我们可以将之分为法律的城市和自然的城市。所谓法律的城市，即一类政府的单位，是国家和政府从法律上认可的聚落。但人们更多地从自然和社会的角度来定义城市，而不重视法律和权力的因素。自然的城市具备如下特征。

1. 经济特征

城市具有非农业的经济功能、职业的专业化分工，以及由于宗教和政治而形成的一些特定的经济功能。

2. 人口特征

除了人口规模较大、密度较高之外，城市所具有的其他的人口特征包括：（1）人口的流动性大。（2）人口的空间集聚性，为了保证在这种集聚性下社会的正常运转，城市为居民提供各种服务设施，如住宅、商店、学校、教堂、街道、交通工具等。（3）人口的异质性，性别、年龄、族群和阶级都呈现出多元性。这种异质性满足了城市的基本需要。

3. 社会关系特征

都市人口的大规模、高密度、大流动性极大地影响着居民的社会关系。尽管城市的家庭和友好团体本质上与乡村的一致，但是其在一些关系上存在着功能上的差异：（1）非人际性，城市中许多非人际关系取代了人际关系。（2）城市职业的多样性和社会群体的多元性，使组织更为复杂化。（3）城市中的成年人大多在不同的群体中扮演不同的角色。

4. 跨区域组织特征

这可以从空间和社会两个角度来看。从空间的角度看，一个城市包括更多的次级区域，如不同分区的商业中心、重工业区和轻工业区、居住区等，每个次级区域都通过交通和通信设施联结起来，相互作用、相互影响，每个次级区域都对别的区域的地位产生作用，从而形成一个整合的空间联合体。从社会的角度看，一个城市存在着各种各样的、不同层次的群体、组织，它们相互作用，被整合在一起。

（二）城市的复杂性

从都市人类学的角度看，城市最重要的特征是城市文化和城市环境的复杂性。城市不但比村庄、乡镇更为复杂，而且与这些区域相互联系。都市社会的复杂性基于都市本身，以及都市与乡村的关系。考古学家已证实早期城市生活的复杂性特征。居住在城市中的人处在一个复杂的政治组织关系之中，因而具有不同的专业角色。任何一个社区的最基本的任务都是食物生产，但在都市社会中，农民将剩余产品供应给那些自身不从事食物生产的人（如官员、神职人员、工匠、商人、士兵等）。换句话说，城市居民虽然靠农产品生存，但并不是农业生产者。可以说，城市的复杂性是由农民来维持的，是由各种各样的专业人员提供的。

非农业的、全脱产的专业人员的出现是城市复杂性兴起的重要因素。在简单而平均的社会中，绝大多数人从事食物生产，仅有少量的与相邻群体的贸易。在复杂点的社会中，群体中会有从事食物生产以外的专业人员，如神职人员、工匠等。这些专业人员可能是一部分时间从事农业生产，一部分时间从事专业工作。当这些工作对于维持一个稳定的社会组织变得越来越重要时，他们就会花更多的时间从事它们。全脱产专业人员的出现取决于自身社会的食物增长和剩余食物的供应能力。

随着群体的扩大，需要供养的非食物生产的专业人员越来越多，这样就形成了一定的食物分配制度，以保障专业人员的食物供应。分配制度的产生并不简单，因为这意味着征集食物方式的产生——常常是以赋税和贡品的形式出现的。被征集来的物品需要储存和分配，这就意味着专门的行政管理机构和更多的专业人员的出现。与此相关的是劳动价值的建立，即建立起非农业专业人员的劳动价值与农业食物生产者的劳动价值。怎样衡量不同劳动者个人的劳动时间与技术的价值直到今天仍很重要，可见早期城市组织的建立和人们第一次对劳动价值的衡量是不那么容易实现的。由于城市的复杂性，因而又产生了各类决策者和管理者。

随着这一问题的扩展，城市又产生了分层和国家政治组织，并建立起以城市为中心的政治体系。当然，城市不是空中楼阁，而是存在于复杂的体系之中。每个城市的中心周围都有其腹地，以便将商品和服务辐射到更为广大的地区；同样，那些地区也将产品流动到城市来。城市的特征在于它是整个系统中最复杂的地方，城市中心的各类产品和服务比起边陲地区要有效得多。城市中心的各种活动都有效地辐射出去，城市的精英既为城市中的人服务，亦为周围社区服务；而农村人供养城市的专业人员，作为接受服务的回报。城市成长是因为其管理区域的扩大以及为农村服务的范围的扩大。

早期城市的经济结构中包括了脱产与非脱产的专业人员，专业化分工的直接结果是政治组织的严密化和等级化。这些专业服务从城市扩展到周围农村，因而早期城市的特征集中地表现在政治和经济组织上。一座城市所具有的艺术风貌、文学体系、科学技术和法律等导致文化传统的产生。文化传统往往可以跨越时空，比其他因素更有效地流传和辐射。

三、都市化

关于都市化，不同的学科有不同的定义：地理学家强调农村向都市转化过程的空间结构和城市体系；经济学家强调从农业向非农业经济结构的变化；人口学家则强调乡村人口向城市集聚的程度。比较有影响的定义是：都市化是居住在城镇地区的人口比例增长的过程，更确切地讲，是农业人口向非农业人口转化并在城市集中的过程。在《失衡的中国》一书中，作者是这样界定的："城市化通常是指，人口向城市或城市地带集中，即农业人口向非农业人口、乡村人口向城镇人口的转化。这种集中和转化过程既表现为城镇数目的增加，也表现为城镇人口规模的不断扩充。"① 都市化的标志是城镇人口占总人口的比重。

今天，随着都市化内容的变化，都市化的概念亦发生了变化。美国新版的《世界城市》一书就把都市化定义为："都市化是一个过程，包括两个方面的变化。其一是人口从乡村向城市运动，并在都市中从事非农业的工作。其二是乡村生活方式向都市生活方式的转变，这包括价值观、态度和行为等方面。第一方面强调人口的密度和经济职能，第二方面强调社会、心理和行为的因素。实质上这两方面是互动的。"② 人类学家认为：都市化并非简单地指越来越多的人居住在城市和城镇，而应该是指社会中城市与非城市地区之间的来往和相互联系日益增多的过程，即城市与乡村的相互影响。乡村文化与城市文化互相接触融合后，产生了一种整合的社会理想，既含有乡村文明的成分，又含有城市文明的成分，这种现象即"乡村城市化"。随着乡村城市化而来的是城乡差别的缩小，农村的生产力结构、生产经营方式、收入水平及结构、生活方式、思维观念等的变化与城市逐渐接近，趋向同一。

第四节　中国都市人类学

一、中国都市人类学的发展

20 世纪 80 年代，中国人类学学科重建，都市人类学渐入中国。然而，笔者一行人在 1987 年做都市人类学的课题时，算是学术界，特别是人类学界的"异类"。当时就是学界的几位年轻老师和在读研究生，因对此话题感兴趣，而一直做到了今

---

① 郭书田，刘纯彬，等．失衡的中国．石家庄：河北人民出版社，1990.

② BRUNN S D，WILLIAMS J F. Cities of the world. London：Harper & Row Ltd.，1983.

天。在此，就中国都市人类学的发展历程简要做一个概括。

都市人类学的发展与美国太平洋路德大学的顾定国有很大关系。1986 年，顾定国到中山大学做访问教授，且开设了一门课程，那便是都市人类学。当时选此课的人并不多，笔者即其中一个。除了上课，我们还跟随他一起到珠江三角洲做都市研究，主要是做都市人、都市比较研究，此后又与云南大学、厦门大学、中国藏学研究中心合作，在云南、福建、西藏和广东做都市化比较研究，此外还做过珠江三角洲的乡村都市化研究。当时为了合作研究，我们还在中山大学和中国藏学研究中心举办过都市人类学培训班，但由于当时都市研究在人类学中并不被看好，因而培训班也比较“惨淡”。尽管如此，这也应该称得上是都市人类学最早的培训班了。

在顾先生的大力推动下，1989 年 12 月 28 日在北京召开了首届中国都市人类学国际会议。此次会议有 40 个代表（包括 20 个中国代表和 20 个外国代表）参加，并配备有全国高规格的同传翻译，应该说开得非常成功，《人民日报》《光明日报》等各大媒体都做了采访。会后根据中外学者的论文与发言，分“都市人类学及其都市理论观”“都市化与都市发展政策、规划及实践”“都市民族政策”“都市文化与人的都市化转变”“都市问题与对策”五个专题，汇编而成了《都市人类学》。笔者当时提交了一篇关于珠江三角洲农民工的文章（该文章随后在《社会学研究》《社会科学战线》上发表），在会议上引起了很多外国代表的讨论，后来有几个国际学者也做了中国农民工研究。另外，会上一众代表提出要建立中国都市人类学会。此次会议不仅推动了中国都市人类学的发展和中国都市人类学会的诞生，同时也书写了中国都市人类学与国外学者共同发展建立的历史，这也代表了中国都市人类学一开始就是在一个平等和对话的基础上发展起来的。

1992 年 6 月，中国都市人类学会（现已改名为中国都市人类学专业委员会）成立。该学会是由从事有关都市人类学教学、研究的机构和人员，以及从事城市工作的部门和实际工作者自愿组成的全国性、非营利性的学术研究团体。该学会常年编辑出版《中国都市人类学通讯》及其他都市人类学相关研究成果，已经出版系列研究《都市化与民族现代化》《走向世界的中国都市人类学》《都市人类学与边疆城市理论研究》《中国城市文化与城市生态》等。由于中国都市人类学会是国际人类学与民族学联合会的团体会员组织，这使得中国人类学界与国际人类学界正式接轨，阮西湖研究员还被选为“国际人类学与民族学联合会”的执委，为中国人类学与国际人类学的对话创造了条件，提供了组织保障。中国都市人类学会在推动都市人类学的理论探索、方法突破、研究内容等方面皆发挥了良好的作用。

关于都市人类学的定义，众说纷纭。其中一个比较通用的说法是，用人类学的方法做都市研究。阮西湖做了都市人类学的学科定义：用人类学研究的方法，对都市民族进行研究，重点是民族文化、民族语言、民族历史、民族节日、民族关系以及与民族有关的其他问题，如民族社区、民族人口和社会问题等等。具体研究课题有跨文化研究、社区理论研究、民族社区的专题报告、民族语言使用、多元文化城市研究等。①

都市人类学成为一门独立的学科，最重要的原因是它具有学科的独立性，包括专门的学术研究机构、明确的学科定义、规范的学科任务等。都市人类学的产生与发展，既是适应社会发展的需要，也是对人类学、民族学传统研究的一个突破，并为人类学、民族学的学科发展注入了新鲜血液。在新时代，随着中国城市化进程的不断加快，都市人类学具有更优良的成长空间，同时，也肩负了更多的时代责任。

二、中国都市人类学的研究主题

在介绍中国都市人类学的研究主题以前，不妨先对国内外学者的都市民族志做一个简单的回顾。已翻译的国外民族志主要有：《苏北人在上海，1850—1980》②、《都市里的农家女：性别、流动与社会变迁》③、《邻里东京》④、《泰利的街角：一项街角黑人的研究》⑤、《跨国灰姑娘：当东南亚帮佣遇上台湾新富家庭》⑥、《远逝的天堂：一个巴西小社区的全球化》⑦、《城市里的陌生人：中国流动人口的空间、权力与社会网络的重构》⑧（它实际上写的就是北京的浙江村），以及麦高登的《香港重庆大厦：世界中心的边缘地带》⑨ 等。此外，还有一些英文著作。从这些著作可以看出国外都市人类学在做些什么研究。国内的都市人类学民族志近年来也比较多，在此亦列举一些。比如：项飚做的北京浙江村研究——《跨越边界的社区：北京“浙江村”的生活史》⑩；马强在广州做的广州穆斯林研究——《流动的精神社区：人类学视野下的广州穆斯林哲玛提研究》⑪；张晓春做的关于上海空间变迁的研究——《文化适应与中心转移：近现代上海空间变迁的都市人类学研究》⑫；有关上海火车站流浪儿童研究的《流浪儿：基于对上海火车站地区流浪儿童的民族志调查》⑬；朱健刚

---

① 阮西湖 .20 世纪后半叶世界民族关系探析：社会人类学研究的一项新课题 . 北京：民族出版社，2004：380.

② 韩起澜 . 苏北人在上海，1850—1980. 上海：上海古籍出版社，2004.

③ 杰华 . 都市里的农家女：性别、流动与社会变迁 . 南京：江苏人民出版社，2006.

④ 贝斯特 . 邻里东京 . 上海：上海译文出版社，2008.

⑤ 列堡（利博）. 泰利的街角：一项街角黑人的研究 . 重庆：重庆大学出版社，2010.

⑥ 蓝佩嘉 . 跨国灰姑娘：当东南亚帮佣遇上台湾新富家庭 . 长春：吉林出版集团有限责任公司，2011.

⑦ 科塔克 . 远逝的天堂：一个巴西小社区的全球化 . 北京：北京大学出版社，2012.

⑧ 张鹂 . 城市里的陌生人：中国流动人口的空间、权力与社会网络的重构 . 南京：江苏人民出版社，2014.

⑨ 麦高登 . 香港重庆大厦：世界中心的边缘地带 . 上海：华东师范大学出版社，2015.

⑩ 项飙 . 跨越边界的社区：北京“浙江村”的生活史 . 北京：生活 • 读书 • 新知三联书店，2000.

⑪ 马强 . 流动的精神社区：人类学视野下的广州穆斯林哲玛提研究 . 北京：中国社会科学出版社，2006.

⑫ 张晓春 . 文化适应与中心转移：近现代上海空间变迁的都市人类学研究 . 南京：东南大学出版社，2006.

⑬ 程福财 . 流浪儿：基于对上海火车站地区流浪儿童的民族志调查 . 上海：上海社会科学院出版社，2008.

的《国与家之间：上海邻里的市民团体与社区运动的民族志》[①]；王琛的《漂移的时空：当代中国少数民族的经济生活》[②] 关注的是深圳的苗族；李荣荣的《美国的社会与个人：加州悠然城社会生活的民族志》[③]；富晓星的《空间 文化 表演：东北 A 市男同性恋群体的人类学观察》[④]；秦洁的《重庆“棒棒”：都市感知与乡土性》[⑤]；夏循祥的关于香港市区重建的研究——《权力的生成：香港市区重建的民族志》[⑥]；等等。从这些国内外的民族志来看，很明显，都市人类学不仅关注一些亚文化群体，像同性恋者、流浪儿童等，也关注西部少数民族到城市里面的情况等。

中国都市人类学从起步阶段至今，在实践中不断地总结、反思，使学科体系建设日渐完善，研究主题既立足社会发展之需，又凸显中国研究的特色。第一，是不断地探索学科的理论与方法，就是探索如何在中国的城市里做这样的研究。第二，是对城市中的不同人群，包括本土居民、农民工、失地农民、新移民、跨国移民、少数民族等的研究。第三，是关于乡村都市化的研究。第四，是关注都市症（包括贫困、艾滋病等一系列问题）的研究。

（一）关于学科的理论与方法的思考

在中国都市人类学发展的起步阶段，开展了比较全面的对都市人类学的认识研究，包括都市人类学的学科定位、研究范围、研究方法等。《都市人类学研究在国外》[⑦] 清晰论述了西方都市人类学的形成背景、研究方法与研究内容，并细致梳理了都市人类学研究至 20 世纪 90 年代在世界各国开展的情况，就都市人类学的发展提出了评价与展望。任一飞、李彬二人在 20 世纪 90 年代，对起步阶段的都市人类学的研究意义、研究范围、研究方法做了分析，认为都市人类学研究的主流是从社会和文化的角度研究城市[⑧]。阮西湖指出都市人类学的主要研究范围是民族关系、农村—城市流动人口、家庭结构、适应与拒绝、民族志、多元文化共六个方面[⑨]。改革开放给中国社会带来了全方位的变迁，这给都市人类学的研究带来了良好的资源与机会。针对现代化和都市化进程的不断加快，都市人类学关于“村落集镇化，集镇市镇化，大城市大都市化，大众城市国际化”的阶梯都市化理论及对珠江三角洲模式、苏南模式、丹东模式、藏南模式等实践范型的研究，逐渐为其他相关学科和决策机构所认可、采纳。尽管都市人类学面对丰富的研究议题，但其不应该放弃

---

① 朱健刚．国与家之间：上海邻里的市民团体与社区运动的民族志．北京：社会科学文献出版社，2010.

② 王琛．漂移的时空：当代中国少数民族的经济生活．北京：社会科学文献出版社，2012.

③ 李荣荣．美国的社会与个人：加州悠然城社会生活的民族志．北京：北京大学出版社，2012.

④ 富晓星．空间 文化 表演：东北 A 市男同性恋群体的人类学观察．北京：光明日报出版社，2012.

⑤ 秦洁．重庆“棒棒”：都市感知与乡土性．北京：生活·读书·新知三联书店，2015.

⑥ 夏循祥．权力的生成：香港市区重建的民族志．北京：社会科学文献出版社，2017.

⑦ 阮西湖，张继焦．都市人类学研究在国外．内蒙古社会科学（文史哲版），1994（2）.

⑧ 任一飞，李彬．试论我国都市人类学研究的意义、范围和方法．民族研究，1994（1）.

⑨ 阮西湖．都市人类学学科的建立与中国都市人类学的发展．民族研究，1996（3）.

对传统议题的讨论。起步时期的都市人类学研究多围绕都市的民族关系、民族迁移、民族社区等民族现象与问题展开，且研究的专题多是在人类学传统研究话题基础上的探讨。

人类学的研究主题是由众多学者的研究共同推动的，对此，笔者也做了些微贡献。比如笔者与马建钊主编的《城市化进程中的民族问题研究》①，推动了城市中少数民族问题的研究，这直接推动了国家民族事务委员会每年召开一次全国城市民族工作会议。随着全国流动人口，尤其是少数民族进城务工人员的增加，城市民族问题日益凸显。笔者曾经强调今后应继续开展对城市中的少数民族的研究，多关注城市多元文化研究，通过开展城市多元文化比较研究，来显示出各个城市的文化的特色。另外，城市中的民族关系研究也很重要。过去，虽然都市人类学在这方面做了一些研究，但还远远不够。今后应该多组织专题研究，可考虑把城市民族关系作为中国都市人类学会某一年会的主题有针对性地进行研究。笔者在2004年进而提出了“城市多元文化的共生态”的概念，指的是伴随城市化而聚集到城市的各个文化都可作为一个相对独立的文化系统，与其他文化系统一道平等地享有生存、传播、弘扬和发展的权利与自由。其表现出的是城市多元文化的和谐关系，实质上反映的是人们在选择、认同、创造文化方面的权利与自由。

都市人类学针对方法论的探讨方面，将研究大致分为小规模研究（small scale study）、个案研究（case study）和较大规模的研究（large scale study）。小规模研究是指对个人生活史、社会联系（如在小酒店、购物中心、机场、海滩、节日、帮团等中的人们的社会交往情况）、居民居住区（如邻居、活动住居集中地、公寓、退休者住宅等），以及学习和工作场所（如工厂、流水作业车间、学校等）等的研究。个案研究则指对某一族群或社区，以及地区性人群的居住社区等的定位研究。笔者曾在广州做过不同人群的研究，包括非洲人、朝鲜人、日本人、山东人、河南人、湖北人等。较大规模的研究指对某个社会中的不同群体的比较研究、多民族杂居社区研究、地区性研究、全国性研究，以及一般性的理论和方法探讨（如都市中的社会网络、作为现代化推动力量的本地化和族群性、宏观和微观研究方法的一体化、揭示不同国家社会分层模式的方法论问题）等等。张继焦在对都市人类学方法论的探讨中，提出都市的研究应是宏观视野与微观视野相结合的研究。他认为，都市与乡村相比，地域范围更大，人口众多且人口流动性大，人口异质性更强，因此都市人类学的研究，不仅要沿袭人类学的传统调查方法，还需要寻求传统调查方法的突破。②

（二）城市人群研究

族群（ethnic group）是具有自身文化特质的群体，共同的文化渊源是族群的

① 周大鸣，马建钊．城市化进程中的民族问题研究．北京：民族出版社，2005.

② 张继焦．都市人类学分析方法的演进与创新．世界民族，1996（1）.

基础，文化也是维持族群边界的基础。在现代都市，不同族群聚集在一起，使得文化多元性成为都市最重要的特征；族群的冲突和协调也成为当代都市最重要的问题。因此，都市人类学研究的最重要的主题就是族群与族群关系研究。如笔者运用相关族群理论，做了岭南族群与族群关系的研究以及澳门族群与广东族群关系研究。都市人类学除了城市族群研究之外，还有关于城市人群如城市本土居民、农民工、失地农民、新移民、跨国移民、少数民族等的研究。拿本土居民来说，其实人类学过去虽关心社会底层，但是对下岗工人的研究并不太多，笔者一直认为这些人是我们需要关注的。

首先，是关于农民工的研究。改革开放后，农民工进城的浪潮愈演愈烈，他们成为城市化进程的重要参与者，是城市中的一个特别的人群。都市人类学针对农民工的研究有很多，尤其注重采用人类学传统的田野调查方法，以掌握可靠的第一手实地资料。学界关于农民工的研究往往跟随农民工移动的足迹，既关注到他们在城市中的生活状况，也探讨了农民工跨区域流动对于乡村社会经济发展与文化变革的作用。笔者也曾做过一些农民工研究，最早是 1989 年在都市人类学国际会议上提交的第一篇有关珠江三角洲的农民工的文章，最近又写了一篇农民工研究 30 年的文章。笔者在农民工研究中，可谓有点贡献的就是钟摆理论，就是说农民工在输出地和输入地，像钟摆一样摇动，因为城市不会把农民工容纳进去，那么他最终只能回到乡下，就像钟摆一样。另外，笔者在对珠江三角洲外来工的考察中，发现外来工与本地居民在生存状态方面呈现出两个截然不同的系统，就此提出了“二元社区”的概念，即指在现有户籍制度下，在同一社区（如一个村落和集镇）的外来人和本地人在分配、就业、地位、居住上形成不同的体系，以致心理上互不认同，构成所谓“二元”①。关于“二元社区”的这篇文章的引用率比较高，下载率更高，这说明大家对二元社区的概念是比较认可的。

还有一个是对散工的研究，这也是一个由笔者首次提出的概念。在对农民工的研究中，大多数研究者关注的是企业正式雇用的工人，然而，还有大量的非正式雇用的人流入城市，笔者即把其称为“散工”。散工大致可以分成四类：第一类是建筑工地的工人；第二类是搬运工；第三类是保姆或者钟点工；第四类是打零工的人。② 尽管散工在城市里大量存在，然而，因为非正式雇用，他们的合法权益却常常难以保障，这也是城市社会问题的一个反映。对于城市化的行为主体——农民，理论界给予的关注是极其不够的。在城市化这个涉及农民切身利益的大问题上，我国长期以来固有的“为民做主”的决策模式从来都不问农民。所以，“谁有权力和资格决定农民能或不能进入哪一类、哪一级城市”是值得一问的大问题。

---

① 周大鸣．外来工与“二元社区”：珠江三角洲的考察．中山大学学报（社会科学版），2000（2）．

② 周大鸣，周建新，刘志军．自由的都市边缘人：中国东南沿海散工研究．广州：中山大学出版社，2007．

农民工的权益与声音是中国都市人类学从 20 世纪 80 年代就已经在关注的问题，而都市人类学的研究可就其他关于城市研究的学科对农民工的忽略或是研究偏误进行力所能及的修正。笔者对此是比较乐观的，社会大众会逐渐地意识到农民工的重要性。随着农民工的重要性的逐渐体现，大家会对这个群体日益关注。国务院在 2000 年以后就已经建立了一个专门的农民工管理办公室。

其次，是关于城市民族与民族关系的研究。随着城市流动人口不断增多，城市民族多元化趋势更加明显，风俗习惯、民族性格、语言等文化方面的差异仍是影响民族关系的深层因素。对城市民族和民族关系的研究，已成为时代的必然要求。然而，目前学界在这方面做得很不够。第一是学术接触不够，基本上主流学科对这个问题不关注。经济、法律这些在当代比较有话语权的学科，没有进入这个研究领域。在美国进行经济学、法学研究，不可能缺少对民族关系的研究。在中国，主流学科的进入还是比较缓慢的，不过现在已经有越来越多的大学开始注意到这个问题了，比如北京大学成立了跟民族相关的研究机构，笔者在广州也申请了一个国家民委的研究基地，以更多地关注珠江三角洲地区的城市中的民族和民族关系。第二，研究少有关注不同的宗教在城市里的影响。比如伊斯兰教的都市化进程。广州大的清真寺在古尔邦节时，礼拜的人可达 3 万多，可见，宗教在城市里的影响之大。然而，城市里的宗教问题往往与敏感挂钩，本来越是敏感的问题越要有人去研究，可实际上进行这方面的研究的人却非常少。城市宗教问题会变得日益严峻，这个不是蒙住眼睛就可以消失的。如果没有正式、官方的聚会场所，就会变成家庭聚会，这样形势将更难控制，这个问题要引起大家的关注。当新的现象出现时，应该及时去研究、去把握，否则谈何和谐社会建设。宗教关系、民族关系是相互联系的。笔者提倡建立起一种文化共生生态，对城市宗教问题来说，相互尊重、相互理解尤为重要。

最后，是关于城市新移民的研究。笔者专门做了一个这样的课题，研究地点是广州、沈阳、杭州、成都等六个大城市。现在大量的新移民进入城市，城市的人口迅速增长。像在东莞，出现了一个词叫作新莞人。笔者曾经要求一名学生去写一篇论文，题目就是：新莞人在哪里？因为政府出了一个这样的题目，成立了新莞人服务管理局，所以我们就去调查什么是新莞人，结果大家都不知道什么是新莞人。政府的目的是让外来的移民融入本地社会，初衷是很好的，但是能不能做到是个问题。在城市里面，以地缘连接起来的人群越来越普遍，这意味着地域性认同非常强。那么，地域性认同什么时候开始形成也是一个问题。在中国，不但每个地方的地域性认同都很强，而且不同地域的人之间会有地域性歧视。之前笔者讲除了民族的问题，还有地域的问题，这也是要引起大家重视的。曾经在深圳、广州的好多工厂，打出来的招牌是不招河南人，这就是典型的地域性歧视。在省与省之间存在地域性歧视，在地区与地区之间存在地域性歧视，而且这种地域性歧视是分层的，这些问题现在还没有引起大家的关注。这种地域性认同会给我们将来的多元社会带来什么样的影响呢？它既是我们到一个城市里适应的时候很重要的社会网络、社会资源，同时它也会成为群体与群体之间的一种边界。

（三）乡村都市化研究

关于乡村发展有很多种提法，有的叫作城乡协调发展，有的叫作小城镇发展，有的叫作微文化发展，笔者几个人一起提出一个概念叫“乡村都市化”，就是说乡村中越来越多的人，接受城市生活方式的一个过程。笔者在对珠江三角洲的研究，以及对几个省区的比较研究中，都使用了“乡村都市化”这个概念①。乡村都市化可以从五个方面来探讨。第一是人口结构的分化。因为在一个社区或家庭里面，可能有人去经商、有人去打工、有人继续务农。第二是经济结构的多元化。在乡村，可能就是非农化比重越来越大，此外农业本身的商品化也在变化。比如笔者在20世纪80年代末期做调查时，在所谓的农村，农业经济已经占很小的比重了。当时的珠江三角洲，农业比重占不到20%。它的工业化发展很快，主要是大量的劳动力密集型企业即“三来一补”企业建立。第三是生活方式的都市化。就是人们的衣食住行方面越来越接近城市生活。第四是大众传播。这是笔者非常强调的一点，因为当时媒体对人的影响很大。尤其在珠江三角洲，受港澳媒体的影响，当时的珠江三角洲主要收看的电视节目是香港电视节目，这对珠江三角洲的影响非常大，笔者曾专门写过相关文章。第五是思想观念的现代化。这个主要是受当时的现代化的影响，可以作为一个很重要的测量指标。

根据不同的层面，乡村都市化也可以分为不同的类型。第一个是村庄变成集镇。像珠江三角洲的很多村庄建起了工业园，聚集了很多企业和工人，它实际上已经具备了集镇的功能，有银行、卫生院、派出所等各种各样的服务设施。第二个是原来的乡镇向市镇发展，完全成为城市。国务院意识到了这个问题的重要性，试点办了镇级市（即镇一级的市），这是一个新的名词。虽然它行政级别不高，但是它的人口达到了市的规模。比如虎门镇，本地人口大概10万人，但是加上外来人口，总人口有80万人左右，已相当于一个很大的地级市。在东莞，类似这样的镇有很多。第三个是原有的小城市大都市化。中国的城市化可以分成两个阶段：早期的城市化是一个自下而上的过程，实际上是由小城镇的发展、底层的发展来带动整个中国的城市发展；城市化发展到后来，国家开始成为主导，城市化就成为一个自上而下的过程。所以，中国的城市化可以说是一个从自下而上到自上而下的过程。

在纪念改革开放30周年时，笔者负责书写广东农村改革30年的部分。笔者强调了改革30年的广东农村，它是怎样从一个传统的乡村向现代化发展的，怎样从一个自给自足的社会到市场的风险社会的，另外还有农民和村落的衰落和症结。在此情形下，笔者认为农民还是需要重新组织起来。因为在一个市场风险化的社会中，单个家庭单兵作战的时代已经过去了。在一个市场竞争那么激烈、风险那么大

---

① 周大鸣，郭正林，等．中国乡村都市化．广州：广东人民出版社，1996.

的社会里面，单个家庭真的很难生存下去。

另外，当然也要关注由血缘、亲缘、地缘、宗族制度、亲属制度、民间信仰制度、乡规民约制度构成的传统乡村社会的东西。在城市化的过程中，它的结局如何？比如笔者有一篇文章讲的就是陈氏宗族。乡村的宗族进入城市以后状况如何？有些地方宗族的东西被保存得很好，在拆迁的过程中保留了下来。如广州的猎德村，在拆迁后把各家的祠堂建在了一起，给当地居民留了一点可以怀旧的地方。另外，有些城市在拆迁后，把各村原来的村庙全部建在了一个地方（每个村都有村庙），这就是注意到了文化传承的问题。当然，发展过程中还有一个叫“城中村”的现象，比如广州有 140 个左右的城中村，深圳有 120 多个城中村。在后集体化时代，一个村庄中的集体遗产如何继承是一个很重要的问题。比如，土地所有权所产生的这一部分集体遗产将来怎么办？现在大多采用类似股份制的分配形式。比如虎门的大宁村，2016 年时村民每个人分红 16 万。然而，大城市中的集体遗产往往是很庞大的，比如深圳的南岭村大概有 700 人，总资产为 570 亿，黄岗村的总资产超过 800 亿。这里有一个法律的空间：没有法律可以制约它，政府无权管理它，因为这是属于村的集体资产，既不是个人的，也不是国家的。因此，笔者认为集体遗产是值得研究的问题。

另外，还要关注的一点就是民俗文化。乡村的民俗文化到了城市以后是不是应该保存下来，是不是应该继续传承下去？笔者曾经在上海的一个城市论坛中，提出要把民俗文化变成城市里的亚文化的主张。因为现在千城一面，每个城市从外观上看都差不多，都是一堆钢筋混凝土。那么，如何保持每个城市的特色呢？笔者认为民俗文化能扮演这样的角色。现在的很多城市，也在有意识地试图把民俗文化延续下去。比如广州的黄埔区的南海神庙每年都有个波罗诞活动，当时的省委书记参加了，它便由一个民间的活动，变成了一个官方的活动。这也代表，官方愿意以这种民俗活动来推动城市的特色文化建设。

人类学的传统研究——邻里研究大家都在讨论，是个公众话题。那么，从过去的榕树头聚会，变成麻将馆聚会，然后再变成互联网聚会是如何发生的呢？另外，广场舞这一类的活动，也涉及邻里文化、邻里关系。这一类对都市邻里的研究应该加强。大家不仅仅要去看表面的东西，更要去看真的、背后的东西：为什么街舞、广场舞会流行起来呢？

此外，还有一个是笔者最近几年一直在讲的话题：文化转型与城市转型。中国正面临文化转型，就是从一种农业文明向一种城市文明的转型。从 2011 年开始，中国的城市人口超过农村人口。我们过去被叫作农业大国，现在应该说是一个城市大国。人类学研究如果放弃一个人口的主体的地方，那么也是不合适的。2012 年的统计数据显示，城市人口超过 50%，而实际上中国的城市人口比重还在不断增加。中国现在的新型城镇化战略，还要让几亿的农村人口转移到城市。但是对于怎样来容纳这几亿人，大家讨论得比较多的正是各个城市管理者所愿意讨论的，那就是土地制度的改革。另外，城市本身也在转型，在从一种单纯的、地域性的城市，向一种多元的、文化的城市转变。那么，这种转变所带来的变化是全方位的、多样的，这也就留给我们无尽的研究话题。

（四）城市化问题研究

在城市化进程中出现的文化变迁、城中村、城乡二元、贫困、亚文化、吸毒、艾滋病等问题，皆成为城市化较为凸显的问题之所在。自 20 世纪 90 年代以来，城市化问题是都市人类学的一大研究主题，而贫困问题是都市人类学关注最多的方面。总体而言，都市人类学所关注的都市贫困不限于物质的贫困，更延展到精神的贫困、文化的贫困、权利的贫困，并深度解读贫困现象背后的贫困原因，挖掘贫困深层的形成机制，并试图探索相应的反贫困措施。

20 世纪 90 年代以前的中国贫困主要表现为农村人口和农村地区的贫困，而随着城市化进程的发展，城市的贫困问题日渐凸显。但是，人们对城市贫困问题的关注，永远比不上对乡村贫困问题的关注。当下精准扶贫主要针对乡村，没有针对城市，所以这其实给人类学留下了一个空间。另外，城市中艾滋病的蔓延，引发了人类学家的集体关注与行动。曾经艾滋病被看成是一个纯医学的问题，但后来发现艾滋病实际上跟人的行为直接相关，所以对艾滋病的研究肯定要跟人类学这一研究行为的学科结合起来。庄孔韶、张海洋、景军等学者都做过艾滋病研究。同时，关注同性恋群体的研究，其实也跟艾滋病研究有关，因为同性恋人群是艾滋病的高发人群。从人类学的角度去研究艾滋病，去关注这样的人群，要发现隐藏在后面的东西。艾滋病的人类学研究从深入实地进行人的研究开始，要求调查者与被调查者有近距离的交流。调查者需出入各种会所、酒吧、监狱、戒毒所等，并常常从文化的角度，关注艾滋病防治过程中人的心理机制、反应与应对措施，以期能从艾滋病人群本身来发掘艾滋病防治问题的症结，并提出相关应用性策略。

另外，还有失地农民的问题。现在每年大概有 400 万以上的人口失去土地，这个数字应该还在不断增长。那么，如何能让这一部分人可持续发展下去呢？比如珠海，1986 年市政府就把所有农民的土地全部征收，一夜之间珠海的所有农民都失去了土地，这也是珠海在整个珠江三角洲的城市里发展滞后的原因。因为，占人口的主体的这部分农民一直在求生存，而不是在求发展。这部分人失去了土地，政府给了他们一笔钱补偿，当时这笔钱看起来很多，但是几十年以后，这些钱就贬值了，这会直接影响到他们的生存状态。可以说珠海的失地农民一直生存在这样的状况下，而珠江三角洲其他地方的农民，因为土地资本不断升值，农民拥有土地就相当于不断地向银行里存钱。

最后，还有下岗工人的研究。人类学对下岗工人的研究相对不多，相关研究主要是社会学领域的。实际上，现在下岗工人问题已被一些养老问题、医保问题等掩盖了。矿山城市有一定的代表性。它是一种资源型城市，当资源开采完后，这个城市还能不能发展下去是一个问题，所以这些城市下岗工人最多，相对来说贫困人口也比较多，也是社会问题比较集中的地方，这几乎是每一个矿山城市的共性。另外，还有很重要的一点是，矿山工人曾属于工人阶级，但是现在却成为社会最底层。这个人群的变化，其实是跟整个中国、整个社会的变化紧紧相连的。因此，做这样的社区研究既有现实意义，也有理论意义。此类研究还有对沈阳铁西区的研究。铁西区是中国最大的国企所在地，也是曾经非常厉害的一个区域。然而，现在国企一下子垮塌，几十万工人下岗，铁西区也变成一个国企厂房。那么，这些原来的工人要如何生活呢？这一类的研究还是有很大的潜力的，笔者的一个学生的博士论文就是关于铁西区的。

综合以上中国都市人类学的四大研究主题，都市人类学的研究内容随着都市化进程的延续而越来越丰富，给都市人类学的后续发展提供了研究资源。同时，伴随着快速都市化而来的诸多都市化问题，也在考验着都市人类学的学科能力。

本章结论

都市人类学作为一个专门的学科分野，是伴随着 20 世纪都市研究的大潮而生的。它兼具拓展人类学传统研究方法和突破人类学传统研究领域的双重任务。这一双重任务都在都市研究中得到了适宜的体现。都市人类学的形成过程是对传统人类学研究对象的不断拓展。它旨在突破过去对异文化的研究仅仅局限于乡村的学科桎梏。它的发展过程也呈现在从研究“部落-无文字社会”到“乡村-农民社会”再到“城市-城市中的农民”，最后发展为“都市-城市社会”这一连串研究连续谱中。

20 世纪 80 年代，中国人类学学科重建，都市人类学进入中国。中国都市人类学从起步阶段至今，在实践中不断地总结、反思，使学科体系建设日渐完善，研究主题既立足于社会发展之需，又凸显了中国研究的特色：一是对学科的理论与方法的不断探索，二是对城市中不同的人群的研究，三是关于乡村都市化的研究，四是关于都市症（包括贫困、艾滋病等一系列问题）的研究。

在扩展都市人类学研究领域的过程中，整个人类学学科的研究范围也逐渐扩大。过去被认为是其他学科所专擅的研究问题，被囊括进了人类学的知识生产系统中。最具代表性的便是关于城市族群、都市性、都市化与城市文化的研究，这些不同的研究领域都作为都市人类学的经典问题进入人类学研究的知识谱系中，成为当代的重要研究方向。

第二章
都市革命——城市的起源和发展

第一节 城市的起源和发展

什么是城市？城市是具有一定生计规模、人口密度的包括各类非农业专家及有文化的精英的聚合体。虽然有关城市的定义很多，但很多人认为真正的城市应该具有文字体系，认为文字是否出现可以方便地区分真正的都市社区与那些具有一定规模和密度的人口的半都市和非都市社区。这是因为，一旦某个社区有了文字，社会秩序就会有显著的转型，那些有文字的社会会比那些仅有口头语的社会创造出更为复杂的行政和法律制度以及更为系统化的思想体系。文字的存在亦会带动数学、天文学及其他科学的发展。文字不但能保存现况，而且能记录历史事件。法律、文字和宗教信仰，亦都由专门的人来掌握。

城市的出现被认为是改变人类生存并对人类生活的诸方面都具有深远意义的大事。著名的考古学家柴尔德称之为“都市革命”，并认为其与“农业革命”和“工业革命”具有同等的意义①。文明、国家与城市常常是联系在一起的主题。事实上，文明与城市的关系是人类学家长期争论不休的问题。城市是复杂的，国家政治制度和一体化的市场体系都是城市的重要形式。这两种现象是在类似的条件下形成的，可又是不同的名词。虽然一个文明中可能没有城市，但是没有文明的兴起的话，城市就不可能发展。尽管城市不是国家存在的先决条件，但是城市是一个中心，有一套复杂的管理体系。经济学家特别强调城市的政治和经济职能，因其能应付日益增长的劳动力和市场。城市也是商品，是劳动力和理念交流的中心，这使得城市更为集中化。大约在 1 万年前便产生了第一座城市，而大规模的城市化距今仅有 100 年的历史。

欲了解城市的起源和发展，首先要回答两个基本问题：其一，什么因素引发了城市起源？其二，在现代都市以前，城市经历了什么样的发展阶段？回答这两个问题与三个主要的人类组织水平相关，即技术的、经济的、社会的模式，这是城市产

---

① CHILDE V G. The urban revolution. The town planning review，1950，21 (1).

生的前提条件。在人类的早期阶段，人们采用狩猎采集技术来获取自然的食物。这种获取食物的技术需要依季节而变化和在较大的空间内移动，人们过的是游移不定的生活。这样的社会，人口规模小，没有劳动力专业分工，没有阶级的分化。显然，这种获取食物的技术是无法适应规模大、密度高的城市聚落生活的。

尽管一些狩猎采集的群体残存到今天，但是类似的群体大约在1万年前就开始缓慢地进入更为复杂的社会，在村落中定居，发展出运用较先进的技术的组织结构。人们选择了新的生产技术——耕种粮食和豢养动物，这样单位产量高，生物能量高，适合长时间储存，食物的供应更为稳定。而食物供应稳定使得劳动分工和阶级分化成为可能。大部分社会经历了人力耕种、犁耕、畜耕的过程。新的农业工具的发明意味着农业的食物生产和分配更为复杂。

城市的产生除了先进技术因素外还有两个因素。第一，农业食品生产由收集、储存和分配等技术构成，这意味着社会组织的专门化。这样的社会组织需要有组织劳动力为大规模的建筑、水利灌溉系统服务的能力，需要各种全脱产的专业人员，如管理精英等。后者尽管只有少量人员，但掌握政治权力，通过意识形态（通常是宗教）来保证权力的实现，以便能向城市居民提供农产品。第二，有一个适宜的环境，不仅能提供肥沃的土地，而且能为农业及城市居民提供水。

世界六大古文明均出现在农业起源或相近的地区，并先后进入都市生活。

在西亚，城市的起源几乎与农业的产生同时发生。在距今1万年左右的前陶新石器文化的耶利哥遗址，就出现了城堡。耶利哥城面积大于4公顷，有城墙、城堡和壕沟，估计居住600人。约8 500年前的恰塔尔休于遗址，已经有用晒干的土砖砌成的房屋，城镇占地12.95公顷，城中发现12座神庙，还包括许多艺术品、衣服、饰物、壁画等，人口最多时约6 000人。这是一座奇怪的城市，没有街道，所有的房屋像蜂巢似的聚集在一起，外墙没有门，只在高处开窗，出入口设在屋顶，需要借助梯子上去[①]。大约在7 500年前，牛加入了家畜的行列，对于人类农耕和畜牧有莫大的贡献。同一时期的底格里斯河和幼发拉底河河谷地带，开始出现灌溉农业。凭借着犁和水利灌溉，美索不达米亚平原上的农业得以迅速发展。在距今6 000年的乌鲁克（Uruk）文化时期，人们在两河流域建造了第一座城池，占地达445公顷，人口最多时达5万人，其中有城墙、街道、房屋、寺庙和宫殿。城中的神庙和宫殿都建得宏伟壮丽。它的技术成就包括纺纱、织布、制陶、冶铜铸铜、烧砖、建拱形石建筑、造船只、造车辆，以及文字、历法、度量衡和数字系统。人类社会至此被划分为统治者与被统治者、富人与穷人、识字人与文盲、城里人与乡下人，也就是所谓的文明时代到来了。

埃及文明与城市一直以来都是一个有争议的话题。因为埃及考古虽然发现了以金字塔为代表的文明，但一直没有发现城市的遗迹。一种看法是，埃及文明一直没

---

① 北京大学、东北师范大学历史系世界古代史教研室．世界古代史论丛：第一集．北京：生活·读书·新知三联书店，1982：42-52.

有形成像西亚这样的都市中心，因而认为古代文明与城市并不一定是伴生物。另一种看法是，埃及的城市历史至少可以追溯到公元前 3100 年，之所以没有发现像美索不达米亚那样丰富的城市遗迹有诸如以下原因：一是早期埃及建筑多使用未经烧制的材料，时间久了这些材料容易风化腐烂；二是早期埃及人频繁修建、放弃其城市，造成这些中心维持的时间短而难以形成大的规模；三是埃及文明以法老为中心，法老集世俗与神圣的权力于一身，是尼罗河流域的绝对统治者，使得尼罗河流域相对和平，因而无须建筑坚固的城墙防守。

当美洲进入以农业为主的永久性定居生活后，人口迅速增长，社会结构也日益复杂。在距今 3 500—2 000 年间，出现了城邦式政治组织，构成了大帝国。这些帝国有一个城市中心，人口约 8 万～15 万，有庙宇、王宫、集市、巨大的金字塔、大广场等建筑。中美洲最早的文明被称为奥尔梅克（Olmec）。而另一个文明——玛雅文明在科学和艺术方面久负盛名。玛雅人创造出和奥尔梅克类似的中美洲文明模式：象形文字、历法、金字塔和由巨大的庙宇构成的礼仪中心。但奥尔梅克和玛雅的城邦社会都是以刀耕火种的农耕为基础的，这种耕作技术是周期性地用火焚烧森林后清理出土地，利用火烧灰作为肥料，等地力用尽就弃之，于他处另辟新地。这种“游耕”的耕作方式需要大量的土地，以便经常轮换耕种。所以，在城市中心，大部分日子空无人居，只有节日、集市时才挤满了人。墨西哥城东北的特奥蒂瓦坎文明约形成于公元前 300 年。城市建设是有计划的，呈格子状，街道排列整齐，各区均有市场，并有固定的手工业市场。城市占地 20.7 平方千米，居住 7.5 万人。城中的公共建筑宏伟无比，如太阳金字塔。

印度文明兴起于公元前 4000—公元前 2000 年间。文明的中心为摩亨佐·达罗和哈拉巴。这两座城市的周长都在 4.83 千米以上。城市由宫城和郭城组成，都有长方形棋盘式的大道和精致的下水道系统，以及城墙、宫殿、规模宏大的仓库、工场劳动者的宿舍，表明当时已有强大的中央政府。估计，摩亨佐·达罗城居民约 3.5 万人。印度河流域文明已进入青铜时代，并已有文字。

欧洲最早进入文明的地区是爱琴海地区。约在青铜时代中期（约公元前 2000 年），出现了城堡和大规模的王宫，有了象形文字。从公元前 1700 年开始，到公元前 1380 年前后，王宫时代奴隶制进一步发展，建筑、工艺、绘画、雕刻等方面都有突出的成就，政治使各城邦分立。

中国早期文明的代表良渚文化，早在距今 5 000 年前业已肇造[①]。一系列的考古发现显示，良渚文化在漫长的发展过程中形成了成熟的早期国家形态。良渚遗址中不仅出土了一大批精美的玉器、漆器、丝绸、象牙器、陶器，而且在遗址发掘中出现了大量的木构建筑，农业与手工制造业之间已出现细致的分工。在良渚文化相关的墓葬中，社会成员已具有明显的财富差异，社会分层的证据确凿，基本可以确定已经发展出阶级社会。良渚文化具有代表性的文物是玉琮，比较有代表性的大玉

---

① 王明达．浙江余杭反山良渚墓地发掘简报．文物，1988（1）．

琮是1986年在浙江省余杭县（现为余杭区）反山遗址考古发掘中被发现的。很长时间以来，文物工作者们大都将大玉琮上的人兽复合“神人像”视为神权与王权在早期中国文明中的体现。特别是良渚出土的雕饰着“神人像”的玉钺，被认为是军权、神权、王权三位一体的文明象征。

进入21世纪，良渚古城的一系列新的考古发现使得人们对中国文明的起源有了新的认识。最新的考古发现显示，良渚古城是一座由东西约1 700米、南北约1 900米的城墙围成的，总面积超过300万平方米的四面围合的城市①。迄今为止，考古工作者都没有在良渚古城的核心区域附近发现水田等灌溉农业残留，但在良渚古城中发现了明显的各种制造业生产、原材料和产品集散的中心以及相关的管理机构的遗址，考古工作者基本判断良渚古城是一座按照不同社会功能组织起来的城市，且迄今的考古证据皆指向良渚居民以非农人口为主，具有完全的城市形貌②。良渚古城的另一个特点是水利设施，考古工作者认为良渚古城的水利系统可能兼具防洪、运输、用水、灌溉等诸多方面的功能。大规模的水利系统的建设涉及复杂的组织机构和人员管理，大规模的水利设施的兴建无疑体现了良渚文化的社会动员能力。③ 良渚文化在中国早期文明的形成过程中起着相当重要的作用。到目前为止，我们可以明确地判断，夏商文明中吸收了很多良渚文化因素。良渚文化在形成原初文明后，有了强大的生命力，它与其他原初文明共同作用，刺激了中原地区原初文明的极大发展，并产生剧变，最终形成了中国繁荣的早期文明。④

如果以更严格的文明起源标准，中国最迟于公元前2000年进入文明时代。目前考古发掘已找到夏王朝的文化遗迹，有宫殿、铸铜遗址等。到公元前1500年，青铜时代的商朝已有文字、历法、青铜冶炼、王室、庙宇、阶级、中央集权的政府，以神人合一的天子为其秩序的高峰。⑤

尽管文化是多种多样的，但是早期城市的组织结构基本上是一致的。组织结构之一是统治方式——都是国王与高级神职人员统治，并且他们居住在城市，甚至这些人及其仆人就住在城市中心。这些城市中心是权威区域，那儿坐落着最重要的政府和宗教建筑。这种集中有双重意义：一是方便精英阶层的相互来往，这一点在交通和通信还不发达的时期尤为重要；二是便于保护统治阶级的安全。

距都市核心较远的地方是商店和居民点，这是为精英们服务的艺术家和工匠（包括木匠、铁匠、珠宝匠、陶匠等）居住的地方。在早期城市中的劳动分工，随着时间的推移变得日益复杂。早期的艺术家可能属于特别的少数群体，在特别的街道建立起他们的聚落。这一特性体现在从早期到现代的所有前工业文化的城市中。

① 刘斌，王宁远，郑云飞，等．2006—2013年良渚古城考古的主要收获．东南文化，2014（2）．
② 赵辉．良渚的国家形态．中国文化遗产，2017（3）．
③ 王宁远，刘斌．杭州市良渚古城外围水利系统的考古调查．考古，2015（1）．
④ 朔知．良渚文化的初步分析．考古学报，2000（4）．
⑤ 周大鸣，乔晓勤．现代人类学．重庆：重庆出版社，1990．

最贫穷的居民住在城市的边缘，农民分散居住在四野的乡村①，也有些农民部分时间或全部时间住在城市中。

从城市产生起，因为专业人员的产生，就有了不断的发明。确实，城市的产生加速了社会和文化的变迁。城市活动用不同的方式推动变迁。许多早期城市是主要的交通要道，新的概念和发明进入城市是相当自然的。专业人员的集中有利于发明——不仅包括技术，也包括宗教、哲学、科学思想。

城市的进化过程可能与技术和社会组织（尤其是政治组织）的进化过程是一种平行的关系，后者并不一定是城市生活的前提，但都是城市发展的基础。城市作为发明中心，为先进技术的延续提供了场所，而先进技术的延续又使得城市进一步扩展成为可能。先进技术的产生有赖于劳动分工，尤其是政治分工的进步。例如，早期苏美尔城邦辐射的区域是有限的，但随着贸易和商业的发展而扩展到广泛的地区，这些城市因而能够从更广大的范围和不同的地区获得人力和物质资源，甚至导致新的城市产生。铁器时代早期的帝国，例如在公元前 3 世纪建立的中国汉朝的辐射范围大大超过了青铜时代的帝国。当帝国规模扩大时，城市也在增加。事实上，如柴尔德所观察到的，都市的扩展在铁器时代的头 500 年比在整个青铜时代的 1 500 年要快得多。

在公元前 6 世纪到公元前 5 世纪，波斯扩展到巴基斯坦所在区域并在乡村地区创建了许多城市。在印度亦是如此。波斯在公元前 4 世纪扩展到印度南边，进入非都市地区，使得这一地区产生了一些城市，如阿将塔（Ajanta）和坎奇（Kanchi）。在中国的秦朝和汉朝，从公元前 3 世纪到公元 3 世纪，城市生活已扩展到中国的大部分地区，特别是南方和西方。在这一时代，南京和广州进入都市行列，北京亦逐渐发展为城市聚落。

在欧亚大陆的另一端，腓尼基人在公元前 24 年开始向西扩展，并在北非和西班牙海岸建立起城市生活。这些沿海贸易者发明了造船技术，这可以从腓尼基人在地中海时期的远程商贸联系和武力扩张中推论出来。在几个世纪以后，希腊人经历了同样的过程。他们的城邦，实际上是一些小的帝国沿着地中海从小亚细亚到西班牙和法兰西且向东向里海建立起的大量城市。罗马帝国将城市生活传播到以前的非城市地区——法兰西、不列颠、低地国家、莱茵河西部，甚至中欧和东欧。

帝国影响着城市的分布，因为其不得不建城市以维持征服地区的军事需求。这些城市的政府被要求用征服地区的资源一方面满足军需和商贸，另一方面则为国家增添财富。甚至，城市在最初纯粹是一个商业出口点。正如腓尼基人统治之下的城市，通过满足军队和政府的需求得以存在下去并发挥有效的作用。

帝国的兴衰与城市的兴衰有着有意思的联系，从都市研究来看，这是历史的真实写照。在许多前帝国的首都，只能从今天的概貌多多少少想象其昔日的辉煌。巴

① JOHN A J，GROWLETT A. Ascent to civilisation：the archacology of early man. New York：Alfred A. Rnopf，1984.

比伦的尼尼微、波斯的苏塞、美索不达米亚平原的索宛和印度的梅兰加尔就有着这样的命运。但也有许多例外，一些城市经历了漫长的改朝换代过程幸存下来。例如，雅典在希腊崩溃以后并没有消失，罗马帝国侵占了雅典并把它作为学习中心。当罗马灭亡时，雅典的人口和居民权威是稳定的，直到19世纪现代希腊兴起之前，雅典一直是一个不小的城镇。而雅典附近的拜占庭，在罗马统治时期是一个重要的城邦，尽管它曾是东罗马帝国的首都，后来成为奥斯曼（Ottoman）帝国的首都，但是今天它仅仅留下一个主要的城市——伊斯坦布尔。

世界上许多地区的城市的兴亡清楚地表明，为什么都市生活能持续下去，为什么技术和社会组织要求城市不要消失。要回答以上问题，就需要了解帝国得以维持的结构——通过文字记录和各类专业人员的口头传说。甚至，所有帝国都有都市发展与相关的技术导致传播的故事——包括专业人员从其他文明地区的迁入。与此同时，帝国中的各类文明和非文明的主题被它们的征服者或其他人有目的地教育成为都市的载体——偶然会导致向垄断的统治集团权力发起挑战的主题。

罗马帝国的兴衰为了解城市生活空间与帝国兴衰的关系提供了很好的个案。罗马人本身有许多文明的要素来自其统治下的伊特鲁里亚人和希腊人。罗马人在向北扩张中，在西欧和在所谓“蒙昧”地区——前文字或“非文明化”的地区——建立罗马城市，简直没法把自己的那套科层制度运用在这些民族之中。一些前文字社会逐渐成为罗马前哨城市。这一过程使得罗马人能够掠夺征服区的财富、镇压反对群体，以及处理严重的冲突。征服区的乡村逐渐被都市化，并形成其自身的有文字的精英集团，获得罗马人的许多技术和管理方法，这些精英转而反对帝国权力并促使帝国崩溃。这并不是唯一的历史个案，欧洲在非洲的殖民地的现代独立运动与此类似。①

罗马帝国的瓦解，不仅减少了罗马城市（最大的城市有30万居民），而且使许多世界性城市消失或沦为小镇和村落。这种衰落是戏剧性的，因为经常有人统计罗马灭亡之后在西欧消失了多少城市。历史学家尤因（E. Ewing）认为许多城市，尤其是意大利和法国南部的城市仍然在发挥作用。即使是在黑暗的中世纪，所有文明社会残存的城市也仍然是主要居民点以及政治和宗教精英活动的中心。尽管罗马灭亡了，但是许多技术和与医学、天文等相关的文字传统的概念仍然保存了下来。在现代欧洲都市社区以及在罗马的东部地区，东罗马时闪耀的城市建筑得以幸存。罗马的一些技术和学问也成为阿拉伯帝国城市生活的基础。这一帝国曾纵横西亚、北非、西班牙甚至中亚地区。的确，拜占庭和阿拉伯帝国都从古代继承了许多优秀的文化传统。例如，阿拉伯人从印度人那里学来了0的概念和十进制。这些概念传入西方对于理论和实践都有极为重要的意义。逐渐地，许多新知识传到欧洲，成为工业革命的基础。

随着拜占庭与阿拉伯的联系，欧洲重新建立起商业联系。在这种交换关系中，

---

① 斯塔夫里阿诺斯．全球通史：1500年以前的世界．上海：上海社会科学院出版社，1988：230-250.

南欧洲的都市生活扮演着重要的角色。这种贸易的复兴与10—11世纪的几个繁华的意大利城邦紧密相关。威尼斯和其他小的城市转变成小的帝国。它们向地中海地区殖民——向内陆征服不仅是城市的需要也是奢侈的项目。在公元1000年，威尼斯与君士坦丁堡和拜占庭帝国的其他城市的商业联系，部分地导致威尼斯的希腊殖民活动。威尼斯人从希腊居民那里获得了关于航海的实用经验和专业人员的各种知识。这一例子清楚地表明，意大利城市不仅是当地的创造物，而且是多元文化动力的产物。

当进入11世纪时，许多欧洲城市设法摆脱了帝国或教会的各种统治而获得了独立，北意大利都市社区称之为政治自治。这不仅为商业发展提供了适宜的气氛，同时也促进了诸如行会等都市制度的成长。欧洲模式与大多数亚洲地区（如印度和中国）截然不同。亚洲的城市从来没有摆脱庞大的政治机构而获得自治地位。中世纪欧洲的城市在自我统治扩张的同时亦扩大了城市本身。大约在中世纪中期，都市的自治开始衰落。这也表明，欧洲中世纪城市的政治自治与工业城市的发展仅有间接的关系。只有工业革命给城市生活带来了根本的变革。在当代的一些国家，城市居民已占全国人口的多数。美国有90%的人口住在城市中，而相比之下，在前工业文明中，仅有小规模的社会统治集团住在城市中。工业革命导致城市的社会地理和社会组织发生了根本的变化；工业革命带来的显著的变化是阶级体系的流动性增大，大众教育出现和大众传播普遍化，一些精英从城市中心向郊外转移。①

尽管工业城市兴起的年代仍不确切，但是大致发生在1750—1850年间这一结论不会有大错。欧洲人扩张到其他洲和技术的发展依赖非畜力的能源。欧洲贸易和探险扩张，既促进了亚非拉城市的增长，亦有助于欧洲提高自身的生活标准和维持更多的专业人员。这些专业人员形成了新的高尚的职业团体——科学家。海外的扩张改变了欧洲学者的视野，他们知道了各种不同的理念和习俗。这些发现由远征探险家们报道出来并促进了科学的进步。只有在现代城市，才可能把获得的知识用科学的方法进行处理，这就是实验研究。人们能够控制自然的力量，这在前工业时代仅仅是梦想。虽然在前工业社会的几千年中学者们积累了许多领域（如数学、医学、天文）的知识是事实，但是这些学者的活动通常是理论性的，很少与实际运用相联系。这就意味着那时学者们的理论很少经过检验或被运用在日常生活之中。更进一步说，按照宗教思想，人们不能了解和控制自然秩序，包括物理或其他社会方面。例如，希腊罗马城市中的医学家从来没有做过人体解剖；直到16世纪，欧洲布鲁塞尔的一名医生才开始运用解剖的发现来证实古代医学理论。

在工程学领域，到17世纪晚期，最先进的技术是由一些工匠进行一些实验。随着实验方法的发展，精英们可以从工匠那里获得更多实用的知识，如从理发师那里获得知识应用于外科，这导致了方法的改进和知识的变革，最终引发科学革命。

---

① SJOBERG G. The pre-industrial city. American journal of sociology，1995，IX：438-445.

同时，这也成为工业革命和工业城市的基础。

第一个工业城市出现在英国并不是偶然的。英国的社会结构没有大多数欧洲或其他文明世界的刻板的特性。英国人的传统是：一种伦理体系支持功利主义和经验主义——更多地注重人在自然中的地位。英国的学者比欧洲其他地方的学者有更多的交流。

工业化带来了巨大的变革，包括农业设备、耕种技术和食品保存的变革。供水技术的改进使得更多人能聚集在城市。也许蒸汽机是关键的发明，提供了一种新的、更有效的能源。在此之前，除了用风和水做动力外，人们还没有其他非人力和非畜力的能源。新的能源促进了现代工厂的大规模商品生产和机械化活动的出现。伴随着新的职业机构——这是一种基于高度专业化知识的结构，并且这种结构是非常有效的——的出现，不仅工业化的过程持续到了今天，而且随着自控机械的产生，工业化的进程会加速。

随着计算机、通信等高科技产业的发展，人类进入了“后工业城市”时代。后工业城市表现出如下三种聚集：一是与信息工业同步，包括了管理、银行、金融、法律服务、会计、技术咨询、通信、国际交通、研究所和高等院校等的聚集。二是为第一种聚集服务的诸如地产业、建筑业、宾馆、酒店、高档商品商店和娱乐中心的聚集。三是据国际公司的需要而设的旅游业、私人警卫和家庭服务的聚集。这样，城市的产业结构由第一、第二产业向第三产业发展，劳动力也随之由以体力为主向以脑力为主转变，适应了信息时代和经济发展之需要。即使是在制造业中，由于越来越多的工作由机器负责，白领阶层在企业劳动者中的比重也有所增大。随着现代技术和管理水平的提高，工业企业的车间越来越多地移向郊区，甚至向国外扩散，而企业的办公楼则越来越多地集中在能够迅速获得信息的都市中心。生产过程的自动化和非熟练化，导致许多企业向远郊、向第三世界发展，以使用价格低廉的非熟练工。①

第二节　中国城市生活发展的过程

据文献记载和考古发掘，中国最早的城市约产生于所谓的传说时代，即黄帝至夏禹时代，其绝对年代至今 4 000 年左右。最早关于筑城的文字记载有：

> 黄帝时为五城十二楼。（《汉书·郊祀志》）
> 舜一徙成邑，再徙成都，三徙成国。（《吕氏春秋·贵因》）
> 夏鲧作城。（《吕氏春秋·君守》）

---

① 郭彦弘．城市规划概论．北京：中国建筑工业出版社，1992：45－49．

鲧作城郭。(《世本·作篇》)

昔者夏鲧作三仞之城。(《淮南子·原道训》)

禹退作三城，强者攻，弱者守，敌者战。城郭，禹始也。(《太平御览》卷一九二引《博物志》)

考古发现与文献记载时代相吻合的，属于龙山文化的古城址共发现四处：(1) 河南淮阳平粮台古城遗址；(2) 河南登封王城岗古城遗址；(3) 山东章丘龙山镇城子崖遗址；(4) 安阳后岗土围墙遗址。这些早期的城址具有以下特征：其一，城墙全用泥土逐层夯筑，形状一般为方形。其二，城内已有一定规划和设施，大路、街道、城门、引水沟渠等经过规划建成。其三，城内分布有殿堂、房舍、手工作坊等建筑和墓葬区。

总之，我国的早期城市规模不大，手工业遗迹不多。城址中主体建筑占据了显赫位置，城垣方正，街道排列有致，门卫防御森严，等等。这显示出建立城市是一种政治行为，是一种军事防御设计的结果，而经济职能只是城市的一种附庸。此外，中国古代各级城市大都筑有很讲究的城垣、城楼，形制规整，这与欧洲古代城市大多不规整或带有较大的随意性相比，显然具有直接明了的中国特色。而这种特色的形成正与中国古代人的哲学观念相关，与中国的农业生产方式相关。

如果说夏禹前后仅仅是城市的雏形阶段，那么，夏代晚期、商代和西周则是中国古代城市的形成与发展时期。

从夏代晚期至西周 1 000 余年间，已出现了各个时期的城市。文明的三要素——都市、文字、青铜铸造——在这一时期均齐备。这一时期的城市趋于稳定、成熟、定型。但其基本的特征仍然承继早期城市，只是城址的规模扩大，反映等级的宫殿、庙宇和墓葬更为突出。此时的城市仍然以政治职能为主，如西周成周（今洛阳）即为统治亡商遗民而直接建造的，这是城市作为政治工具的典范。从经济结构和居民分布上看，这时城市的经济职能仍然居于从属地位。城内各种经济活动的联系或结合仍是松散的，手工业作坊大都分散在城墙外围，即使城内有零星的作坊存在，也只不过是一种陪衬而已。那些青铜礼器制造作坊、制玉作坊及制骨作坊遗址等，更是“工商食官”的直接反映。平民住地的遗迹也比较零散，各居民点之间往往有大片的农田。有些小规模的居住遗址还常常出土农业生产工具，显然有不少居民仍要就近从事农业生产。这反映出城市经济与乡村经济的差异和分离还不十分明显。从整体而论，这一时期是中国古代城市的初级阶段。①

进入春秋战国时代后，中国的城市结构发生了巨大的转变。首先，伴随分封制向郡县制过渡，城市完成了由以血缘关系为纽带的独立性较强的分封制城市向中央集权的郡县制城市的转变，并在转变过程中形成了与都—郡—县行政系统并行的城市等级体系。春秋以前，城市主要是国家都城，都城以外的城市不多，并且受到分

---

① 谢仲礼．中国古代城市的起源．社会科学战线，1990 (2)．

封等级的严格限制。而在诸侯称雄的时代，无论是进攻还是防御，列国诸侯无不纷纷根据自己的政治和军事需要扩建旧城和构筑新城，结果是大大小小的城市像雨后春笋般地兴起，城市数量达到了空前的水平。据文献记录，春秋时代有78条筑城记录。虽然分封制城市转化为郡县制城市，但其政治、军事意义的基本特性未变，并更为紧密地同国家机构结合起来。

其次，在社会经济繁荣的基础上，城市的经济职能开始显现出来。春秋以前，工商业发展遵循工商食官制度；到了春秋战国时期，手工业繁荣，工商食官制度逐渐衰亡。最能反映城市经济职能的增长的是"市"的大量出现，它既是工商业活动中心，也是城市居民交换的贸易场所。春秋时的文献把"市"与"城"合称，形成了我国最早的城市概念。

考古发掘也证明春秋战国时期的城市经济确有突出发展。目前列国都城多已被勘探和发掘，周、鲁、齐、燕、三晋、中山、楚、秦等国的重要都城的遗址分布均已弄清。这些城址不仅规模大——一般面积有10余平方千米，而且多有铸铜、冶铁、制陶、制骨及制钱等手工作坊遗址。与西周以前不同，这一时期的手工业遗址分布趋于集中，除侯马晋城手工业作坊主要分布在城墙南面外，其余大都集中在城内。

最后，城市发展已形成缜密的建筑规则，并且这种制度不再是宗教占卜的结果，而是上升到理性认识的高度。城市设计建在河流旁边，并开始设计以宫殿为中心的中轴线。战国年间成书的《考工记》就详尽地记载了城市的遗址和建造的布局。

秦至汉，建立了统一的王朝，宫殿、宗庙、辟雍、廨署、禁苑等，不再仅仅占据城中的某个部位，而是几乎霸占全城。如汉长安城宫城占全城总面积的二分之一以上。东汉洛阳城的建筑布局略有改变，分布全城的宫殿群开始集中在北部和南部，其余大部分空间变成城市居民的生活区域。曹魏都城邺城大体被规划为南北两大部分：北部中央是宫殿区和官署区，西边是苑囿，东边是仅供贵族居住的戚里；南部则是居民区，有思忠、永平、吉阳、长寿等里。全城中轴分明，区划匀称，已形成棋盘式街道布局的雏形。邺城规划对此后的都城布局有巨大的影响。西晋、北魏洛阳城的设计与曹魏邺城的设计是一脉相承的。后来的隋唐都城长安与洛阳亦都受邺城布局的影响。①

秦汉魏晋南北朝时期的都城布局主要有三点变化：一是宫城在都城中所占总面积越来越小，其位置也由都城南部移到城内北部。二是居民区的"里""坊"不但越来越成为城市内部空间的主要占据者，而且建筑规划日趋方正、棋盘化。三是"市"作为城市工商业活动区域，其位置变动方向与宫城相反，即由北向南移。这种结构变化，使得宫城、居民区和市相对隔离与孤立。因为宫城、居民区和市的里坊都有各自的垣墙圈围，都有各自的管理系统，表现出统治者对居民和市

① 俞伟超．中国古代都城规划的阶段性：为中国考古学会第五次年会而作．文物，1985（2）.

统治的强化。那个时候，不仅市场的集散有时间限定，居民区的日常生活也在时间上受到严格控制。可以想象，当夜晚市门、里门、城门关闭之后，街上空无一人的情景。

魏晋南北朝时期，由于战争频繁，城市的军事防御和居住堡垒作用更为突出。城墙的各种提高防御能力的设施，如瓮城、马面、城楼，以及用砖包城墙等等，均产生于这一个时期。除此之外，还在城市的西北部构筑相对独立的小城，以加强对西北部的防御。这样，随着城市军事和政治职能的强化，城市的经济职能萎缩，城市居民与市场的联系必然减少。而在乡间，由于世家豪族力量的增长，他们拥有大量合法的荫客和奴隶，其堡垒式的庄园经济完全是自给自足的自然经济。

隋唐时代是历史学家们引以为豪的时代。隋唐两京——长安与洛阳——被考古发掘揭示出的宏大规模，既为考古学家们所津津乐道，又为世人所赞叹。唐长安城经考古实测，周长有 36.7 千米。其规模之大、气势之雄不仅在中国史无前例，在当时世界上也是绝无仅有的。朱雀大街宽达 150～155 米，形成全城的中轴线，其余主要街道宽 100 米以上。全城由街道划分成方格，在这方格中便有东、西两市和 108 坊，每一坊又划分成 16 格。“百千家似围棋局，十二街似种菜畦”正是长安城的真实写照。这种布局不仅影响了国内其他城市的规划，而且影响了邻国：日本在 7—8 世纪建造的藤原、难波、平城、长冈、平安五座京城全都模仿了隋唐两京。但是，隋唐两京仅仅是规模宏大与布局整肃而已，工商业的活动场所仅仅占据一小块固定的空间，里坊仍是一个封闭的堡垒，并没有发达的城市经济和丰富多彩的城市生活。一个陌生人走入这样的城市，面对千篇一律、整齐划一的街道，以及一堵堵颜色一致、高度一样的城垣，很容易不辨方向。因为城市的设计与建筑，并没有考虑到一般居民的生活便利，所以说，无论隋唐城市的空间格局多么恢宏规整，都不足以说明中国城市的真正发展。相反，这仅仅代表封闭式结构的高峰，并成为城市交换经济不发达的重要标志。

中唐以后，农村人口向城市集聚，城市人口的规模超过了前代。长安城人口约 100 万，时人曰：“长安城中百万家，不知何人吹夜笛”，“京师之人，不啻百万”。成都作为一个地方城市，人口也很集中，正如诗人所咏：“城中十万家”“十万人家春日长”等。由于当时僧侣、奴婢、驻军一般不入户籍，因此成都人口达 50 万并非过高估计。人口向城市集聚，而城市能够容纳流入的人口，说明城市经济的发展已能够为这些人提供就业机会。农村人口流入城市，与城市工商业的发展是同步进行的。[①]

城市工商业人口增加，各行各业的经营活动也日益活跃起来。各类手工业增多，手工作坊规模亦扩大。类似工商业劳动者联合组织的“行”也与日俱增。在交

---

① 陶复．建筑考古三十年综述（1949—1979）//中国建筑学会建筑历史学术委员会．建筑历史与理论：第三、四辑．南京：江苏人民出版社，1984.

换经济发展的同时，商人的社会地位也有了明显提高。而且，商人纷纷入仕做官，参加科举考试，至此商人不得入仕做官的律令已成空文。与抑商思想的减轻和商业的繁荣相伴而来的是整个社会的开放。唐代全国统一，社会安定，中外交通发达，于是“胡商”云集，既带来了异国的商品，也带来了不同的风俗文化。中唐以后，市场形式发生变化：一是交易活动冲出指定市区，市外商业活动日益活跃；二是伴随着市外商业活动的发展，在繁华的街坊、桥头、寺院附近形成了新的市集和市场；三是设在市区内的市司机关，随同市制的瓦解而逐渐丧失对市场的管理机能。

里坊的瓦解与市场的发展是同步的。先是居民房屋开始冲破坊墙，直接向街道开门，甚至将屋宇建在街边。虽然唐代政府明令禁止，但到唐后期居民向街道开门、侵占街巷已是普遍现象。五代以来的都城都是在已有的旧城基础上兴建的。至北宋初年，里坊制度已经瓦解，居民区不再有垣墙围绕，而只用“表柱”来标明地域范围。因为没有垣墙阻隔，房宅和店铺直接面向街道，城市的结构终于从封闭走向开放。

城市宵禁制度的废弛和城市夜生活的兴起，即城市走向开放的重要标志之一。唐前期夜鼓之后，市、坊闭门，平时夜晚空寂一片，只有正月十五特许夜行。唐中宗以后允许正月灯影之会市场之门敞开三夜。唐中叶以后，随着城墙的废弃，宵禁形同虚设。那些地方城市，如扬州更成为不夜之城。伴随着夜生活的发展，商业活动开始在晚间举行，各地夜市也相继诞生。这样，城市生活受时间限制的情况就一去不复返了。中国古代城市的封闭结构，自唐代中叶开始废弛瓦解，到北宋中叶已彻底终结。

自葡萄牙殖民者在广东的珠江口建立起殖民城市澳门以后，伴随着 1840 年鸦片战争，外国殖民者对中国城乡的影响进一步深入。沿海、沿江的通商口岸城市，在帝国主义资本输入之下，得到迅速发展，形成了一批新兴的工商业中心，如上海、天津、青岛、大连、烟台等。与此同时，一大批中世纪的老城市开始向近代城市转化。其产业结构和功能都得到了改善，引进了一批先进的设备和技术，发展了商品经济，提高了生产力，如北京、西安、成都、长沙等就是这样的城市。

在近代中国，由于帝国主义侵略和军阀混战，社会生产力遭到很大的破坏，城市化进展缓慢。同时，城市分布体系的地区差异性扩大。如东北地区由于沙俄和日本的竞相掠夺和侵略，兴起了许多工矿城市和港口城市，如沈阳、鞍山、大连、抚顺等，另外增加了 120 多个县城，使东北成为当时城市化水平最高的地区。另外，沿海地区城市化水平比内地高，但大多数城市是在原有城市基础上发展的。其他地区城市化水平很低，尤其是西北和西南地区城市化发展缓慢。由于近代中国的城市化是在帝国主义、封建主义和官僚资本主义的剥削、压迫下进行的，因而代价极为沉重。农村经济破产，农民被迫流入城市；城市工人的失业、贫困状况，亦是世所罕见的。

第三节　当代中国城市化的历程[①]

1949 年新中国成立前夕，中国 5 万人口以上的城市只有 168 个，比 1936 年减少 23 个。设市城市 69 个，其中直辖市 12 个，省辖市 57 个。城镇人口总数 5 765 万，占全国人口的 10.6%。

1949 年以后，中国的城市化走上了一条新的道路。随着国民经济的恢复和工业化的发展，中国对原有城市的产业进行了调整，扩大了城市规模，同时兴建了一批新的城市，中国的城市化进程有了新的发展。新中国成立 70 多年的城市化历程大体可以分为三个阶段。

一、1949—1957 年

这是我国国民经济恢复和第一个五年计划时期。这个时期，人心向上，社会安定，经济发展快，城市人口增长迅速。原因之一是战争中离开城市的人返回城市。原因之二是在第一个五年计划后，大批重点项目上马；为了适应工业化的需要，大批农民进城当了工人。1952—1957 年，有 2 000 万左右的农民进城。这个时期既是城市人口机械增长最快的时期，也是我国农村人口向城市转移的第一个高峰。这一时期，城市人口从 5 765 万增加到 9 949 万，城市化水平从 10.6%提高到 15.4%。

二、1958—1978 年

这个时期，“大跃进”、三年困难时期及十年动乱的影响，造成了社会的动荡和国民经济的停滞不前，城市化出现大起大落的状况。

1958 年的“大跃进”运动，盲目扩大基本建设规模，特别是重工业项目大量上马。在短短的三年之内，就有 1 970 多万农民进城，使城市人口急剧膨胀。到 1960 年，全国总人口达 6 亿 6 207 万，城市人口为 1 亿 3 073 万，占总人口的 19.7%。

到 1961 年，国家实行调整政策，紧缩城市经济的发展，并动员 2 000 多万城市人口返回农村。并且，国家从此制定了严格控制农村人口进城的政策。到 1965 年，城市人口下降到 1 亿零 170 万，占当时总人口的 14%。

1966 年“文化大革命”开始。在极左路线的指导下，社会主义非城市化的思潮影响到各个领域，不仅严格限制农村人口进城，而且大规模地下放城市机关干部

---

① 本节主要参考：曹洪涛，储传亨．当代中国的城市建设．北京：中国社会科学出版社，1990.

和知识分子，外迁城市企业，组织青年学生到农村去。在10年时间内，上山下乡的学生就达1 700万，加上其他人员，总数达3 000万。到1978年，全国总人口增长到9亿6 259万，城市人口只有1亿1 988万，占全国总人口的12.5%。

三、1978年以后

这是我国城市化正常发展的时期。这一时期实行改革开放政策，社会主义的商品经济得以发展，国民经济增长较快，城市化步入正常发展时期。1978年之后的10年中，新增加242座城市和8 000多个县辖镇。城市人口增加到2亿零177万，占全国总人口的18.4%。2012年，城市人口超过农村人口，这意味着农业大国一去不复返。城市成为今后发展的主战场。

这一时期城市化正常化的动因是推行改革开放方针，解放了生产力，促进了国民经济的迅速发展。

第一，联产承包责任制的贯彻执行，提高了农民的生产积极性，使我国人多地少的矛盾越来越突出。而大量的农村过剩人口所导致的人口流动，必然推动城市化进程的加速。

第二，农业的发展打破了过去“以粮为纲”的单一经济模式，而注重发展高效益、高价值的农产品，农产品的商品率也得到提高。这就增加了农民的收入，改善了农民的生活，农民的消费水平随之提高。

第三，乡村非农化及乡镇企业的兴起，导致农业劳动力的转移。大量劳动力外出务工，逐步打破了城乡隔离的篱墙，推动了小城镇的发展。

这几股力量，冲击着多年来以国家投资为主体的单一的人口转移途径和都市化模式。过去只靠国家投资发展工业来带动都市化，而现在除国家投资外，广大农村发展乡镇企业，建设小城镇，开创了中国第二条都市化道路（详见本书第七章第一节“中国的乡村都市化”）。乡村都市化的结果是带动了全面的都市化。原有城市在扩展的同时，开始注重城市的服务功能，尤其是重视交通、通信、房地产等第三产业的发展，使得城市形成良性的发展。

自1992年邓小平“南方谈话”开始，中国城市化的进程加速，城市化的动力从过去的自下而上变为自上而下，中心城市逐渐成为城市化的主导。这表现在：

一是房地产的兴起。房地产的主战场是城市，尤其是中心城市，房地产成为城市经济的主力。房地产的价格基本上与城市的规模成正比，城市越大，房地产价格越高。

二是交通设施的飞速发展。高速公路、高速铁路的迅速发展，使原有的经济中心、中心城市的集聚效应越来越明显，导致大城市、特大城市以及城市圈的形成。在内地，省会城市与地、县城市的差距扩大，首位度越来越高。

三是从地域性城市向移民城市的转变。随着人口流动的加速，城市人口集聚增长、人口结构发生变化，原有的居民在城市中所占的比重越来越小，导致移民城市以及文化多元现象的形成。

本章结论

城市的出现是世界范围内衡量一个文化进入文明时代的标志之一，拥有了城市的文化基本可以被认为进入了文明时代。世界城市发展经历了三个阶段，分别是前工业城市时代、工业城市时代、后工业城市时代。中国的城市起源非常早，5 000年前就已出现城市。在漫长的发展过程中，城市在中国一直作为政治中心起着重要作用，这一传统一直延续至今。中国的工业城市起步较晚，主要的城市化进程出现在改革开放之后。中国的城市化具有自身鲜明的特点，即大城市与乡村都市化并行，工业化与城市化二元异步。进入21世纪，中国的城市化有向着中心城市与大城市群发展的趋势，城市文化也逐渐从地域性城市文化向移民社会的多元性城市文化转变。

第三章
城市的职能

我们将避免狭隘地集中于西方城市或中国城市的那种讨论，而从整个世界都市范围的角度来讨论城市的职能和角色的变异。城市的职能最简单可分为三组：经济职能、政治职能和文化职能。然而，值得注意的是，任何城市的产生都是以某一职能为主因的，但由于人口的聚集，会自然而然地形成复合性、综合性的职能，迅速地产生其他的辅助职能，甚至原来的主导职能被新的职能取代。一个城市的职能或混合职能将影响整个环境和城市生活的内容，甚至聚落的形式。在这种综合性功能中，由于每种功能的作用不同，反映出不同城市的特征，从而形成政治、工商、宗教等不同类型的城市。城市不是一个孤立的地理单位。城市是关联体，与本地区、本国家的农村、其他城市和国际社会进行交往。

城市关联体的等级系统可分为三个层次，第一个层次也即最小的单位是农村与城市之间的地区。某些城市的最基本的职能是服务于周围的地区。城市的人口大多来自中界地区，其经济、政治和文化的功能扩展到这一地带。第二个层次即更扩大一些的关联体，包括由许多座城市构成的城市带和周围的乡村。在一个宏观的地区分布着不同等级的城市，城市与城市构成相关的网络。这种网络的覆盖面很大，如美国的东南部、中西部和东北海岸走廊。第三个层次是国家本身对城市形成的政治和经济力量。最大的关联体是超国家的。城市既受本身的影响，亦受国家和地区的影响。欧共体、拉美的一些小共同体就是这种关联体。

城市的辐射不是静态的，常常某些圈会扩展到其他的地域。城市既影响其关联体，也受其关联体的影响。这种关系是能动的和反馈的。我们通过审视职能与外在关联体的能动关系，就能分清城市之间的差异和对人们行为及生活方式的影响。

第一节　经济职能

任何城市都具备某种职能，而在现代，最重要的城市职能是经济产业的活动①。当经济产业的条件不完善时，城市的发展就要受到限制。如美国首都和各州府仅仅

① 唐代望，唐晓阳．现代城市管理学．北京：中国人事出版社，1991：47－50.

是政治中心，所以其发展与美国各地区最大城市的发展相去甚远；世界各地人们更熟悉的是美国的一些大的经济中心城市，如纽约、芝加哥、洛杉矶、旧金山等。城市的经济职能，主要在于“集散”。集散的范围不只是资金、商品，劳动力也同样如此。因此，以商业为主的第三产业多集中于城市是不言而喻的。工业也要选在原料较容易集中、产品消费地近的城市。如我国曾兴办一批远离城市的“三线工业”，结果大多是失败的。随着市管县体制的确立，当从行政单位来考虑城市经济时，才考虑农业、渔业问题。这样，农业和渔业也与城市经济紧密联系在一起。

必须了解城市服务于内部和外部的职能。任何一个高密度聚落的存在都必然有特定的经济和政治制度控制当地人口。地理学家把城市的活动分为两个层次：城市对外联结的活动是基本活动，而与本地人口相关的活动则是非基本活动。尽管地理学家使用了经济角色的标准，但仍采用了其他的角色标准。

城市的一个主要职能是经济生产和分配。无论是考古学还是历史学的研究都表明，都市中心是大规模商业和艺术活动发生的地方。生产的产品由商人销售到一切可能的市场——从当地市民、靠近城市的乡村、整个国家到国际市场体系。在这个大的体系中，一些城市扮演着较高层次上的专门化的经济角色。

所有的前工业城市都是某些市场的中心。农产品从乡村进入城市，再通过市场被分配给城市的居民。同样，城市制造的产品由商人销售到农村腹地。城市关联体之间的交换，是由专业人员如仓库管理者、运输者来掌握的，即使是大城市也如此。值得注意的是，本地化的乡村市场贯穿于交换的始终，但是大规模的仓储设备和记录保存则是都市特有的现象。正如特里格（B. Trigger）所说：“长距离的贸易是以城镇而不是乡村为中心的。因为城镇是生产的中心，规模经济需要通过集中来获得，也因为都市能提供更多的保护，更为安全。”①

特里格进一步指出，尽管生产的专业化是现代复杂社会非都市圈的特征（如军队产品输入前哨阵地、铸造厂和工人进入农村地区），但是多元文化的发展和生产专门化与都市中心的成长直接相关。

城市的各类产品大多是为满足城市本身的消费。大量的纺织品制造者、陶工、家具生产者、冶金者生产的产品为精英和中产阶级所消费。虽然大部分的农户能生产自己用的消费品（食物、布、房、工具、家具、厨具），但总有些物品（仪式、权威、装饰品）是在城市制作并输往乡村市场的。

在所有的前工业城市中，地方性的生产和交换活动都很普遍，其差异在于它们与其他城市及国家的关系。这也是贸易者与制造者之间的差异。一个河港或海港城市的主要职能就是将产品输送到周围地区或国家中去。这类具有国际货物进出口功能的城市起自都市革命的开端。在内陆也有一些专门化的城市，收集或分散货物以满足本地居民和周围地区的需要，像丝绸之路上的商旅城市。实际上，城市的兴起

---

① TRIGGER B. Determinants of growth in preindustrial society//UCKO P J，TRINGHAM R，DIMBLE G. Man，settlement and urbanism. London：Duckworth，1972：585－589.

与贸易中心的兴盛相关。首先是美索不达米亚与埃及之间，然后是地中海与西亚之间。此外，作为贸易的集散中心的城市，也在公元前 1000 年的南阿拉伯形成，它们建立了通往印度、东非和地中海的网络。贸易城市形成了与贸易相关的职业。另外，贸易城市也分成批发、零售，制作、交通运输等等不同层次。在 13 世纪，开罗的人口中有 3 600 人是尼罗河船上的雇员，有 3 000 人是骡和驴的出租者。显然，城市的职能影响着居民的消费和生活方式。

某些经济类型的城市以某种工业制品著称。这种工业制品渗透到整个国家，亦进入国际市场。中国的一些前工业城市，就是这一类职能的典型，如盛产陶瓷的景德镇、盛产丝绸的苏州、盛产纸张的宣州。这些产品主要是为精英阶层服务的。中世纪的菲兹城（Fez）有 2 000 多人从事纺织业，大部分的布既用于本地亦卖到周围农村；而那些高级产品，如呢绒和皮货则大部分被出口到阿拉伯世界。

在工业进程中，伴随着经济的变迁，城市中心转型为新的经济角色。一个明显的例子就是以大工业为基础的城市的产生。受工业革命影响，第一个工业制造类型的城市是以纺织业为基础的，像英国的曼彻斯特就是一个以纺织业为基础的早期代表。因为纺织业基于大规模标准化产品的机器生产，这就要求发展重工业以生产机器和生产机器所需的原材料。这样，依工业本身的职能就可将城市分成不同的类型：大规模与小规模、基本产业与次级产业、有污染与无污染等。英国的伯明翰是一个新的钢铁生产中心，其产生正是对这种要求的回应。像伯明翰或匹兹堡（美国钢铁生产中心），其产品分布于整个城市网络，以满足制造商的消费和本地市场的需要。所以说，工业城市与前工业城市的经济职能之间是存在差异的。

那些吞吐物品的交通和商业中心的成长是一个重要的现象。虽然前工业城市特别是港口城市和内陆商贸城市也具有交通和集散功能，但是新的生产方式、市场，以及新的运输方式（如铁路），导致了新的交通和商业城市的产生。这些城市与传统城市差异很大。

工业经济城市的第一个特征是城市通过出口工业产品来获得收入，从而发展城市经济。而决定工业产品的主要因素是市场，即市场有需求，工业才能发展。第二个特征是城市工业与其他方面的联系大为增强。例如，一个工厂的生产既需要其他部门提供必需的物资，也需要金融、财贸、商业等部门为其服务，而城市的基础设施如供水、供电、交通、邮电等则是工业发展的先决条件。也因此，工业趋于集中布局，并形成某种有机联系。第三个特征是专业化。专业化有两种表现方式，一是由于城市之间的分工与联系，不同功能、不同规模的专门化地域形成。造成这种分化的原因是劳动力素质、物资资源和生产技术的差异。而这些因素导致城市间和地区间经济发展的差异性和不平衡性。二是城市内部的专业化分工和联系加强。第四个特征是城市对其周围的渗透性或扩散性。城市越发展，人口规模越大、工业越分化、部门越多、服务越广，对其腹地的影响越大。像纽约、东京这样的大城市，其辐射的范围远远超过其行政范围，而到达全世界。[①]

当进入后工业城市时代后，产生了后工业经济类型的城市。这类城市与工业经济城市相比具有如下特征：第一，生产过程的专业化造成了劳动分工的深化。工业生产实现了机械化和自动化，从事高级决策、设计和管理的“白领”增多，而技术素质较低的体力劳动者数量相对减少。因此，在后工业经济城市中，办公楼很多。第二，由于生产越来越依赖于机械化和自动化，生产的不同阶段所需的劳动力素质要求悬殊，因此出现了管理部门与车间在空间上的分离，形成了许多跨国性的工业系统。先进国家的城市拥有越来越多的决策管理机构，第三世界各国则拥有越来越多的国际性车间和分部。第三，工业生产的国际性分离，使得信息工业迅猛发展起来，从而使得城市与工业分离成为可能。第四，城市服务业的发展，使得工业制造业不再扮演主要角色。

例如，香港在 20 世纪 40 年代末至 50 年代初，主要是进出口贸易城市，工业地位不高，还不是生产性城市。1954 年，香港的对外贸易总值为 58.52 亿元，而工业制品的输出总值仅有 6.81 亿元。后来，香港迅速发展，逐渐由进出口贸易的港口城市转变为工业生产城市。到 1971 年，其制造业总值占国民生产总值的 21.8%，制造业就业人口占总就业人口的 47.8%，其中服装业和电子工业发展尤为迅速。香港的电子工业是美国电子工业的车间，工人所做的工作只是最低级的技术工作而不是设计和管理方面的工作。香港劳动力短缺，但周边珠三角地区大量通过游水入境的非法移民弥补了这方面的不足。20 世纪 70 年代末期以后，香港的大量生产车间——“三来一补”企业搬到了珠三角地区，香港又从工业经济城市逐渐演变为后工业经济城市。它逐渐成为国际性的金融中心，成为世界上重要的资金集散地之一，银行总数从 1978 年的 88 家增至 2020 年的 232 家。香港也成为世界性的信息传播中心，拥有电视、电话、电台，覆盖面达整个东亚和东南亚，截至 2020 年，包括世界主要通讯社在内的 11 100 多家国际通讯社在香港设站。香港的“写字楼工业”大为发展，香港作为国际交通枢纽的地位进一步提高。[②]

城市经济也影响着近郊农业。近郊农业由于与城市距离近，因而受城市市场的影响较大。一是城市的劳动力市场吸收了大量近郊的农业劳动力。城市对农村人口的吸引通常是由近而远的。近郊农户中的一些劳动力常常以通勤的形式被吸收到城市中。二是由于距城市市场近，因此城市不仅促进了农产品的商品化，也创造了商业农业、企业农业建立的条件。如香港的发展把珠江三角洲的农业引向了商品化、市场化、企业化的道路。三是城市有选择地发展周边地区的农业。人口集中的城市，对新鲜蔬菜、水果、牛奶、蛋、肉、鱼等食品的需求量很大；而这些新鲜食品从生产到消费的过程，由于受运输和储藏的限制，因而时间越短越好，所以人们自

① 郭彦弘．城市规划概论．北京：中国建筑工业出版社，1992.

② 香港特别行政区政府统计处．表 91：所有资讯及通讯、金融及保险、专业及商用服务业主类机构单位的选定统计数字．(2021-12-08)[2022-01-10]. https://www.censtatd.gov.hk/tc/web_table.html?id=91.

然选择就近的农村。此外，由于城市不断扩展，近郊的农业用地不断转作他用，这也使得近郊的农业处于一种变动和移动的状态中。

第二节 政治职能

在前一章讨论城市起源时我们就曾提到，虽然城市不一定是文明产生的必要条件，但城市的产生总是伴随着文明的起源。可见，城市与国家这类政治体制是紧密相连的，城市常常成为国家和地区政治控制的中心。城市的政治职能是显而易见的。

所有的城市都具有政治职能，以控制和管理自身的人口，通常还包括管理周围的乡村地区。此外，城市能控制自身的产品及农产品市场。市政府被授予许多权力，并对周围的地区征税。

最重要的政治问题是城市与国家的关系。有些地方城市聚落与其国家是合一的，这种例子被称为城邦国家——出现于早期复杂的社会中，并且城邦国家往往演变成帝国。更普遍的情况是，城市是国家组织的一部分，是国家所属的领土和各层级的聚落形式。

在国家体系中，某些城市将政治活动作为基本活动，这是特别的个案。通常，一个统治集团建立城市，既作为重要权力之场所，又作为国家的体现，或者是作为省、卫星城的权力所在，并作为大朝廷政治秩序的一部分。统治者常常会选择一个地点建立宫城或法庭，过一段时间这些机构又被废去。然而，城市一旦创立，就会建立起自己的一套经济的、防卫的功能体系以维持其稳定。

值得注意的是，一座宫殿、要塞或城堡的建立并不意味着一座城市的创立。只有当这个地方具有自身的职能和人口之时才被认为是真正的城市。作为统治者，管理一座城市不仅被视为权力集中的中心，同时也是国体的象征。所以，统治者常常耗费很多资源建造他们居住的地方，并维持整个都市中心。

特里格指出，巴比伦成为美索不达米亚最大的城市发生在汉谟拉比王朝第二个统治者选其作为首都之后。菲兹城（作为工艺品中心）是在13世纪马里尼德（Marinide）帝国被作为都城设计的，统治者保留旧城，在东边建新城与旧城相连。这座新城被称为新菲兹城，包括官署、宫殿、驻军及犹太人聚落区。旧城由国王指定的人管理，实际活动受由贵族占主导的委员会领导。新菲兹城则处在王朝的直接统治之下。当国王远征或出巡时，城市的官方色彩就不浓了。

城市作为一个真正的中心和政权的象征，可能增长到特别大的规模，可是一旦缺乏支持就会迅速地衰落，因为其无能力维持原有的人口规模。亚述城（Assur）是在亚述帝国衰落时被放弃的，随着第五世纪罗马权力的分化，罗马人将其变为一个小镇。许多曾经拥有大量人口、非常繁荣的都市戏剧性地衰落了。唐长安城，经过隋唐两代的营建，成为人口逾百万、当时世界上独一无二的都城。可是唐末农民起义，朱全忠挟帝迁都，唐长安城几成废墟。古代埃及阿克特顿城（Ahketaton）的建立出于宗教原因，一度成为埃及帝国的行政中心。然而，随着其他宗教创始人的反对，并将宫廷迁出这一城市，仅仅经过几十年，其便成了无人居住的城市。

欲维持政治统治，最基本的条件是建立要塞和防卫体系，以保持稳定和强权力量。用墙把城围起来，既可把城墙作为防御屏障，也可把城门作为控制人口流动的工具，这在世界各地颇为多见。这些城市也常建立在适合防守的地理位置，如山坡和河岸。

帝国建立后，常常设立城市来作为殖民点，或是对土著居民进行军事控制的据点。这些城市位于统治疆域的边沿，既可以保卫领土、抵抗外敌侵犯和镇压土著的反抗，也是进一步殖民的起点。罗马的殖民城市和西班牙在新大陆的据点都是典型的例子。

在前工业国家中，城市设立的目的与国家体制是一致的。大多数国家会出于行政管理的目的划分一定的区域，这些区域成为一个个政治席位，每个区域自身的经济和文化职能都为城市的成长提供了基础。

此外，国家权力中心设立在哪个城市，哪个城市便成为国家象征性的代表。在前工业帝国中，这些中心是统治精英们创立的。在美国，华盛顿就成为联邦的象征，并在国家体系中从其他单位中被划分出来。巴西利亚就实现了把权力象征从沿海向内陆的迁移。印度的新德里和巴基斯坦的伊斯兰堡同样创造了新的象征性政治实体。

各个学派的学者们都注意到城市经济职能和政治职能的变迁。地理学家和历史学家分析了城市与其更大范围在政治和经济方面的变迁关系。例如，墨菲（Murphey）分析了西欧与中国的城市，指出西方城市对其更大范围的联系的决定性影响是由于城市的经济职能。而在中国，城市的经济职能是微小的，城市主要作为科层制中各级精英们的总部。中国的城市抗拒经济变迁。墨菲提醒西方人注意，强调城市发展经济和现代化的职能必须经得起比较的检验。[①]

马克斯·韦伯（Max Weber）曾就中国城市与西欧城市的不同点，做过如下叙述：

（1）中国城市没有西欧城市那样的政治特点。中国城市意味着城郭，在古代是诸侯居住之地，在近代则是总督和高官所居之地。

（2）中国城市既没有像古代西方城市那样的城市独立性，也没有像西欧中世纪城市那样的城市法（自治法）。

（3）中国城市不存在像西欧中世纪城市那样的市民阶层和城市居民的政治团体，没有形成市民社会。

---

① MURPHEY R. The city as a center of change：west Europe and China//WAGNER P L. MIKESELL M W. Readings in cultural geography. Chicago：University of Chicago Press，1962：330－341.

（4）中国城市没有像西欧中世纪城市那样固有的自治防卫能力，能从封建领主手上夺取自治权。[①]

笔者认为，中国各层级城市均是差序格局的科层制度中各层级的一部分，是中央集权统治下的一个环节，因而最突出的是政治职能。所以，中国城市的规模与城市的政治地位是呈正相关的。这样，一个城市一旦成为一个地区的政治中心，就会利用行政手段使之成为经济、文化甚至交通中心；反过来说，某个城市因为某些特别的原因成长迅速，也就会提高这一城市的政治地位。也因此，中国城市始终没有取得欧洲城市在政治上的相对独立性。同时，越是大城市，越与权力核心接近；反过来，政治对大城市的控制和影响都超过对中小城市，而中央集权对乡村的影响远不如城市。

第三节　文化职能

都市人类学家对城市的文化职能尤其感兴趣，现在将深入讨论。本节主要讨论三个主题：文化整合、传统意识形态的保存与传递、意识形态的变迁。

在人类历史发展过程中，无论什么城市，都总是趋向既是政治和经济活动的中心，同时又是其他活动的中心，如在意识形态方面——包括神圣的与世俗的方面——与国家和其他地区相连。城市由于既是认同的象征，又是崇拜和仪式活动的场所，因而汇集了社会各方面不同的人群。城市具有文化整合的机制。城市的文化职能既能通过传递（正规教育和交流）来保存文化体系，又是意识形态变迁的源泉。

一、文化整合

前面提到要从更大的地理范围来考察城市，这同样适用于对城市文化职能的分析。当讨论神圣和世俗的文化角色分类时，必须意识到城市是嵌入更大的区域和国家体系中的这一绝对的基本点。

都市人类学从一开始就将城市被视为一种文化作为学科研究的主题。雷德菲尔德和辛格在早期著作中发展了这一主题并称之为“城市的文化角色”。莫尔（Moore）和斯图尔德（J. Steward）提出了不同的研究角度，把城市视为社会文化整合的一个特定层次。

（一）神圣的宗教活动

城市在前工业时代常常是正式的神圣知识和仪式的中心。从考古发现看，古代

① WEBER M. The city. New York：The Free Press，1958.

城市的中心都分布着大量的礼仪建筑。在欧洲的天主教城市，以及玛雅、亚洲的庙宇城市中，都建立了大规模的建筑和艺术符号，这些是整个社会中的神圣意义的物质体现。在许多社会中，城市是现世（世俗的）与他世（神圣和超灵的）相聚和沟通之处。中世纪欧洲的天主教，为了象征性地达到天，就用当时有限的建筑技术将教堂建造得尽可能高。

无论是在东南亚佛教国家中的城市，还是在阿拉伯伊斯兰教国家中的城市，都成了神圣的宗教中心。在中国，拉萨是藏民们的神圣中心，三大寺庙和布达拉宫更成为城市的象征。印度城市也是社会秩序象征性的代表，表现在城市空间的安排和社会结构上。印度城市的设计充满了宗教的神圣气氛。每个城市都有一个梵文的神，并将种姓神注入神的核心，这样的城市扮演着一种宇宙的角色，并转化为神圣化的城市。甚至，据印度教的观点，河流是最神圣的地方，因而城市均坐落在河边。

仪式和崇拜活动、教堂和庙宇集中了神圣化的职能，并实际整合和稳定了整座城市和整个地区的人口。这类仪式常常运用一系列的方法，如大量的人进行游行，拿着神的代表物，一边表演音乐、舞蹈一边通过城市中心。这样的例子有很多。这样的仪式是高度组织化的，人们来自不同的邻里、不同的职业、不同的族群，扮演着不同的角色，但都为了一个共同的目标。城市周围的乡村人也常常参与仪式，有时既是观众又是参与者。

不是只有当大的事件发生时城市才会举行宗教活动，平常也有个人服务。例如，印度教举行各种仪式的地点位于城市，一个家庭成员去世，该家庭可以在那里举行葬礼。当宗教与法律相冲突时，那些专业神职人员会进行协调。

具有宗教职能的都市中心，与那些具有经济职能和政治职能的城市一样，是作用于整个系统而不限于当地的。在印度北部的安拉阿巴德城（Allahabad）有一个特别的宗教节日称大壶节（Kumbh Mela），每十二年才举行一次。这个节日持续三个月，在此期间，有 300 万～400 万人进入城市行礼。有人估计，节日期间来行礼的印度人总数不会少于 3 000 万。在当代，随着国际性宗教（伊斯兰教和基督教）的发展，出现了麦加、罗马和耶路撒冷一类圣城。每到重大宗教节日，前来朝圣的人成千上万。

城市环境中的宗教活动的特征，也伴随城市的变迁而变迁。城市变迁的趋势是从封闭走向开放，而宗教从整体上看有如下三个方面的变迁：

（1）从权威主义集团向目的性集团的转化。在封闭性的社会里，从小小的村落到庞大的国家社会，宗教活动的开展，大多被作为一种手段来维护已经形成的社会制度。如印度的种姓制度以及以种姓为中心的行为规范，通过宗教（印度教）获得了神圣的权威，以维持等级、阶级和地区的秩序。

即使是重视个人信仰的基督教，直到近代，大多数教会也仍然依靠世俗社会的权势者来保证神职人员的薪金和教会活动费用，因而形成地缘关系的教区。教区多半是与地区的社会、行政区划相一致的。而教会必须以维护既有社会制度为回报，以取得公认教会的地位。

这样，教会的成员也被视为社会的成员，而信仰是从祖先那儿继承下来的。因此，信仰上的动摇、悔悟，就被视为对社会、对家庭的背叛。甚至有些宗教与社会制度结合成共存亡的关系，如迁往新大陆的新英格兰的清教徒社会，就用“对神的诺言”的形式把教区的居民束缚在教区的樊篱之内。

冲破这种静止状态的第一个条件是人口的自由流动。在工业革命后，大量的人口流入城市，这样，迁入他乡的人口便与原有教区相脱离，成为宗教上的浮动人口。流入城市的人口由于信仰和人际关系的需要，因此便开始重建宗教组织。这些宗教组织不依托世俗社会的权势，而以城市平民为对象。为了扩大宗教组织所采取的传教技术是忽视地区和家族的制约，而依靠组织中个人的关系和信仰。这种组织一方面对当地的民间信仰采取破坏的态度，另一方面对信徒的世俗利益采取妥协的态度。宗教学把依附于封闭社会世俗权威的宗教团体称为“公认教会”，而把城市中挑战既有世俗权威，在传教上进行竞争的教派和团体称为“目的性集团”（denomination）。可以说，城市的宗教团体是以政教分离为背景来开展活动的，是异质的人们志同道合地组织起来的“志愿性团体”。

（2）传教方式的变化。在城市中，过去以社、寺、教堂为据点的“坐等其来”的传教方式，转变为走出门积极主动的传教方式。笔者曾对美国基督教会的传教方式进行考察，发现有以下形式：信徒挨门逐户地劝说非教徒参加教会活动，尤其是对新移民进行多种方式的劝说工作，通过帮助找工作、请吃饭、办绿卡等方式赢得非教徒参加活动；以班、组的形式组织“查经班”、唱诗班；利用大众传媒工具进行传教，发行教会的出版物，建立或利用电台和电视台传教；组织大规模的“冬令营”“夏令营”，教徒与非教徒一起活动，由著名的教徒或神父来主讲；以教堂为据点进行包括礼拜在内的各种教会活动。

（3）宗教管理体制的变化。宗教管理体制从神圣的等级制度向类似于世俗的科层管理制度变化。这种管理制度是19世纪后半叶首先在美国建立起来的。城市社会越来越大，教会如何与整个社会进行联系，便成了神职人员要解决的问题。在封闭型社会中，宗教团体是等级制度中的权威，只需等人来膜拜。而在现代城市社会中，教会需要与整个社会相联系，宗教团体就成了带有官僚机构性质的“教会主事人”。

（二）世俗的活动

城市常常成为某一地区认同的象征。现代城市中新形成的仪式活动具有世俗的性质，但与神圣的宗教性活动具有同样的整合功能。这些世俗的活动的来源大致有：一是从宗教节日转变而来，如傣族的泼水节，本来是佛教的节日（一种仪式），现在成为吸引游客、全民参与的节日。圣诞节也有世俗化的趋向，从基督教的节日变为全民的节日。二是与文化传统相关联的节日，如中国的春节、中秋节等。三是纪念历史事件的节日，如端午节、国际劳动妇女节等。四是纪念国家独立或民族独立的节日，如国庆节、独立节等。五是与地方特产和风物有关的节日，如牡丹花节、风筝节等。不仅节日本身是整合的，而且计划和筹备的组织也是整合的。例如，当巴西里约热内卢的狂欢节到来时，来自各阶层和族群的人汇集在一起，组成舞蹈群、音乐群进行“狂欢”，这实际上是高度整合的体现。

节庆活动的整合功能、公共意识及群众的参与，是由一群组织者来操作的。他们通过组织活动吸引人们到城市来和促进人们的相互认同。像纽约中央公园的音乐会、戏剧和庆祝活动，就是促进公众认同某个城市的一种尝试。广州市的“花市”，通过花的陈列和买卖，既营造了节日气氛，也促进了对广州的认同（广州的一个别名是“花城”）。

体育活动是能吸引周围群众进入城市的世俗活动之一。如古代罗马竞技场的角斗士表演、古代墨西哥城大球场的体育竞赛，这些活动培养了民众的自豪感，也吸引了更多的民众。在现代城市中，体育场馆多，各种体育活动接连不断。在美国，橄榄球、棒球、篮球、冰球以及其他可以吸引大量观众的运动，都是城市活动的重要内容，而球队也就成为当地城市和地区所认同的对象。

在现代，社会体育的功能是多样的。首先是政治的功能，许多国家把体育视为提高民族意识和民族精神认同的一种手段。为了争夺奥运会主办权，许多国家竭尽全力，以显示其国力。其次是经济的功能，体育已成为现代产业的一部分，从场馆的建设、体育运动队的组成和训练、比赛、广告以及体育用品到运动员的身价，都成了商品化的一部分。

体育活动对城市除了具有政治和经济的作用外，人们对运动员认同所产生的自豪感是不可低估的。某地的某个运动员赢得某些重要的比赛的冠军，可能会在这一城市和地区产生一连串的效用，政治、经济的组织都会介入；运动队的用品、运动衫、帽子和其他物品都会成为象征品；这项运动也会成为当地的主要运动，对整个城市的活动也会有影响。一场胜利可能引起整座城市的狂欢，甚至一场大的骚乱。

那些主要的运动员、表演者、体育场馆事实上是某一座城市促进整个区域认同都市中心的一种组织。体育场馆的建设，常常会刺激城市街道的扩展和市容的改变。体育场馆也常常成为一座城市的象征。

政治家则经常用这种整合的力量来达到自己的目的，如利用体育来进行选举、进行都市重建或者改善国际关系等等。例如，中美建交前的“乒乓外交”，就是以体育为桥，来达到两国交往的目的。

其他的休闲活动和娱乐活动也是城市和更大区域整合的机制。城市往往是休闲和娱乐的中心，因为各种专门化的娱乐设施如永久性的影剧院的建立，可以为戏剧、舞蹈、音乐会、杂技等活动及其工作人员提供演出的场所。

进入后工业时代，以休闲娱乐功能为主的城市增多。如美国的迈阿密、亚特兰大、拉斯维加斯等城市，几乎整个经济都依赖休闲娱乐业。这类城市依托现代交通能够运输足够的人来玩，也依赖于后工业时代人们有较多休闲时间和假期。像英国的一些城市，如考文垂、伯明翰、曼彻斯特等工业城市，工人每年都有两星期的假期，假期是按不同地区分阶段来定的，以保证所有的工人不会在同一时间集中在某些地方。而一些休闲娱乐城市一年中几乎完全靠假期来赚钱。

在前工业社会中也有少量休闲娱乐城市，如罗马帝国的精英们就到那些海滨城市或有浴澡设备的城市去旅行。印度的精英们一到暑夏就到高原城市去度假。隋唐时代的扬州、清代的承德避暑山庄也有类似的功能。在前工业社会中，休闲娱乐城市的产生是由于地理的或社会分层的原因。

二、城市——文化持续和传递的中心

除了象征和重大事件（节庆活动、体育活动）可以整合文化之外，城市也是维持和传递文化系统和世界观的中心。在雷德菲尔德的著作中，与农民社会相对的文化属于大传统，大传统是正统的、有文化的精英文化，这是以都市中心为主导的。大传统是由各个更正规、精致、规整的和有意识的文化传承构成的，我们可用同样的方法来分析现代社会中的“大众文化”（mass culture）与“高雅文化”（high culture）。

在前工业城市中，教堂和庙宇本身吸引了文化创造者和神圣传统（包括世界观和价值观）的传承者，以都市为基础的宗教更是经典艺术创造（包括戏剧、音乐、艺术、舞蹈和文学）的源泉。教堂和庙宇的音乐常常成为所有音乐创作的标准。正规教育是由精英们及其后代掌握的。因为传统要求精英们必须有文化和受高层次的教育。几乎所有的高级教育机构都设在城市。精英们长住城市，或是采用两可居的模式，既在乡村有地产又在城市有住宅。这些精英们相互保持联系，子女间相互通婚，并保持圈内的一些特有的生活方式。那些乡村的精英们则把子女送到都市中心，让他们学习和建立起各种各样的联系。

在中世纪欧洲，那些小贵族将孩子送到学校（附属于大贵族式教育的学校），学习艺术、荣誉的符号和社会礼仪。古代印加帝国的学校，不仅灌输同一种世界观，而且传递特定阶层的文化，通过这种训练来传承文化传统。

在现代社会，城市继续具有表现高雅文化的功能。博物馆、交响乐团、艺廊、动物园、植物园、出版社、剧院和大学仍坐落在主要的城市中，这些设施吸引了乡村和城市的人。这样的城市仍被认为是保存、维护和传播高雅文化的中心。

现代社会的一个重要变化就是大众教育和识字的普及，这使得文化产品的受众和购买者增多。报纸、杂志和某些书籍拥有大量读者。新的传播技术（电视、录像、广播、电影、计算机）的发展也促使艺术向大众消费型发展。

这样，原本由宗教制度和精英阶层独占的文化就被世俗的大众文化取代了。通常，大众传播工业的核心坐落在城市。像好莱坞电影、电视制作中心，其作品是销往全美乃至全世界的。某些特别的传播核心坐落在某一城市，并影响着这一城市的性质和生活方式。

大众传播媒介——电视、电影、广播、杂志、报纸等均起源于都市，结果使更多的新闻报道集中在都市事件和活动上。文化主题在大众化的国家体系中变得更为都市化。把大众传播作为基本活动的传媒城市，其文化职能也就转向了这一专门化的领域，它们能影响整个国家甚至整个世界。

大众传播既是现代社会的特征，也是现代社会文化传播和建设的重要执行者。在现代社会，诸如亲属关系、共同居住及社会阶层等所形成的网络，均不足以提供人们所需要的大规模文化与社会整合。而在与大众传播紧密相连的社会，人们生活在一个有限的范围内，对大众传播具有很大的依赖性。人们对于社会以及世界的印象大多是从传播媒介中获得的，甚至人们的行为准则、判断是非的标准、喜好什么和厌恶什么都无形中受到大众传播的左右。①

三、城市——观念变迁的发动者

前面讨论了城市在文化维持和传递，以及在区域和国家系统整合中所扮演的角色。然而，城市也是一个推动文化变迁的角色。理解这种角色是 20 世纪 60 年代以来研究城市的目标。

雷德菲尔德和辛格认为城市是变迁的中心，这种变迁易受到城市中直生性和异质性的影响。异质性被作为区分前工业城市和后工业城市的标准，所有后工业城市均具有异质性特征。

直生性城市是国家的科层制度职能的中心。其人口在文化源中具有相当的同质性。这种都市中心的文化职能就是维持和延续大传统的再整合，即将小传统的一些因素通过城市的相互作用与农民和大传统进行整合。雷德菲尔德认为，这种城市是保守的，其变迁是城市和农村交互作用的结果。他指出，大传统在一定时间内变异的各方面之间有连续性，城市的职能就是维持和保障这种连续性，如古代北京就是一例。

所有直生性城市都是属于前工业时代的，异质性城市则包括一种前工业类型和两种后工业类型。在所有的个案中，异质性城市受到来自不同文化源的居民的影响，因而其影响既超过了国家的政治界限，也超越了对农村的直接影响。这类城市的主要职能是商品交换和提供标准化的价值服务。当一个地方不同的价值观和生活方式并置时，城市就成了新理念的发源地。

后工业时代的异质性城市有两种类型：新的行政城市和金融城市。新的行政城市如华盛顿、堪培拉和新德里等，是为国家统治而建立起来的集中化科层制活动中心。这些城市吸引各类人，包括外国人。在欧美殖民时期建立的一些城市也可被归为此类。金融城市如纽约、香港、孟买等，建立起金融商业活动的国际网络，并受到世界各地的影响。

雷德菲尔德和辛格分析了当代印度马德拉斯城的小传统与大传统的动力关系。

---

① 周大鸣．珠江三角洲的大众传播与大众文化．社会学研究，1990（5）．

虽然城市中的婆罗门精英是大传统中的主要部分，但小传统中的许多因素也混合进来了。虽然大传统与小传统均具有多元性，但是马达拉斯城的大小传统混合的过程非常复杂。这一过程是长时间选择和稳定的结果。①

把城市分成直生性城市和异质性城市并不全面，因为城市是系统中的一部分。城市的建立不仅依赖于小传统的乡村腹地，同时也依赖于国家中的其他地区。即使是异质性的城市也可能产生直生性的特征。在不同的时代，两种形式的城市中心可能会发生转变，而不是一成不变的。

在前工业和早期工业城市中，理念的交流依赖于空间的短距离和直接的联系，这样城市就成为传播、接受和创造理念的中心。而今，无线电、电视和其他电子设备是不同的信息流。一个住在偏远山区的人既能够迅速而直接地接受新的思维模式，也可以把他自己的发明贡献出来。因此，在工业和后工业社会，城市的影响作为整个社会的根源是很难隔离的。主要原因是通信技术的发展，使空间和距离在意识形态的交流中变得不再重要。因此，城市作为一种地理中心的意义已不大。

尽管产生了信息革命，但城市仍然在变迁中维持着重要作用，如高雅文化制度、一大群知识分子、传媒设施和丰富多彩的生活方式都是变迁的因素。与过去不同的是，都市中心的任何发明扩展到整个系统都变得非常迅速。同时，都市中心的辐射范围在扩大，整个城市带和地区都可能受到某一都市中心的辐射。如香港对整个珠江三角洲乃至中国沿海地区均有很大的影响。香港人的生活方式、管理方式、语言中的新词、新的歌都可迅速地传播到内地。

城市的关联体，换句话说就是其辐射圈，即某城市对本地、区域、国家和国际的影响范围。城市既与周围的乡村交往，也与系统中的其他城市处于竞争的关系。

大多数城市具有各种经济、政治和文化职能，以及各种次级职能（例如制造业可以分成更细的部门）。每一种职能和次级职能都有不同的关联。如一个公司的总部设在都市中心，其下属的装配总厂可能设在郊县，而各种零件的生产点可能分布在更远的农村，甚至国外。

在城市的成长过程中，其关联体是经常转变的。从经济圈来看，技术变迁会导致城市的沉浮和经济活动的重新定位。中东陆地商贸路上的主要城市明显地受连接欧亚的水路的影响。哥伦比亚的河港城市明显地受航空运输业兴起的影响。这两个例子表明，城市的关联体有一个大的范围——从当地到邻近地区。国际市场经济兴起的结果之一，就是对农村腹地很少进行政治控制，以致城市变得脆弱。

从政治关系来看，城市与国家的关系会因为立法或战争的冲击而产生变迁。城市的经济格局和地位也因此发生变化。例如，深圳本来是一个边陲小镇，人口不足3万。在国家决定在此建立经济特区后，不到15年它就发展成人口超过100万的城

---

① REDFIELD R，SINGER M. The cultural role of cities. Economic development and cultural change，1954，3（1）.

市，其行政级别从科级升为国务院的计划单列城市（副省级），其经济的辐射范围更不可同日而语。

本章结论

城市从来都不是独立存在的，它自诞生之日起就具有自身的职能与辐射范围。城市的职能是复杂的。每一座城市都具有特有的职能特色。城市在人们的社会生活中扮演着不同的角色，具有不同的职能，最主要的有经济职能、政治职能、文化职能。城市的经济职能在进入工业时代后的社会中是重要的，工业经济的天然需求使得人口向城市聚集，近三百年城市规模的不断扩大与此有关。城市经常成为政治控制的中心，所以城市的政治职能一直以来都是城市的重要职能之一，与此同时出现的防御体系是维持政治影响的重要基础设施。文化职能是人类学家最为关注的城市职能。城市在文化整合、传统意识形态的保存与传递、意识形态的变迁中具有重要作用。

第四章

城市的基本组织

本章讨论城市的基本组织，这些组织可以被分为正式组织和非正式组织，前者主要包括家庭、邻里（社区）以及得到国家认可的社会组织，后者主要包括亲属群体、职业群体和网络群体。这些组织通常是交织在一起、相互影响的。城市的基本组织既是传统人类学的研究主题，亦成为都市人类学区别于人类学其他学科分支的特色。

第一节　家庭

中国人类学的传统研究对象是乡村，而乡村家庭更是被学者大量地描述并加以分析，以至于这一主题在人类学民族志中随处可见。然而，随着中国城市化、工业化进程的推进，城市家庭逐渐呈现出其特点，亟需人类学者关注。由于人类学传统的研究场域在农村，而城市生活具有陌生性、私密性等特点，研究者很难进入城市家庭内部。但是因为在现实中，家庭又和人们的日常生活、社会组织、国家治理等紧密相关①，所以，城市家庭研究又有其必要性。

一、家庭结构与功能

历代中国家庭的户均人口一般在5人上下，家庭类型以核心家庭和主干家庭为基本结构②。2008年，中国社会科学院社会学研究所在广州、杭州、郑州、兰州和哈尔滨五个城市组织了以“中国城市家庭结构和家庭变迁”为主题的调查。调查结束后，笔者对比了1983年、1993年以及2008年的调查（见表4-1）。

表4-1　历次调查家庭结构对比　　单位：%

家庭结构	2008年的调查	1993年的调查	1983年的调查
单身家庭[a]	12.0	1.8	2.4

① 陈映芳．国家与家庭、个人：城市中国的家庭制度（1940—1979）．交大法学，2010（1）．

② 徐安琪．城市家庭社会网络的现状和变迁．上海社会科学院学术季刊，1995（2）．

续表

家庭结构	2008 年的调查	1993 年的调查	1983 年的调查
核心家庭	70.2[b]	67.0	66.4
主干家庭	14.0	25.3	24.3
联合家庭	0.2	2.2	2.3
隔代家庭	2.7	2.2	—
同居家庭	0.8	—	—
其他	0.1	1.7	4.6
合计	100	100.2[c]	100

[a] 单身家庭包括 1.6%的集体户被访者。

[b] 2008 年调查的核心家庭包括了标准核心家庭、同居不共财的核心家庭、不同居共财的核心家庭、单亲家庭、无子女的夫妻家庭和空巢的夫妻家庭。

[c] 原书数据如此。

资料来源：马春华，李银河，唐灿，等．转型期中国城市家庭变迁：基于五城市的调查．北京：社会科学文献出版社，2013.

从上表我们可以看出，核心家庭所占比例基本呈上升趋势，单身家庭从 1993 年到 2008 年比例增长较快，而从 1993 年到 2008 年，主干家庭和联合家庭占比则有所下降。

都市人类学研究的基本社会单位是家庭，而城市家庭普遍以核心家庭的形式存在。核心家庭通常由一个男性、一个女性及其子女组成，是一个独立的经济单位。核心家庭的存在主要受到两种情况的影响：一种情况是社会存在很大的流动性，人们要到处找工作，而人与人之间不存在大的地位差别；另一种情况是社会存在专门的支持系统（例如学校），核心家庭对他人的依赖得以减少①。

核心家庭化是中国城市家庭发展的总趋势，即家庭结构趋向小型化，家庭关系趋向简单化，家庭内部通常仅保持着三种最基本的家庭关系——夫妻关系、亲子关系、兄弟姐妹关系，维持着标准核心家庭的基本三角结构，而这种核心家庭目前在我国各种家庭中也占绝大多数②。与此同时，中国与西方不同的是，在赞成小家庭制的同时，还主张赡养父母③。

在我国城市中，尤其是在中小城市，家庭的作用是相当大的，出自一个大家庭的亲属之间常常保持密切的往来。虽然没有居住在一起，但除了平常的通信联系外，各位亲属逢年过节都要聚集在一起。在我国，城市的住房对家庭的模式有很大的影响，如果仅凭户口登记来统计，核心家庭也许在数量上占优势。但实际上，因父母与已婚子女居住或与孙子女居住（子女把未成年的小孩交给父母养育）而构成的主干家庭和扩大家庭在数量上占的比重也相当大。

庄英章提出了一种新的家庭形式——“联邦式家庭”，即由若干核心家庭围绕

① 周大鸣，乔晓勤．现代人类学．重庆：重庆出版社，1990.

② 潘允康，林南．中国城市现代家庭模式．社会学研究，1987（3）.

③ 潘云康，潘乃谷．试论我国城市的家庭和家庭结构．天津社会科学，1982（3）.

父母组成的非伙同性家庭经济的大家庭。它的出现是由于，随着经济的发展，特别是在工业化和都市化的影响下，许多农村青年因工作不得不离开本家族，婚后各自组成核心家庭，有独立的经济来源，但与父母并未真正脱离联系。这些核心家庭并未分割祖先留下的共同财产，在经济上仍与本家互通有无，在当地社会、宗教活动上仍属于一个大家庭。这种现象在当代中国社会相当普遍。①

徐安琪对上海的多项抽样调查资料显示，城市家庭存在人口与户口、理想与现实以及同住与同吃“三分离”的地域特征。在该项调查中，九成以上被访者期望实现“分而不远”的核心家庭结构，在理想模式难以实现时则转向在直系家庭内悄然进行“一家二主”“有分有合”“疏而不离”的“体制改革”。② 总体来看，家庭小型化的趋势仍将持续。但是，这种小型化将进一步表现为空巢家庭比例的增加和由于部分家庭成员日益明显的个人本位倾向而导致的家庭凝聚力的降低。③

中国家庭的结构变迁是伴随着社会转型而出现的。在20世纪末期，伴随着城市化与工业化而来的是大规模的人口流动，单人户、夫妇核心家庭、隔代家庭等新的家庭类型开始出现。到21世纪，主干家庭面临着抚幼、购房等困境，更多流动人口选择回流家乡或逐渐城市家庭化，体现在家庭结构上则表现为家庭户规模波动，三代及以上户比例上升。④ 有学者总结了导致家庭结构变化的主要因素：人口流动（即农村人口向城市迁入，小城市人口向大城市迁入），生育政策，老龄化程度（老龄化程度的提高导致老人独居现象增多，成为小家庭数量增长的重要推动力量），住房条件等⑤。

在功能方面，家庭的消费功能、赡养功能、感情满足功能等都发生了变化。随着经济发展，家庭的消费功能在逐渐增强。这既表现在消费水平的普遍提高上，也表现在家庭消费意愿与消费观念、消费行为方式的变化上。而社会保障制度的改革与健全及社会保障体系的发展，将使城市家庭的赡养功能进一步外移，从而使家庭的赡养功能被削弱，与此同时，家庭的感情满足功能则将得到强化。⑥ 传统家庭在功能上是一种经济上的合作体，担负着子女养育的任务⑦。但需要注意的是，传统的家庭功能正在逐渐淡化，出现了一系列挑战，如：家庭经济负担加重；婚姻的稳固性下降；家庭教育弱化；伦理道德弱化；家庭维系情感、信任，提供安全保障的功能弱化；等等。家庭所特有的感情满足功能是任何其他组织机构都难以替代的，是任何时候都不可缺少的。但在社会剧烈转型期，空巢家庭、丁克家庭、残缺家庭增多，社会流动的增加、工作压力的增大使家庭成员经常性、长时间地分离，这些

---

① 庄英章．家庭与婚姻：台湾北部两个闽客村落之研究．中国台湾“中央研究院”民族研究所，1994.
② 徐安琪．家庭结构与代际关系研究：以上海为例的实证分析．江苏社会科学，2001（2）.
③ 杨善华．中国当代城市家庭变迁与家庭凝聚力．北京大学学报（哲学社会科学版），2011，48（2）.
④ 汪建华．小型化还是核心化?：新中国70年家庭结构变迁．中国社会科学评价，2019（2）.
⑤ 王跃生．中国城乡家庭结构变动分析：基于2010年人口普查数据．中国社会科学，2013（12）.
⑥ 杨善华．中国城市家庭变迁中的若干理论问题．社会学研究，1994（3）.
⑦ 周大鸣，乔晓勤．现代人类学．重庆：重庆出版社，1990.

因素及代沟的扩大化等都给家庭成员间的联系和沟通带来了障碍和不便。[①]

总之，社会转型、城市化、工业化等多种多样的因素共同对家庭单位的性质造成了很强烈的影响并带来了家庭结构和功能的转变。

二、家庭关系

家庭关系非常复杂，研究者可以从性别视角分析家庭关系，也可以从权力视角对其进行分析，甚至可以把这两个视角结合起来。学界关于家庭关系的研究非常多。

在夫妻关系方面，有学者发现，传统父系父权的家庭制度将失去最后残存的影响，从而最终完成从传统的以亲子关系为轴心的家庭关系模式向以夫妻关系为轴心的家庭关系模式的转化[②]。但是也有学者注意到，在当代中国城市家庭中，父亲的权力衰弱了，男性的权力并没有衰弱；妻子的权力上升了，整体女性的权力并没有上升；年轻女性获得的权力来自年老女性的权力让渡而非男性[③]。

在代际关系方面，有学者发现，大多数人都会或多或少为父母提供支持，女性对父母的生活与情感支持略多于男性。而随着研究的深入，家庭代际支持的权力模型遭到质疑，互惠和利他模型则成为分析城市家庭代际支持问题更适合的框架，这说明传统社会那种无条件的孝道已经不再是必须遵循的行为准则，“养儿防老”这种传统中国家庭代际支持模式已经不再普遍适用于当下中国社会[④]。更具体的转变是，上一代抚育下一代、下一代赡养或反哺上一代，抚育与接受赡养基本处于平衡状态的传统模式已经发生转变，现代代际关系变革的趋势是，父辈对子辈的抚养责任与提供帮助的责任在强化，而子辈对父辈的赡养义务在弱化，这一正一负的变化使我国城市家庭代际交换关系正在从双向型的平衡模式向双向型的不平衡模式转化[⑤]。

综上，家庭是一个复合体，家庭成员的内部关系需要以更为微观的视角进行分析，这样才能更全面、透彻地理解中国家庭成员之间的关系。

三、移民家庭

无论是在西方社会还是在中国，学者们对于移民家庭的研究都是伴随着城市化的出现而开始的。最初，西方学者对于移民家庭的研究争论主要在于移民家庭是否

---

① 李炜．城市家庭婚姻的现状与发展趋势分析：以青岛市为例．人口学刊，2009（3）．

② 杨善华．中国城市家庭变迁中的若干理论问题．社会学研究，1994（3）．

③ 沈奕斐．“后父权制时代”的中国：城市家庭内部权力关系变迁与社会．广西民族大学学报（哲学社会科学版），2009，31（6）．

④ 郑丹丹，易杨忱子．养儿还能防老吗：当代中国城市家庭代际支持研究．华中科技大学学报（社会科学版），2014，28（1）．

⑤ 吴谅谅．城市家庭代际交换关系的研究．应用心理学，1994（2）．

完全放弃了乡村传统，从而拥抱城市的现代性。美国的工业化和城市化，是伴随着人口的大量移动以及来自西欧和中欧的一次次移民浪潮进行的，这些移民带来了自己的文化模式，特别是自己的家庭模式。有多少种工业化进程模式，就有多少种家庭演化模式，就有多少种家庭类型。①

地域流动（从农村小社区到大城市社区的流动）、社会和职业流动把个人从以前那些占支配地位的制度中解放出来。但实际上现代化并没有使自由和个人潜能得到最大发挥，相反，它导致了“无家”意识、绝望感、挫折感和失范感的滋生②。传统社会是地域社会，人们的工作与生活基本上是重叠的，而现在工作是工作、家庭是家庭，两个领域并没有交织在一起，所以发生地域流动之后，家庭的功能在逐渐弱化，家庭功能越来越单一，而社会生活则越来越多元，这就出现了不对应。

乌尔里希·贝克、伊丽莎白·贝克-格恩塞姆探讨了在全球化时代移民家庭中男女两性之间的权力关系。移民家庭中的年轻女性在择偶时会倾向于选择嫁给原住国的男性。因为如果丈夫从家乡随迁进入西方社会，妻子一般会远比他更了解当地的情况。她会当地的语言，了解西方体制内的生活方式和规则，如此一来，家庭内部权力的天平就会向女方倾斜。另外一个不可忽视的益处是，公公婆婆远在他乡，所谓“天高皇帝远”，媳妇不必搬入大家庭，从而避免了身受管控，不得不成天毕恭毕敬的情况。如此看来，妻子终将是受益的。总的来说，移民家庭中的女人们嫁一个“进口新郎”是为了确保她们已经获得的自由得以持续。这说明移民的经历会影响移民女性的择偶标准。③

也有西方学者从历时性过程的角度来分析城乡移民，进而分析不同世代的移民家庭所发生的变化。对于第一代移居城市的人来说，地域网络将他们优先与老家村庄联系起来，并且起到了引导乡村的个人向城市移居的作用。对于第二代移入城市的人来说，这些网已扩大到他们的街区之外，起到了中介的作用，对于他们缔结姻亲产生了重要影响。对于第二代移居城市的人，尤其是那些结婚以后仍留在原来的街区的人来说，新的当地住所便在亲属关系中引入了第三个优先地点。妻子可以不再与娘家分离，与娘家保持着更为紧密的接触，具体表现为母女关系的加强。对于某些女性来说，虽然街区是她们出生的地方，但是她们的丈夫并未因住在这里而变成“上门女婿”。如果围绕着新一代夫妇的两个家庭集团相距很远，两家交往越来越频繁可以使嫁女儿的一方与娶媳妇的一方之间在传统上不对等的关系变得更灵活一些，这对年轻女子有利。在这个传统上以父系亲缘确定血统关系的社会里，从妻子一个人入住夫家的住所到夫妻双方入住一个新的当地城市住所的改变，已经在亲戚关系上孕育出双系倾向。④

---

① 比尔基埃，克拉比什-朱伯尔，雪伽兰，等．家庭史：第二卷：现代化的冲击．北京：生活·读书·新知三联书店，1998.

② 赫特尔．变动中的家庭：跨文化的透视．杭州：浙江人民出版社，1988.

③ 贝克，贝克-格恩塞姆．全球热恋：全球化时代的爱情与家庭．北京：北京大学出版社，2014.

④ 同①.

中国学者对于国内移民家庭的讨论开始于对农民工的研究。中国第一代农民工是随着改革开放的大潮而流入城市的，但是由于户籍政策的限制、城市的高房价、高昂的生活成本等原因，他们只是短期在城市谋生，他们的配偶、孩子、亲属关系等都被留在农村，笔者把这种模式称为“钟摆模式”。此后，随着中国经济的发展，第一代农民工开始返乡，第二代农民工进入城市。第二代农民工比他们的父辈有更强烈的定居愿望，但是城市的高物价、高房价同样让他们望而却步，他们只能比父辈更长时间地留在城市，但却不能在城市定居。他们一方面脱离了农村，另一方面又未融入城市，从而呈现出悬浮的状态，他们的婚姻家庭自然也不稳定。不仅是农民工，白领也是如此，他们从农村出来，但又不能在城市定居，社会状态和新生代农民工极为类似。在这些流入城市的移民群体中，有些人值得我们特别关注，即那些凭着学历、技术等方面的优势定居在城市，成功从农村迁移至城市的移民群体。我们把这些移民群体分为经营型移民、智力型移民、劳动型移民等。在此我们对经营型移民略做介绍。经营型移民有自己的投资和产业（如小企业、小作坊、商铺、饭馆等等），依靠资金或者技能来运作自己的产业。① 早期的经历和关系网络是他们后来创业的基础。在持续地利用传统的血缘、姻缘和地缘关系实现资源和信息共享的同时，他们也积极建构新的商业网络。虽然远离乡土，但他们始终不忘乡土之根，这既是他们创业的资源，也是创业的动力。②

在对国内移民群体的婚姻家庭进行的研究中，比较受关注的是学者们对“凤凰男”的研究。虽然“凤凰男”与“孔雀女”的结合基本上是两人自由选择的结果，但婚后生活不再仅是“两个人的私事”，“凤凰男”与“孔雀女”的结合使与两者有关系的农村与城市亲友介入了他们“二人世界”。重视血缘与亲缘关系的“凤凰男”原本在生活中就与农村家族亲友来往密切，在他们的婚后生活中这种联系也可能有增无减。传统文明体现在“凤凰男”身上，表现为他们具有强烈的家族责任意识和良好的勤俭治家作风。与之相对，“孔雀女”身上体现了现代文明的影响，她们追求自我的独立与生活的享受。两种文明存在一定程度的相悖，势必会影响个体行为及生活方式，夫妻双方多方面的差异将会引发矛盾。③ 此外，外来农村媳妇也是移民家庭中存在的一个特殊群体。因为随着改革开放带来的民工潮，城市和农村之间出现了大规模的城乡联姻④。移民在家乡与居住地的空间实践，涉及两套空间认知和象征编码的转换，其结果不单是纯粹的混杂或精神分裂，而且是新的、具有自己一套逻辑的空间呈现⑤。

我们可以发现，整体来看，学者们对于移民家庭的关注较少。即便已有许多学

---

① 周大鸣．流动与定居之间：当代中国城市新移民个案研究．广州：中山大学出版社，2018．

② 周大鸣，余成普．迁移与立足：经营型移民创业历程的个案研究．中南民族大学学报（人文社会科学版），2015（4）．

③ 张学东．对“凤凰男”与“孔雀女”婚姻问题的社会学分析．中国青年研究，2009（4）．

④ 沈文捷．城乡联姻造就城市新移民探析．南京财经大学学报，2007（3）．

⑤ 苏红．多维视角下的中国家庭婚姻研究：结构、关系、家族和文化．社会，2007（2）．

者讨论了城乡通婚的现象，但也多聚焦于这类婚姻的不稳定性。国内移民从农村移民至城市，但由于他们出生于农村，长辈乃至于亲属网络大部分还在农村，因而他们始终摆脱不了传统文化的影响。都市文化则是在城市发展过程中孕育出来的，与传统文化有所不同，当移民定居在城市，作为城市居民，他们要适应城市的生活方式与习惯。我们并不想探究这些移民家庭还保存着多少传统要素，而是想要分析在传统与现代之间，尤其是在离婚率上升的当下社会，这些移民群体的家庭是如何维持的等等，这是值得学者关注的。

第二节　邻里（社区）

邻里（社区）是城市中的基层单位，即我国俗称的里、弄、巷等，属于居民委员会和居民小组这一层级。邻里是城市居民居住、休闲甚至工作的地方，是都市中最基本的单位，也是了解城市生活的基本单元。邻里关系是都市居民最重要的关系之一。要了解都市，就离不开研究邻里。正因为如此，邻里生活、邻里关系成为都市人类学研究的重要主题。

一、邻里（社区）类型

我国的邻里（社区）虽然都设置了统一的基层群众性自治组织——居民委员会，但实际上有许多不同的类型。不同类型的邻里（社区），其社区生活、人际关系、居委会在其中发挥的作用都不同。

根据笔者的调查经验，城市邻里（社区）至少可以分为四大类型。第一类是传统型的邻里（社区），像北京的胡同、广州的巷子。这类邻里类似乡村社区，邻居之间非常熟悉，相互之间的来往密切，有事也相互帮助，甚至相互之间没有什么隐私。居民委员会发挥的作用也比较大。第二类是单位型的邻里（社区），这也是我国所特有的一类社区，即由单位建住宅，同一单位的人居住在一起。这类邻里虽然邻居之间也相互熟悉，但关系不像传统型邻里那么密切，甚至可能由于工作上的竞争而引起关系的紧张。居民委员会在这样的社区，基本上作用很小，因为其主要的职能已被单位取代。第三类是新的公寓区邻里（社区），这类住宅属于城市的公房或是商品房。这类社区居民来源广并且成分复杂，邻居之间相互没有什么往来，甚至可能相互充满疑心。“鸡犬之声相闻，民至老死不相往来”形象地描述了这类社区的情况。第四类是随着城市化进程的推进而出现的半社区半乡村类型的邻里（社区），即城乡接合部社区。这种邻里（社区）具体是指介于城乡之间的社区类型，它既是中国城市化过程中普遍存在的一种社区类型，也是中国特有的土地征购政策、户籍管理政策体系的产物。这些社区地处城乡接合部，社区中的生活方式兼有城乡生活方式的特征，因而不同于一般概念中的郊区或农村。这类社区有一系列的特点，比如：人口密度高，人口异质性强；社区内仍保留一些农业生产，但农业生产已不是社区内主要的经济生活方式；社区内全部的耕地或部分土地被征用，但个人仍拥有宅基地或少量自留地；社区中一部分人成了城市人（城市户口），而另一些人仍为农村户口；社区内个人的谋生手段开始多样化。这类社区总的特征就是亦城亦农。①

都市人类学的成熟表现在它能够将纵向生活史的资料和信息，包括历史的、政治的、人口的和其他相关联的材料，运用到创造动力模式和阐释差异上来。这种多样性的认识来自都市人类学广泛的不同的邻里（社区）形式上的比较。

二、邻里（社区）内部

都市人类学研究的着力点是城市社区，而邻里（社区）研究则是其关键主题，尤其是，都市人类学更多地倾向于研究低收入群体的聚居区，如研究违章建筑、棚户区、公共住宅区，而很少研究中产阶层的居住区。都市人类学之所以选择邻里（社区）作为研究点，其一是因为邻里（社区）方便被作为一个民族志单位以开展对某些问题（如与初级群体、族群、阶级相关的问题）的研究；其二是有利于人们了解邻里社会的本质；其三是可以通过对邻里（社区）的时空的研究探讨发展的过程或寻找社区建设成功与失败的原因。早期的邻里（社区）研究把邻里（社区）视为一个系统完备的单位，现在的研究则趋向于把邻里（社区）视为一个较大复合体中的一部分。这种研究进路的转变被学者区分为本体论意义上的"'社区'研究"和方法论意义上的"社区研究"。②

在进行都市人类学研究时，笔者发现城市社区存在着"二元社区"的现象，指在现有户籍制度下，在同一社区（如一个村落或集镇），外来工与本地人在分配、职业、消费、聚居、社会心理等方面形成不同的体系，以致在心理上互不认同，构成了所谓的"二元"③。具体体现如下：第一，从分配制度来看，对本地人和外来工实行的分配制度是截然不同的。本地人多有分红和福利，而外来工则是按照计件制度获得工资的。第二，从职业来看，本地人对职业的选择和外来工不一样。本地人通常从事的是比较轻松、收入也比较高的职业，比如在商场、饭馆、娱乐场所之类的场所从事社区服务性行业，而外来工做的都是又脏又累的普通工作。第三，从消费和娱乐方式来看，也有两套系统供本地人和外来工消费。例如，珠江三角洲的村、镇一般都有很高档的餐厅、娱乐场所，但这些往往都不是外来工能够消费得起的地方。第四，从聚居方式来看，外来工要么住工厂宿舍，要么租住本地人的房屋，而本地人则住在另一边规划比较好的"文明小区"里。第五，从社会心理层面

---

① 周大鸣，高崇．城乡结合部社区的研究：广州南景村50年的变迁．社会学研究，2001（4）.

② 肖林．"'社区'研究"与"社区研究"：近年来我国城市社区研究述评．社会学研究，2011，26（4）.

③ 周大鸣．外来工与"二元社区"：珠江三角洲的考察．中山大学学报（社会科学版），2000（2）.

来看，大家在观念上对本地人和外来工是区分得非常清楚的，本地人甚至还给外来工起带有贬义的称呼，这实际上代表着本地人对外来工的一种心态。而“二元社区”之所以会形成，主要是受到地方本位政策以及本地产业发展所带来的“寄生性经济”的影响。①

但随着外来工在社区居住的时间拉长，外来工与本地人之间的区隔也会慢慢消失，近年来已出现从“二元社区”到社区融合的趋势。笔者在东莞市太平村的研究便证明了这一点。东莞市太平村经历了从农业村到工业村的经济发展历程，并形成了“二元社区”。但是随着社区的发展，东莞市开始自上而下地采取一些融合政策，如改变对外来工的称呼，设立新的政府机构并提供新的公共服务、开展“新莞人”社工服务等。② 当然，“二元社区”的形成有其历史基础，而社区融合也需要时间和人们的观念变化。因此，从“二元社区”到社区融合还有相当长的路要走。

三、社区治理

社区治理是指在一定区域范围内政府与社区组织、社区公民共同管理社区公共事务的活动。社区事务是指一定范围内的社会公共事务，社区事务的治理模式与治理手段也是公共管理的重要研究内容。③

居民自治是城市社区建设的新目标。我们要研究居民在经济上已经自立、在社会生活中开始初步自理的情况下，如何改进和完善居民区党组织对各类社区组织的领导方式和工作方式，如何充分发挥社区共产党员的示范和凝聚作用，如何在尊重居民的意愿和要求的同时促成全社区互相合作，协力安排共同生活的格局，建设起多样化的、充满生机活力的、以群众自我管理为主的新型社区。④ 城市社区建设应该加大社区居民自治力度。这是因为社区居民自治是低成本的管理体制创新，是社区建设的内在要求，有利于扩大公民政治参与和加强基层民主。⑤

笔者注意到很多学者在开展关于社区治理的研究时仅仅聚焦在政府和社会这两个维度上，而忽视了社区内部的复杂性，由此提出要从民族视角来关注社区治理。20 世纪 90 年代以来，在社区建设动员过程中，将各民族视为一体的“居民动员”逻辑忽视了社区中各少数民族历史地和实践地形成的民族意识和组织结构特征，从而导致了城市社区中民族关系的紧张。一个包括各民族在内的多元主体治理的权力格局的形成是社区自治的必然趋势和要求。只有在多元治理主体的互动中实现社区资源的优化整合，才能真正推动我国城市社会建设中的社区治理向社区自治方向前

① 周大鸣．外来工与“二元社区”：珠江三角洲的考察．中山大学学报（社会科学版），2000（2）．
② 周大鸣，郑梦娜．从“二元社区”到社区融合：以东莞虎门太平村为例．青年探索，2019（5）．
③ 魏娜．我国城市社区治理模式：发展演变与制度创新．中国人民大学学报，2003（1）．
④ 费孝通．居民自治：中国城市社区建设的新目标．江海学刊，2002（3）．
⑤ 徐勇．论城市社区建设中的社区居民自治．华中师范大学学报（人文社会科学版），2001（3）．

进，并在这一过程中实现民族团结和社会和谐。[①]

四、邻里（社区）研究存在的主要问题

在都市人类学的邻里（社区）研究中存在着一些问题：其一，我们已经指出，仅研究不多的邻里（社区）难以充分描述地方网络；第二，我们所选择的特定邻里（社区）能否代表全部邻里（社区），这一点值得探讨；其三，已有研究没有关注到邻里（社区）与更大范围的关联。

研究一些特定的个案难以得出普遍性的结论。在一些著作中有这样的假设：一个邻里（社区）必定有最低层次的凝聚并且一定与大的聚落相整合。这是一个非常有问题的假设，不符合一些中产阶层社区的情形。那种社区虽然与都市社会结构整合在一起，但却并不是以邻里为基础的。尽管那类社区中的大多数居民互相之间缺乏认识和关心，但他们具有社区以外的联络网络。

显然，都市人类学已经注意到了这种学术漏洞，开始较好地将网络分析应用到邻里（社区）研究之中，但已有研究的研究对象仍主要聚焦于下层阶级。尽管这样，通过运用民族志方法和长期与报道人接触，我们依然能够获取较真实的邻里（社区）生活资料，也因为都市人类学早期的研究重心是在低收入的都市邻里（社区）上，邻里（社区）的凝聚成为已有研究的中心问题，许多个案研究都是有关邻里（社区）的稳定性的，当意识到邻里不是同质性的社区时，都市人类学就开始注重对邻里（社区）内部复杂性的研究了。

第三节　社会组织

费孝通对中国社会结构与美国社会结构做了区分，认为中国人是按照“差序格局”的形式搭建自己的社会关系的。中国人的关系格局就像把一块石头丢进水里所产生的一圈圈推出去的波纹。每个人都是他的社会影响所推出去的圈子的中心。而美国社会则是团体社会，即他们常常由若干人组成一个个的团体。团体是有一定界限的，谁是团体里的人，谁是团体外的人，不能模糊，一定要分清楚。[②] 随着中国城市化进程的推进，城市社会中出现了一些经过官方认证的社会组织。这些组织有的是因兴趣而组成的，有的是因公益而组成的，但都在一定程度上满足了城市居民的需求。

中国社会组织的生长有两条明显不同的路径，即“自上而下”的路径与“自下

---

① 周大鸣．社会建设视野中的城市社区治理和多民族参与．思想战线，2012，38（5）．

② 费孝通．乡土中国．上海：上海人民出版社，2006．

而上”的路径 。所谓“自上而下”的路径，指的是由政府主动组建或在其主导下成立和发展起来的社会组织生长路径；而所谓“自下而上”的路径，则指的是公民基于社会需求而自发自愿成立和发展起来的社会组织生长路径。官办社会组织在很大程度上依赖于政府，带有鲜明的官方色彩或政府性质；而民办社会组织是由民间人士自下而上发起的，自产生就表现出了相对于官办社会组织的与国家的分离性质，因而其生存策略显然会区别于官办社会组织。[①]

中国的社会组织经历了四个阶段：第一阶段，社会组织开始出现；第二阶段，社会组织逐渐呈现出专业化特征，开始以一种政治中立、意识形态中立和价值理念中立的方式来提供公共服务；第三阶段，社会组织和政府之间的核心通道被打通，很多政府职能被转移给社会组织；第四阶段，当整个社会组织生态体系发育完成之后，我国不仅有了较为成熟的社会组织，而且有了对社会组织运作的支持体系。这四个阶段的每一个都意味着社会组织的一次升级换代，同时也意味着一种独具特色的社会存在新模式。[②]

除了宏观上的社会组织外，我们还注意到了社区社会组织这一概念。社区社会组织在资源、合法性、制度支持方面嵌入国家，而国家的意志与目标也嵌入社会组织的运作中，从而实现了提升治理绩效的目标。这种“双向嵌入”的概念化方式，体现了国家与社会组织的互动。在这样一个互相嵌入与锁定的过程中，国家与社会不是一种此消彼长的对抗关系，而是双方的权力都得到了提升。[③]

第四节　亲属群体

一、亲属关系的变迁

诸多认为亲属关系在城市环境中不再有意义或应解散的著作已受到都市人类学资料的挑战。显然，整个亲属群或亲属关系在城市中不能被重述，但这只能使亲属关系得到重新确认和解释，而不是被破坏。在刘易斯的早期文章《未造成破坏的城市化》中，有重要的一点是针对关于城市中亲属关系被削弱的假设的。他发现，在城市环境中，亲属关系仍然重要并被加强，尤其是在亲属之间的竞争、冲突减弱而

---

① 唐文玉，马西恒．去政治的自主性：民办社组织的生存策略：以恩派（NPI）公益组织发展中心为例．浙江社会科学，2011（10）．

② 陶传进．社会组织发展的四阶段与中国社会演变．文化纵横，2018（1）．

③ 纪莺莺．从“双向嵌入”到“双向赋权”：以 N 市社区社会组织为例：兼论当代中国国家与社会关系的重构．浙江学刊，2017（1）．

合作增强的地方。[①]

亲属关系是城市居民维持社会联系的重要基础。19世纪的社会科学家认为，在简单社会和复杂社会中有不同的分工。在简单社会中，分工以亲属关系为基础，而在复杂社会中则不是。人类学的先驱摩尔根以及沃尔斯和雷德菲尔德就持有这一观点。因此，都市人类学家开始关注在城市中基于先赋亲属关系的社会关系保存和变化的程度。

在人类学家所研究的一些传统的社会系统中，自我中心的社会网络关系无足轻重。在复杂社会中，选择（与先赋相对）的要素是一个人最重要的关系的基础。但这并不是说亲属关系在都市系统中完全失去了意义。城市生活在一定程度上促使亲属关系发生变迁，而没有毁灭亲属关系。几乎在所有的社会关系中，亲属都构成了个体社会网络关系的主支和扩大支系的一条重要分支。效仿传统人类学方法，现在多数研究的焦点集中于城市亲属间的分支。

马春华等人以中国社会科学院社会学研究所2008年在广州、杭州、郑州、兰州和哈尔滨5个城市市辖区收集的城市居民的家庭数据为分析基础，归纳了中国城市亲属制度的特征，即核心家庭网络化，其中一个重要表现是人们不向亲友借钱，而是求助于城市中各种借贷金融服务。但是在中国各大城市中，亲属网络依然非常活跃，是核心家庭（包括夫妻家庭）在应对社会风险时所不可缺少的援助体系和资源传递的渠道。此外，城市不同，亲属关系的呈现也随之变化。如广州的经济发展水平最高，但广州的核心家庭与父母保持着更为密切的经济交往和相互依赖关系；哈尔滨经济发展水平相对较低，哈尔滨的核心家庭与父母之间在经济上彼此更为独立。经济最为发达的广州、杭州是亲属关系聚集性最高、流动性最低的城市；而经济相对不发达的中西部和东北3个城市的亲属关系的聚集程度远低于发达城市，流动性则远高于发达城市。[②] 当然，这一研究的不足是，它只关注了经济发展水平指标，而忽略了南北文化传统的区别，如南方的宗族组织文化氛围和家族主义比北方浓厚得多。

另一种常见的亲属关系模式是与以前距离较远的亲戚发展亲密关系。在那些社会中，亲属关系是社会生活的基础，但城市中的个体不可能得到全部的近亲关系。在斯塔克对美国中西部城市黑人穷人的研究中，有一些关于合作性家庭的有趣的例子。她研究的基本社会单位是由以亲属关系联系起来的个体组成的。他们相距很近，虽不住在同一居住单位内，但却能在许多社会和经济活动中合作。基本的亲属关系包括同胞兄弟姐妹。斯塔克描述的一个详例是维欧拉·杰克逊，一个距其妹妹的住所只有一街区之遥的男子，他和他的两个儿子是他妹妹的合作性家庭的一部分，他们在合作性家庭里吃饭，度过大部分时光，为合作性家庭增加收入。她说：在公寓中提供食物、照顾、衣物、保护和使孩子们在家族关系网中社会化的责任由

---

① LEWIS O. Urbanization without breakdown：a case study. The scientific monthly，1952，75.

② 马春华，石金群，李银河，等．中国城市家庭变迁的趋势和最新发现．社会学研究，2011，25（2）.

几个家庭共同担负，某个成员属于哪一户并不是大问题，我们已经看到家族组织依靠的是人们去哪里睡觉、吃饭、花费金钱和时间。一起吃饭、共付租金是衡量忠诚最重要的方式。她认为，小家族组织分散在许多本身无固定界限的亲属关系家族中。斯塔克还叙述了三个合作家庭的三个女性成员共享许多资源和活动。她们共享食物、共同购物，在其中一家共进晚餐，孩子们也经常睡到对方家里以适应他们母亲夜访的方式。①

此外，在城市社会，随着居住方式的改变，家庭内亲属系统的中心开始由父系转向母系，或者是双系并存。古德指出，在城市社会中，不管亲属系统最初的中心是什么，转变成以母方为中心——强调母亲（妻子）的亲属——都是一种趋势。因为在大多数城市中，工作地与居住地总有距离。男子通常是主要收入的创造者，他的工作使他较长时间地离开家庭。因而，留在家中负责照顾孩子的妇女，在维持家庭社会关系方面产生了支配性影响。妇女一般与她自己的亲属保持着比与她丈夫的亲属更亲密的关系。② 在我国的大城市，由于住房紧张和其他一些因素，男方入住女方父母家的情况相当普遍。如在北京，许多男性是由外地来京上学的研究生或本科生，他们在毕业后留在北京，与当地女子结婚后选择住在女方父母家。他们有时也会被人们戏称为“上门女婿”。

除了真实的亲属关系之外，一些城市人类学家注意到，在城市中，很多人会通过推定亲属和虚拟亲属的活动把非亲属的人纳入个体的网络关系中。在类分亲属系统（许多个体以相似的方式和相似的自我组成的具有松散联系的系统同样属于类分亲属系统）中，很容易将亲属称谓扩展到城市中的非亲属当中去。在非洲文献中，部落亲属关系的模型被转移到城市中心去，新联系被想象性地放入亲属关系联结中。

概括来说，从小团体来的有极强亲属意识的移民认识他们的地域亲属。当这些个体迁入城市中心时，他们常与他们以前不认识的团体成员联系。他们试图以一种有意义的方式，通过亲属关系和这些陌生人（同一团体的成员）发生联系。因此，在不过分依靠类分亲属关系的系统中会出现创造拟亲属关系的其他方式。很多关于美国人婚后的居住和拜访情况的研究表明了城市家庭的亲属系统向母系方向发展的倾向。如果一个家庭要选择联系双方亲属，妻方亲属会被优先考虑。事实上，其他研究者也发现，母系趋势已成为一个普遍特征。所以，应该看出母系——如关系结构和亲属关系的维持——并不单以一种方式与现代城市生活发生联系。

可以说，阶级、职业、职业流动性、地理流动性以及传统亲属关系体系的特征都会导致不同。亲属关系的维系和加强是适应性策略，它们与每个家庭的社会经济情况相关联。

---

① STACK C. All our kin. New York：Harper and Row，1974.

② 古德．家庭．魏章玲，译．北京：社会科学文献出版社，1986.

二、以亲属为媒介的迁徙

大多数移民研究提到了亲属关系的影响，亲属也许会成为提供就业机会信息的来源。但除此之外，他们还是移民与城市的最初中介。

世界的一个普遍模式是亲属为移入城市的亲戚提供临时的吃住服务。华生（Watson）在研究伦敦的中国餐馆雇员和雇主时指出，移民群体中的所有成员都能追溯到他们与创业者有一个共同祖先的联系，这种父系亲属单位是移民的基础，对那些真正的移民来说，它也是社交活动的基础，移民自动切断与外界的关系，从而加强了他们之间的联系。许多类似的例子中的多数情况是：在适应城市的初期阶段后，亲属关系仍被维持而且显然帮助移民适应了城市生活，然而，也有未能维持亲属关系的情况。

刘易斯在波多黎各的纽约市移民研究中对此现象有了更多的了解。他观察到，虽然个体在刚迁来时受到其亲属关系家庭单位的欢迎，但后者希望前者在一段时间后能自觉在物质方面脱离关系。个体如果不适应这种模式，就将被友善或不友善地强迫脱离。刘易斯发现，与亲属争吵是搬迁的主要原因，而争吵通常出于经济原因。而且根据个体与亲属关系的不同，他们的共处时间也有差异。如果调查对象和他的儿子或女儿住在一起，那么他可能会住相当长一段时间——平均三年以上。如果他与一位老年亲属（如叔或姨）住在一起，那么居住时间会相应减少至两年。但如果他与同辈亲属（如兄弟姐妹）共住，并且通常是姐妹而非兄弟，那么时间将不会超过一年。因为与兄弟姐妹接触比与老年亲属接触更易发生摩擦。[①]

亲属关系的维持的影响因素之一是移民和其亲属的谋生模式。另一个因素是不同族群的人对亲属关系的强调不同。传统文化着重强调亲属关系，维系亲属关系和共享资源的趋向会减缓关系的瓦解。

第五节　职业群体

职业群体，即因职业而构成的群体。这一群体既是城市所特有的群体，亦是城市的基本组织。通过对这一基本组织的研究，我们可以了解城市的本质。

一、基于劳动分工的群体

社会科学家们将基于劳动分工的群体定义为职业群体。讨论城市中基于劳动分工的群体的困难之一就是对阶级及其概念的限定。大多数阶级的定义把职业作为主

① LEWIS O. Slum culture backgrounds to vida. New York：Random House，1968.

要因素，一个职业群体或相关的职业群体可以作为民族志研究的对象。随着社会经济和科技的发展，一些传统行业中的人如瓦工、木工等形成的职业群体逐渐退出，但是一些新兴职业如直播博主、快递员①、程序员②、门卫③等等逐渐形成了团体。因新的职业分工模式出现而形成的职业群体在一定程度上也体现了社会的转型。

在城市里做研究，笔者首先注意到的是农民工群体。笔者把农民工分为企业工人、散工、农业工人等几类，按照不同的类别去开展研究。④ 比如，笔者曾做过关于搬运工的研究，这个群体的共同特点是：（1）缺乏学历和技能，他们认为出卖力气既是无奈之举又是理所当然的选择。因此，身体健康对于搬运工来说显得极其重要。（2）搬运工的社会关系网络依然具有“乡土性”和“内向性”的特点，但相对“自由”的职业又使他们显得比其他底层外来散工更加开放。例如，几乎每个搬运工都有手机，他们大多有一本电话通信簿，上面的电话号码和联系人，其实就是搬运工的社会网络、人际关系的生动体现。（3）由于职业的缘故，搬运工群体更具有组织性。这种组织性就像一柄双刃剑，如果对他们的引导不好，管理乏力，搬运工群体就会出现划分“势力范围”，各占一方、画地为牢的情况；处理不当的话，帮派、小团体之间还可能出现利益纷争甚至是暴力火拼。但是如果管理得当，搬运工群体这类组织就可以向良性的行业团体发展，他们能够处理好内部的事情并加强自我管理。⑤

随着互联网平台的发展，外卖骑手、快递员等以物流体系为支撑的新兴职业群体也出现了。该群体的成员绝大多数为 18～35 岁的青年农民工，以男性为主。作为青年农民工的新兴职业选择，外卖骑手这一职业承载着青年农民工职业地位提升和适应城市的理想。⑥

同样，由于产业结构的重组、企业组织的扁平化、人才资源的择优化、就业选择的多元化，很多人不再局限于单一职业，“斜杠青年”一词由此出现。“斜杠青年”群体具体指的是不满足单一职业的生活方式，选择多重职业或拥有多个身份，谋求多份收入，有无限潜能又充满激情，实现多元生活的人群。⑦ 也就是说，在正式职业之外，很多人开始做副业来增加收入，这也成为城市生活的一种新现象。

二、职业身份社区

一些研究者强调较大的范围而不是具体的工作环境。他们研究一个职业群体在

---

① 赵莉，刘仕豪．“风雨极速人”：北京市快递员生存现状及角色认同研究．中国青年研究，2017（6）.

② 王程韡，杨坤韵．进取与迷失：程序员实习生的职业生活．社会，2019（3）.

③ 比尔曼．寻找门卫：一个隐蔽的社交世界．上海：华东师范大学出版社，2022.

④ 周大鸣．社区发展与人文关怀．广西民族学院学报（哲学社会科学版），2006（2）.

⑤ 周建新，周大鸣．搬运工的群体特征研究：中国东南沿海散工典型个案研究之二．西南民族大学学报（人文社科版），2007（4）.

⑥ 赵莉，王蜜．城市新兴职业青年农民工的社会适应：以北京外卖骑手为例．中国青年社会科学，2017，36（2）.

⑦ 黄英．“斜杠青年”：漫步在理想与职业舞台上的新群体．中国青年研究，2017（11）.

工作环境以外的文化制度，以及职业与其他生活方面的联系。他们也调查职业身份社区在整个生活活动中的重要性。当把身份社区的小分支视为一个调查单位时，就可以看到较高层次的都市元件的构成。有的研究者关注只基于职业身份的利益集团，一些有趣的研究工作是在稳定的工人阶级群体中开展的。

例如，皮尔彻描述了美国俄勒冈州波特兰的码头装卸工人。在这一职业身份社区中，其成员主要是来自中西部的移民，这些人大多是农民的儿子，其父的职业提供了很大的工作自由，因此码头工人自己也说在他们的价值中最重要的是自由和独立。他们没有受到什么严格的管理，可以在一段时间内离开去打猎和过户外生活，而回来以后又获得工作。工作以外的时间，码头工人大都花在聚会休闲活动和家庭的相互拜访上。这个群体通过高频率的交往以维持社会边界。妇女、孩童养育和户外生活是共享的。工会作为一个核心，是一个主要的整合机制，在一座山上有一块空地，他们会在那里讨论工会的政策和相关的话题，参加工会会议有着严肃的纪律压力和社会控制。①

过去的民族志研究讨论棚户区、违章建筑区比较多，对主导群体的注意较少，而更多的是注意少数民族群体的族群性。在对职业身份社区的研究中，也有关注低下层群体、边际职业和失业者的倾向。笔者曾在广州对拾荒者这一职业身份社区进行了研究，主要关注该群体的工作模式、居住社区、生活状况等等。

边际职业群体形成一种职业身份社区的另一个例子是三轮车车夫。在一些第三世界国家，公共交通不发达，两轮或三轮的脚踏车或人力车是城市中主要的运输工具。一些人类学家研究了印度班卡和泰国曼谷的三轮车车夫。这一职业提供给群体成员相互交往的机会并形成严密的边界。他们整天在都市中心地带等候乘客，大多数车夫由车主雇用并形成共同利益体，因为他们相对于“老板”处于“无力”的地位。他们对顾客也形成了共同看法。研究者发现，这些人最大的本事就是能在一瞬间分辨顾客，这对平常人而言是难以做到的。这一特定群体引起人类学家的注意是因为他们对城市某些区的了解比其他群体多。因为流动性强，他们能够常常观察到城市中的各种偶然事件和企业活动，这就导致产生了严密的社会边界以保护其信息。在许多方面，美国的出租车司机也是类似的角色。

其他的边际职业群体也会形成类似的严密合作，但高度竞争和相对独立的职业并不一定会形成这样的边界，如清洁工、拾荒者、家仆、街头小贩就是如此。但在某种条件下，凝聚力强的群体会形成边界。拾荒者群体与收购商形成恩报关系。收购商为拾荒者提供住房，这样他们便成了社区的居民。广州的散工也常与一些店主形成恩报关系，散工平时帮店主干一些活，如果有顾客需要请散工，店主就会介绍。共同的运动（宗教仪式）将会联合起这一群体并使其具有相同的生活方式和世界观。与之相反，巴西的清洁工处于一种社会隔离的状态之下。

尽管家庭女佣处于一种分散的工作环境中，但这种职业身份常常形成稳定的职

---

① PILCHER W. The Portland Longshoremen. New York：Holt，Rinehart and Co.，1972.

业群体。在一些第三世界国家，在例常休息的日子或休闲时间，这些女佣都会聚到一起。但是隔离的力量和经常的流动性使得她们难以形成长期的组织。性工作者是另一种边际职业类别，常常有人类学家研究他们。这种活动形成了一种高度凝聚的职业身份社区。这种活动的性质是违反道德的，需要形成反法律的保护网，同时又要增加竞争，这就导致了高度的组织化。这类职业身份社区通常都有很强的群体边界。

上述职业身份社区主要集中在工人阶级和边际职业结构上。同样的职业身份社区也存在于中层和上层结构中，遗憾的是，很少有人类学家对其开展研究。并不是所有的职业身份都会形成一种以职业为基础的社区来保护其地位。对于阶段行为和职业行为很难做一个概括。对比哥伦比亚的律师与其他职业（社会阶级相同），哥伦比亚的牙医和会计形成了高度组织化的职业身份社区并聚合成了一个大的社会系统，以保护他们的利益。美国的律师是高度组织化的群体，并参与完全的志愿团体系统，他们成功地保护了自身的利益。

三、职业经历

许多都市人类学家在职业分析方面对研究职业次序圈或经济模式很感兴趣。个人往往从体力重的工作转向体力轻的工作。在边际职业群体中很少有向上流动的，要垂直流动、向上流动需要一定的策略。

在对实际流动过程的研究中，人类学家趋向于研究如何运用社会资本（social capital）而不是金钱资本。个人的社会资本既包括内部的（亲属、朋友互助），亦包括外部的（接收信息），集体劳动常与都市结构中的老板们相联系。然后，才是真正资本（私有财产）的积累。它可能是横财或是因节俭而积少成多的资本。研究者在研究中发现，这两种形式的资本经常是交织在一起的，对那些成功地流动的个人和群体来说更是如此。

这两种形式的资本都可以用在各种方式的流动中。在世界上的许多地方，企业家的活动是向上流动的主要途径。另一条向上流动的路，就是技术和教育的获得，尤其是在正式劳动市场（工厂、金融机构、政府办公室等）组织化生产单位中向上流动时。非技术劳动力获得技术后可能获得报酬更高的工作。教育局在这类组织中也会获得管理权或其他权威。流动政策包括个人的社会资本和金钱资本在企业或其他活动中的投资。

社会资本和金钱资本并不是相互排斥的。一个人可以通过社会联系来获得金钱资本。亲属和网络关系都可能成为某人金钱资本的来源。对于一个在伦敦的中国人来说，开一个饭馆所需要的资本是一个人难以承担的，所以他们最常用的企业形式是合伙制（partnership）。投资资本是从先前在饭馆工作的薪水中节余的，合伙者都是以来自同一宗族为基础的村落的成员。沙克的研究指出，进出口的资本太大，超出个人的能力范围，然而他们能筹集足够的资本来控制当地的商业活动[1]。

笔者在对湖南嘉禾钟水村外出务工者的调查中发现了一位成功者。他刚刚23岁，但已有6年外出务工的经历。他先到广东四会的一家工厂做工，后又转到东莞的几家企业做工，最后学会了设计鞋样的技术，与人合作开了一家公司，但没有成功。之后，他又到一家私人鞋厂做设计师，他的收入比一般工人高8～10倍。

很有趣的是，有关个人经历模式的资料来自社区研究，而不是职业研究。在都市社区研究中，哪里的人口有不同的分支，哪里就具有不同的经济模式存在，不同的流动性模式常常划分出了不同的生活方式群体。罗伯茨在对两个社区的研究中，也集中探讨了生活经济模式作为个人最重要的影响因素的问题。对于都市经济发展和职业机会结构影响个人的生活经历，他提供了非常重要的线索。按照罗伯茨说的，危地马拉城的经济变迁和都市生活的普遍性质的变迁会导致劳动力市场的变迁。现在的就业结构大多是正式的，并处在大范围的科层制结构中，这要求有正式的资历，有文化是最基本的要求。而在旧的制度中，个人的声誉或一个人的影响（社会资本）有助于其得到稳定的工作。现在，随着移民的增加，获得稳定工作的竞争性越来越强。年龄成为就业的一个基础，雇主倾向于找年轻的求职者。在这些条件下，一个成功的职业经历会有助于获得稳定而收入高的工作。因此，当条件变化时，人们就从一个职业流向另一个职业。那些年龄大的、没有文化的人由于缺乏竞争力，只能留在那些边际职业中，收入增长速度赶不上经济变化速度，或者收入太低以致与他人差距增大。那些大的企业对员工有较高的资历要求，个人的特征变得很重要。但通常，人们会从一个工作转到另一个工作，寻找较好、收入较高的职业的人除了受文化水平影响之外，年龄也是很重要的影响因素。[2]

与此不同的是日本都市中有文化的工人阶级的经历。日本的大部分工业生产单位、公司采取的是一种更大范围的亲属团体的模式，流动仅限于公司之中，而不是从一个公司向另一个公司流动。这样，职业团体是在一个公司中构成的，而不是由具有同样地位或同样经历的人构成的。

第六节　网络群体

网络关系观念的基础是，假设在复杂的都市社会系统中的个体，都有一系列广泛潜在的社会关系，每个人都会从这个潜在的网络关系中选择一些人，而不仅是先赋亲属群体中的成员，来与他们确立社会联系。这样的网络关系往往是以自我为中

---

① WATSON J. Restaurants and remittances：Chinese emigrant workers in London//FOSTER G，KEMPER R. Anthropologists in cities. Boston：Little，Brown and Co.，1974.

② ROBERTS B. Organizing strangers. Austin：University of Texas Press，1973.

心的——从某种意义上来说，由个体来选择某些人建立亲密关系，并且二者同时拥有共同义务。不过，没有任何两个个体的社会网络关系是完全相同的。

无论是在都市还是在乡村，由于基础设施的改善，互联网都已经触手可及。其所具备的低成本、易通达、匿名性、虚拟性等特点，使得今天的人们在线上进行社交成为可能。互联网不仅是一种技术和工具，也是一个文化空间，并且已经逐渐影响到包括青少年在内的全体社会成员的日常生活。①

作为数字社会的原住民，青少年的网络实践与体验获得了学术界越来越多的关注。线上线下交互的人际关系革命开始影响整个中国的社会形态，翟学伟将其总结为由“见面—认识—表达”到“表达—认识—见面”的变迁过程②。关于青少年网络群体的已有研究总结起来呈现如下的视角和维度：第一部分涉及青少年同好群体之间的互动、网络时代的亲子关系以及青少年的情感表达；第二部分涉及青少年群体的媒介使用以及使用过程中的文化生产，例如网络小说、弹幕、各种类型的亚文化等等；第三部分涉及青少年网民的网络认知及行为问题。

在关于第一部分的内容中，对粉丝社群的研究应该说占据了青少年网络实践研究的半壁江山，其主要的关注点涉及青少年如何借助互联网表达存在和情感。有学者根据当下青年人的网络社交实践，基于高校 BBS 进行质性研究发现：（1）互联网拓展了青少年群体认识陌生人的渠道，以互联网为媒介，人们可以与陌生人建立熟悉的关系。（2）熟悉的陌生人有三个特质——建构了网络空间的存在感，与网络中的他人有微弱互动，关系具有时空选择开放的特性。（3）在网络上的熟悉的陌生人的关系形成过程中，个体上线登录网站，与网络的群体闲聊，也会与他人分享个人的隐私事件以及倾诉心中的秘密，这样就逐渐在熟悉的陌生人关系间建立了亲密感。③

互联网同样也改变了青少年亚文化中粉丝和偶像的关系，养成系偶像的出现增加了粉丝的“参与感”和“陪伴成长”。他们通过参与式陪伴、共情与移情、保护与抗争等情感策略，与偶像之间形成了一种拟态的亲密关系。所谓拟态的亲密关系，是指一种建立在网络空间中的想象的亲密关系。虽然它与真正的亲密关系有别，但是它借助于越来越强大的粉丝本身，打破了传统的偶像与粉丝之间的距离感与神秘感，在数字空间甚至是线下营造出粉丝与偶像之间“不是家人仿若家人”的新型亲密关系。这种拟态的亲密关系具备如下三个特质：一是情感性。粉丝对偶像的情感投入，诸如迷恋、喜爱、关心等等，是构建一种拟态的亲密关系的基础，养成系偶像粉丝社群的共情与移情更甚于其他类别的粉丝社群。二是控制性。养成系偶像的粉丝对偶像的态度具备更多主动性，甚至发展出某种控制、规训偶像成长道路的意识与倾向。三是亲密性。养成系偶像与粉丝之间的关系已经深入若干私人领

---

① 卜玉梅．虚拟民族志：田野、方法与伦理．社会学研究，2012（6）．

② 翟学伟．中国人的脸面观：形式主义的心理动因与社会表征．北京：北京大学出版社，2011．

③ 张娜．熟悉的陌生人：青年群体网络人际关系的一种类型．中国青年研究，2015（4）．

域，包括偶像的衣食住行、教育、工作安排、恋爱及成长道路，进入了传统上属于亲密关系的范畴。养成系偶像与粉丝之间经由建构，发展出一种拟态的亲密关系，具有强烈的亲密性。①

由于青少年参与的线上活动日益增多且形式丰富，其参与或发起的互联网集体行动及由此引起的网络社会治理议题被越来越多的学者关注。“网络群氓”（smart mobs）最初被莱茵戈德提出，指的是全球数字化趋势下新兴的一个族群，含义是“一群会用网络、手机等，互相沟通、串联并参与特定族群活动及做出实际行动的人”②。这些人出没在纽约、伦敦、阿姆斯特丹、柏林、奥斯陆、堪萨斯城、西雅图等都市，原本躲藏在电脑后面彼此之间互不相识的年轻男女，瞬间聚集在一起，兴致勃勃地到麦当劳跳芭蕾舞、到家具店里坐沙发、在购物中心忽然鼓掌起哄、闯进同一家书店寻找同一本书、在酒店的大堂内装睡、在百货公司前大喊“新年快乐”……然后又迅速散去——来如风，去如雨，令旁观者一头雾水。当通信技术和电脑技术融合之后，人与人合作、沟通的能力和潜力得到巨大的释放。于是，互联网的力量从电脑转移到手机上，产生了全新的社会现象。莱茵戈德认为，利用好这种社会关系并且驾驭这种社会运动，很可能是下一代科技的杀手级应用，是一个全新的商机所在，即将引发全球新一波消费文化革命。他预言，即使政府、企业、组织在无所不在的网络世界中有着更大的操控能力，个人也越来越有能力做出与组织抗衡的行动。

当然也有人并不完全同意“网络群氓”所包含的政治意图，认为青少年的集体行动更应该被视作一种能同时唤起社会共识与大众狂暴的线上集体欢腾。从青少年网民的独特性上看，由于这一群体上网时间较长，他们在对网络公共事件发表意见时，无疑会投入更多的情感和精力。青少年网民不仅仅感受到或悲或喜的情绪，更不断地接收到来自社会道德的“召唤”和“洗礼”。在此过程中，他们将个体的自我转换成社会神圣性的化身，并形成强大的集体行动能力。同时，线上集体欢腾所掀起的道德神圣性，也促使了青少年网民对背离公德者不断施加话语和行动上的暴力，最终导致集体行动偏离法律设定的基本底线。

进一步讲，线上集体欢腾不仅不是网络“群氓现象”，而且不同于普遍意义上的“网络狂欢”。网络狂欢的本质是一种对现实权力格局的挑战，它通过一系列的戏仿、亵渎和颠倒，以实现诙谐对严肃的戏耍、“小丑”对“国王”的贬损，进而创造出属于网民自身的草根式话语权。③ 网络狂欢和线上集体欢腾的共同点是：两者都有可能产生不可控的暴力。但其最大的差别则在于：网络狂欢的目的是创造一个“离经叛道”的情景，它以破坏神圣为旨归，并试图摧毁现存的社会道德和社会

---

① 朱丽丽，韩怡辰．拟态亲密关系：一项关于养成系偶像粉丝社群的新观察：以 TFboys 个案为例．当代传播，2017（6）．

② RHEINGOLD H. Smart mobs：the next social revolution. New York：Basic Books，2003.

③ 胡春阳．网络：自由及其想象：以巴赫金狂欢理论为视角．复旦学报（社会科学版），2006（1）．

秩序；而线上集体欢腾则是制造神圣，它促使个体网民感受到集体力量，以此建立道德和秩序的“超个人性”。①

本章结论

家庭、邻里（社区）、社会组织等都是城市中心的基本单位，互联网上崛起的各种各样的新的网络群体也是城市生活中越来越重要的单位。

亲属群体形成了另外的组织单位。不少研究多次指出这种单位在城市中的规模小于其在农村的对应群体的规模。世界许多地方的城市住所为这些小单位提供了栖身之地。但是相关资料并不能证明此观点。许多城市民族志提及的一个更复杂的现象是合作性家庭的存在，合作性家庭虽分居，但彼此仍提供大量的互助并相互作用。人际关系、亲属关系和家庭群体在城市中心普遍存在，它们事实上是城市生活的基础。它们的形式受到文化价值和特殊城市中心压力之间相互作用的影响。很明显，城市没有破坏这些单位，但经常促使它们改变过去的形式。20 世纪早期的社会科学家认为城市生活的特征抹杀了人性，并强调亲密、深厚、有深远影响的社会关系也会因此消失，但实际情况并非如此。从城市民族志的研究来看，有意义的社会关系由居于城中的人来维持。在城市中，亲属构成了个体关系网的一部分，但亲属经常被当作一个独立的基本社会单位来对待。许多部落群体纯粹的亲属关系体系特征在城市中不能被保持，但这并不意味着亲属关系失去了其意义。城市人类学者们指出，在不同的城市环境中，亲属仍很重要。城市移民若被当作研究对象的话，那么亲属的角色更是至关重要，至少在最初是这样的。而这种关系延续时间长短的问题仍有待进一步的研究。

城市生活的特点对迁徙模式也有直接的影响。在城市中完全模仿农村或部落关系是不可能的，因而移民须从潜在关系中选择那些将进入他或她的世界的人。但这种选择也会受到城市环境限制。在城市化的进程中，劳务市场的变化可能对于工作保障、职业流动及房地产市场的变动也有直接影响。

通过对城市组织的研究的梳理，我们发现依旧需要研究者不断为我们补充新的城市民族志材料。正如我们所提到的，城市民俗学的局限之一就是它对城市低收入阶层更为重视。我们已经了解了足够多的这方面的情况，而对于其他问题，我们的了解还不够。

此外，我们可以从三个层次对邻里、族群和职业、阶级进行分析：个人认同及效忠团体的程度，团体内部整合程度，团体边界的封闭程度及其与其他团体分离的程度。我们需要理解这三种团体在城市中具有的更大范围的关联，例如，它们与有关城市的历史和国家的关联。在前工业城市中，职业、族群和邻里交织在一起，构成具有共同世界的成员团体。个人进入生活、进入职业团体，这种团体具有地域的

---

① 王斌．线上集体欢腾：理解青年网民集体行动的新视角．中国青年研究，2015（10）．

和共同族群的起源，群体通过制度的核心——经济地位和仪式圈——来强烈地维持着边界。他们是内部通婚和强调职业继承的，这种系统实际上并不是静态的，但它是分割明显的。其趋势是这些稳定的团体共同构成了一个社会结构。而在已完成工业化的城市或正在发展的城市中，这三种团体并不是交叠在一起的，也很少享有共同的边界。然而，在需要维持共同边界，比如一个族群垄断某种职业的位置或者是其成员共同居住时，这些团体对于个人行为的支持是极为重要的，同时，它们也是城市中的基本团体。有关这些团体虽然还有许多问题，如他们之间的相互关系、他们与城市大范围的关系等需要进一步研究，而且我们仍没有足够的资料来分析邻里、族群、职业、阶级等团体的形成和结构，但是各地具有边界的团体的变化已足以帮助我们形成新的基本概念。

第五章
族群与族群关系

在现代都市，不同族群聚集在一起，使得文化的多元性成为重要的特征，族群的冲突和协调也成为当代都市中重要的问题。因此，都市人类学研究的重要的主题之一就是族群与族群关系。[①]

第一节　族群

一、族群及相关概念

有关族群的概念是多种多样的，且常与一些名词混淆。因此本书先讨论一下有关的名词。

首先谈谈族群（ethnic group），按《麦克米兰人类学词典》，族群为：

> Any group of people who set themselves apart and are set apart from other groups with whom they interact or coexist in terms of some distinctive criterion or criteria which may be linguistic，racial or cultural... The concept of the ethnic group thus combines both social process in the identification and interaction between such groups. [②]
>
> 试译：族群，是指一群人或是自成一部分，或是从其他群体分离而成，他们与其他共存的或交往的群体具有不同的特征，这些特征可以是语言的、种族的和文化的。族群这一概念包含着这些群体交互关系和认同的社会过程。

在吴泽霖主编的《人类学词典》中，族群的定义是这样的：

> 一个由民族和种族自己集聚而结合在一起的群体。这种结合的界限在其成员中是无意识地被承认的，而外界则认为它们是同一体。也可以是由于语言、种族或文化的特殊而被原来一向有交往或共处的人群排挤而集居。因此族群是

① 周大鸣．都市人类学三题．中山大学学报（社会科学版），1991（4）.

② SEYMOUR-SMITH C. Dictionary of anthropology. London：Macmillan Press Ltd.，1986.

个含义极广的概念，它既可以用来指社会阶级、都市和工业社会种族群体或少数民族群体，也可以用来区分居民中的不同文化的社会集团。族群概念就这样综合了社会标准和文化标准。

族群性（ethnicity），指群体或人群分类的标签和认同，这种分类和认同是明显的或是隐喻的。①

笔者选择如下定义：族群是指在一个较大的文化和社会体系中具有自身文化特质的一种群体。其中最显著的特质就是这一群体的宗教的、语言的特征，以及其成员或祖先所具有的体质的、民族的、地理的起源。②

族群一词容易与其他一些词混淆：其一，族群与民族。在我国的学术界，一部分人将 ethnic group 译为“民族”，如马戎先生、纳日先生就持有这一看法。但笔者以为，这一译法是值得商榷的。首先，容易与我国原有的民族一词混淆。原有的民族一词对应的英文为“nationality”，包含少数民族，即汉族以外的民族之意。其次，族群既可以是一个民族，亦可以是一个民族中的次级群体，如汉族中的客家人、闽南人、广府人等；而民族一词无法包含这些内容。

其二，族群与语言群体（speech community）。族群虽然常常与语言相关，但并不等于语言群体。所谓语言群体，是指一群共享交流代码或运用相同的交流代码规则的人。一个族群既可以来自一个语言群体，也可以由几个语言群体的人构成。

其三，族群与种族（race）。种族是指具有共同体质特征，如体型、肤色、头型等特征的人群。尽管一些体质特征如肤色会影响族群的划分，但体质特征并不是族群的重要划分依据。

二、共同的文化渊源是族群的基础

族群是建立在一个共同的文化渊源之上的。城市吸引了来自不同地区或者具有不同部落语言的族群，甚至是不同国家的人，并由于城市中多族群的存在而具有普遍的跨文化的特征。这些群体组织经常强调共同的继嗣和血缘，由于共同的祖先和历史而容易形成强盛的群体。一般来说，社会科学家们认为这种认同对个人是最基本的，也是个人基本的社会身份。然而，随后的讨论会指出这种认同并不总是最基本的。这类群体可能会维持边界以与其他群体分开，并以此增强自身的凝聚力。都市人类学关注的主要是各种条件下边界的强弱，也就是族群维持和运用其边界的技巧和边界线的起落。

都市人类学论及族群时的困难之一，就是族群经常涉及被视为文化和结构的现象——这两者经常是难以区分的。从文化方面看，一个族群维持一个习得的文化传

---

① 吴泽霖．人类学词典．上海：上海辞书出版社，1991.

② GLAZER N，MOYNIHAN D P. Ethnicity：theory and experience. Cambridge：Harvard University Press，1975.

统（食、衣、语言、家庭组织、价值观）。族群在特定的地方形成，并转移到城市中。城市是依赖外来者聚集而成的，这些外来者曾受不同传统的濡化。可以注意到的是，第一世界国家的城市中绝大部分居民是移民，这种城市具有文化的多样性，但这种特性并不一定会成为组织的基础。

从结构方面看，群体构成的基础是共同继承的感觉在都市聚落中出现，文化特质的实际共性可能没什么意义，共同的社会认同和社会凝聚可能与共同的学习传统没有多大关系。

族群的创造是一个复杂的过程，包括都市聚落与特别的族群之间的多元关系。在移民过程中，同村的成员、扩展亲属群体、方言群体，可能会聚居，至少会经常来往。当一个有共同文化渊源的特定群体被城市中的其他群体认识的时候，他们将被其他人认为具有共同的文化物质基础，但实际上这更多与族群间的歧视、族群间的竞争或者组织志愿团体相关。都市社群会形成自身组织和凝聚基础，但这可能会以失去原生群体的一些文化特质为代价。有关族群与政治组织关系的研究表明，当族群卷入政治行动时，他们能经常动员起成员关系的资源，也会运用共同认同来发展并接受或控制特定的经济职位。

我们不仅可以看到特定的族群作为都市聚落的一部分所反映的发展——这是文化特质携带的结果，而且可以发现，族群认同的符号，是创造或者借用自自己的几个具有不同的文化渊源的分支群体。

我们可以从美洲——美国人族群的符号——看到这一过程。这一群体包含了规模非常大的不同的人口，既总结过去亦包括现在。他们试图通过集体的符号联合成一个团体，这包括创造一面旗帜，使用一种语言（斯瓦希里语——一种非洲语言）、一种发式（在传统非洲是主要的）、一种服饰（以西非为主）和一种食物模式（依据美国南部的历史条件）。

三、都市对族群性的影响

都市中心的一个特征就是文化的异质性。许多人类学家认为城市中族群的认同明显是异质性的反映，这也造成了都市的复杂性。

格利克曼（Gluckman）指出，在非洲，对都市的首要反映是族群性而不是偏远地区的族群生活特征。在偏远地区，人们住在一个具有同质性的族群聚落中，他们认同特定族群的成员不多，这样的群体的构成依据的是亲属制、政治和其他因素。相比之下，在都市中，人们生活在有许多族群的多元聚落中，对族群的认同必须高度重视。

可能会引起争议的是世界上非都市地区的族群是有规律地交往的。事实上，巴斯（Barth）就做过非都市区的族群性研究。经过长期交往，文化各异的族群之间建立起良好的关系，但通常不会超过三个族群。而在都市地区，族群的成员多且相关的规模也改变了。由于都市人口的流动性，稳定的关系难以建立，因而都市族群是不同的。[①]

米歇尔（Mtchell）认为，族群性是个人适应大规模、复杂和异质的都市环境的结果。由于人们要与不熟悉的个人或陌生人交往，因此族群认同取代了那种常见的社会分类模式，成为基本的交往方式。

布瑞曼（Berreman）研究了印度的族群，发现不同族群对于族群性这种社会分类方式方法具有一致的认同性。但他也指出，族群性并不是简单的族群分类，而是依据族群的区域、国家、语言、宗教的分类。

族群中的结构性差异（宗族政治因素），一些在都市环境中消失，另一些则得以加强。布鲁纳通过对印度尼西亚一个社区的研究发现，在那里不同的村，继嗣群体只认同族群而不认同其他。派盾（Paden）研究过一个更为极端的个案，在刚果，几个来自偏远地区的部落在城市中形成了一个单一的族群认同。

四、特定都市关联的影响

在大多数都市，人类学家研究族群在都市中心的关联因素，这里可以从一些个案研究看到一些普遍的模式。

一个基本的问题是都市族群与都市聚落形成的主因。一个群体构成的主因既可能是文化的、经济的、政治的，也可能是人口、历史过程和地理位置的综合作用。

另一个相关的问题是族群的发展、族群的确立，以及族群相关的“核心”（critical mass，这一个词是指代表一个社会分类并可能影响族群发展的一批人）。一个因其太小而不能保存其语言或支持其特有的制度的群体是没有保留的意义的。我们需要更多的比较研究才能认同策略性人口层次。许多早期移民的个案（如英国的印度裔）显示，少量的移民不仅会避免交往，而且不会与统治阶级竞争。但当更多的移民到来时，交往过程就开始了。正如霍奇（Hodge）所研究的拿瓦荷人，他们在城市里的人是如此之少，以至于同部落的人既没有合作也没有太强的自我认同感。

纳高塔（Nagata）对马来西亚的两个城市就马来族群的性质对城市的反映进行了比较，认为某些历史原因决定了两个城市中马来族群的模式。K 城是由欧洲统治集团建立的城市，华人在其中从事企业活动，但由于华人在经济上占有统治地位而在殖民时期后成为政治的靶心。而 B 城是由与欧洲殖民帝国保持独立的地方统治者创立的，华人的企业商业活动得不到鼓励，因而马来人仍然保持政治统治地位。[②]

在大部分非洲研究中，都市中心处于殖民统治之下，因此常用不同的名词来区分欧洲居民和土著居民以表明是不同的非洲人口。殖民企业需要劳动力，统治的族

---

① BARTH F. Ethnic groups and boundaries. Boston：Little，Brown and Co.，1969.

② NAGATA J. Tale of two cities：the role of non-urban factors in community two malaysian towns. Urban anthropology，1974，3（1）.

群是美国人、法国人、西班牙人和葡萄牙人。

在殖民条件下，尽管族群是基于种族来划分的，但也有对族群的重新认识。欧洲人控制着就业、住房和都市政策，并创造了种族隔离来限制族群的构成，其他人则往往是城市中的暂住居民或常住的循环移民。殖民时期以后，占人口绝大多数的当地人成为统治族群，他们既在政治上控制城市，也按城市行为模式行动。

普拉尼科瓦（Plotnicov）的文章《谁拥有 JOS?》提到尼日利亚城市的“拥有”与其某一族群在城市中的地理分布的历史相关。这一群体在人口上占有优势，因此其族群是城市的基础。在许多尼日利亚城市里，一个主体族群明显地被认为是城市中文化、政治和人口的主力，这或者是因为这一族群在殖民时期之前是城市的基础，又或者是因为族群居住的地区就是殖民城市坐落的位置。[①]

对乌干达的研究显示，甘达（Ganda）族群在文化和政治认同上占有绝对地位。他们在人数上占优势，他们的文化价值观也是城市生活的标准。古特金认为，甘达人与城市中的其他族群有着不同的联合模式和不同的流动性。帕奇在对堪培拉的甘达人和卢人进行比较后指出，人口和文化上的差异对其族群有直接影响。进而，他比较了纳户比和堪培拉的卢人，亦发现他们的人口和政治地位影响其组织。

沙克对埃塞俄比亚的古热城进行了研究。这一城市中的统治族群是阿马拉人。这一族群是该城的奠基者，族群首领既统治了城市亦平定了乡村。阿马拉人并不代表人口的绝大多数。1952 年的人口普查显示他们是多数，但沙克认为这个数据不可靠，因为许多非阿马拉族群改了名称，变为了统治族群中的成员。沙克提出，只要经济上有可能，许多族群就会向阿马拉人的价值观和行为进行挑战。

离开非洲，我们再来说说布鲁纳对印尼的城市族群的研究。B 市有一个主体族群（数量上占优势，政治控制上占主导）。而 M 市既没有一个群体占多数，亦无当地的主体文化。在 M 市，族群的分割是极端明显的，族群间关系紧张，每个族群都把自身紧紧封闭。B 市则无这种情况，在同一族群内可以内部通婚，并且族群内的年龄群体相比族群之间存在着更大的文化和态度上的差异。

布鲁纳分析了多巴巴塔克（TobaBatak）族群在印尼三个城市中的作用。在首都雅加达，多巴巴塔克是一个非常小的族群，他们参与多元族群团体并支持民族主义。在 B 市，多巴巴塔克是一个小小族群，他们拥护其团体的政治利益并与其他群体竞争。在 M 市，多巴巴塔克有大量都市人口，他们组织起许多相互合作的小群体。

布鲁纳的著作的一个很有意思的观点是国家统治族群。爪哇人（Javanese）是一个少数族群，因为其在国家中的地位、族群性在生活组织中都相当不重要，他们也不关注自己在城市权力结构中的角色，在许多方面与美国白人盎格鲁-撒克逊新教徒（WASPs）相似。

还有许多比较研究是有关对族群的影响以及在不同都市中的同一族群的。比较

① PLOTNICOV L. Who owns jos?：ethnic ideology in Nigerian politics. Urban anthropology，1972，1.

研究是有发展前景的。

五、族群和经济行业及职业

维系族群的纽带显然与经济机会相关。在前面我们已提过主导族群的问题，当一个主导族群能够限制少数族群的各种机会时，这必然会影响他们在都市经济和制度结构中的地位。即使在没有单一的主导族群时，族群之间也仍然存在竞争。

族群凝聚与经济经常是相关的。一个族群能够垄断某种经济的行业和职位，将促进这一族群的联系以便维持这种垄断。一个强大的族群有很大的可能性获得垄断地位。

科恩（Abner Cohen）在他论及豪萨人（Hausa）的经典著作中提到他们垄断了城市中奶牛和可乐果的买卖。科恩的主要观点是豪萨族群是为保护其群体的经济利益而形成的政治上的反映。这些都是生活的反映，而不是文化价值和文化存续的结果，在城市中经济的成功强化了豪萨人的联络。对比依巴达的其他族群，豪萨人生活在一个相对隔离的环境中，有自己的政治组织并尽量减少与外人来往。这个族群很注意独特的服装和行为模式。

科恩第一个指出经济的行业保护对加强族群团结的意义。他指出，那些没有这种行业保护的族群较少用族群性作为组织的基础。

一方面，所有贫困的族群都会意识到共同的利益就是财富。另一方面，汉纳兹指出，即使在单一族群中，成员间也存在巨大的财富和身份差异，但是他们仍会通过垂直整合的技术，将族群性作为凝聚力的基础。他描述了一个内部分层化的族群用恩报关系来团结其成员，以维持其凝聚力，并且用族群性作为政治和经济活动的基础。

格里洛（Grillo）在堪培拉看到了同一过程。他发现，在同一族群的下层阶级中，有一种既得利益集团促进族群稳定的观点。进而，那些经济和政治的上层阶级会想方设法得到下层阶级的支持，建立起服务和委托关系。

沙克研究的古热人也是族群控制行业的一个例子。在政治和文化上占统治地位的阿马拉人轻视体力劳动和商业活动，于是古热人就获得了掌管许多活动的机会，并逐渐形成了垄断控制。城市内部的市场活动都由古热人主导。他们的商店、商号从城市延伸到乡村。但是，由于大范围的资本化需要的进出口贸易超出了他们的能力范围，因而经济仍掌握在阿马拉人手上。

在中国深圳蛇口，也有这方面的倾向。潮汕人控制了这一区域的水果、蔬菜的零售、批发市场。

族群的一个经典例子就是吉卜赛人，他们能够长时间地维系其族群界限。他们分布于世界各地以及主要的都市中心。由于他们对所有外人都有戒备心，所以很少有人类学家对其进行研究，但多少有些民族志材料与他们有关。在大部分地方，吉卜赛人在经济结构中占据特别的一角，这既成为维持隔离篱墙的手段，亦强烈地坚持了文化（包括语言和服饰）的承续。他们的经济活动经常是秘密的或非法的——骗术、赌彩、算命等。这种法律的边际性导致强烈的边界被保存下来，吉卜赛人常常是别的群体嘲弄、歧视的对象。

阿布隆对美国加利福尼亚州萨摩亚人的研究显示，某些职业主要由这一族群承担——男人在月台上或船坞工作，女人则多为帮手或家庭护士。萨摩亚人主要通过非正式地控制工作的招聘，以非正式的职业组织来对这一类职业施加影响。然而，他们并没有行政的或企业型的控制，而在大多数职业垄断的例子之中，族群都用企业来控制某一职业。

史密斯（Smith）对族群与社会结构之间的关系进行了更普遍的考察。他对美国新英格兰两个镇的葡萄牙裔进行了研究，发现一个镇的机会越多，社会导致经济成功的概率和葡萄牙裔居民的流动性越大，并且在经济越成功的地区，族群的基本活动的组织化程度越高，族群的凝聚力也就越强。尽管葡萄牙裔在两个社区均是少数族裔，但经济系统越开放，他们就越能获得成功，就越有更广泛的就业机会，镇的经济成长就会越快。这个镇的经济结构比较能适应经济系统的变迁，这个镇的成功也导致葡萄牙裔的地位提高，并成为主导阶级（统治阶级），最终促使他们获得更广泛的工作。

六、政治

城市中的政治操纵常常依赖动员跟随族群的能力，因此政治成为一种促进族群认同和稳定的技术。许多族群的目的是在城市中获得“优势”较大的地位，在许多个案中，族群团体组织起来帮助集合流动性群体。

在印度，低等级种姓族群试图通过模仿高等级种姓族群的活动和抛弃那些低等级认同的因素来提高自己在系统中的地位。通过这种策略，加达瓦人（Jatavs）使用自己的政治力量，既通过城市亦通过法律来提高本族群的地位。

科恩研究的豪萨人也组织起来参与都市政治圈，以利用这种力量来保护已获得的政治和经济方面的好处。

有关非洲的文章大多强调族群成员在政党组织中的作用。有些族群本来就是主导群体，但要通过政党获得其他族群的支持，只要有一个族群支持，其他族群就会趋向支持。

对赞比亚卢萨沙（Lusashya）人的研究也显示出族群和族群认同在发展和维护政治组织中的意义。马拉斯是执政党的一个分部，这个分部在政治上不与自己邻里中的其他群体合作，而在其他活动，如喝酒、休闲等中，则可自由地与其他群体交往。

格里洛研究了堪培拉铁路工人工会，发现族群分支总是能够操纵选举的过程，然而族群性不是主要因素，因为他们没有让人牺牲自己的族群的机制。

美国都市的历史表明，族群一直都影响着政治过程。当政治家谈论“平衡”一个城市的选票时，总是讨论平衡族群代表。从历史上看，选区政策是依族群来组织的，常常由希求政治上支持的外来者赞助，本地人逐渐取代外来人控制族群选区投票。这种结构已经持续了很长时间。

格里克（Glick）论及在纽约的海地人作为一个族群的凝聚力和结构是怎样反映政治竞争的。那些非海地政治家意识到海地人是一股潜在的力量，并设法组织起政治利益群体。他们利用教会组织和海地教士的身份形成了一个对政治组织双方群体都有益的有效的政治选区。

族群性的出现常常与利用权力为本地谋利相关。利特（Little）曾注意到西非族群较多地关注乡村环境的改善。另外一些人则不同意利特的看法，认为这些族群是通过促进都市居民的利益来设法操纵都市形势的。显然这两种说法都不是绝对的。族群可能会成功地用实现一个目标来刺激另一个目标的实现。道蒂（Doughty）就讲到利马地区性族群利用权力为原地区谋利，但是他们也注意保护都市族群的利益。

尽管族群常被用作政治组织的基础，但是并不总是如此，也有政治团体是以文化渊源为基础的，如许多欧洲城市（如汉堡）的族群，但这并不影响其政治过程。此外，许多族群团体是出于不同政治目的而组织的，组织过程也不同。

七、族群性作为一种文化的持续

大多数都市人类学家的研究成果在论及族群性时都集中在文化渊源因素的保存问题上。这些因素之所以重要，是因为它们常导致交往的频率提高和常被作为维持群体间界限的符号。在对新移民的研究中，也涉及原文化的生活方式的保持。有的生活方式得到长期保持，但如果这些生活方式对试图获得或控制政治、经济资源缺少作用的话，就不一定会得到保持。

一个都市族群的成功或不成功常常用群体的文化价值观来解释，文化价值观也被用来解释群体稳定性和凝聚力的差异。群体的差异往往可归结为不同的文化追求、动机、价值观以及教育。如美国的日本裔和墨西哥裔对于成功的观念的差异在于文化不同。然而，要展示价值观的差异是极为困难的，我们留下以下讨论议题：不同的成功率取决于不同的价值观，而不同的价值观将产生不同的成功率。

韦普勒（Weppner）试图解释丹佛的拿瓦荷人的经济不成功是因为其基本的价值观。他认为传统的时间取向和宿命论阻碍了他们取得成功。他也注意到拿瓦荷人有传统的工作伦理，但他没有解释为什么他们不能克服别的价值观，并将自己的传统价值观转化为动力。他没有肯定价值观是成功与否的“原因”。

莫里尔（Morrill）试图解释尼日利亚卡拉巴尔的依博人（移民）与艾非克人（当地族群）之间的经济吸收和凝聚力的差异。他称依博人较成功是因为他们具有一个“能动”的文化，使他们变得灵活，而艾非克文化有太多禁律。依博人的传统模式主要由亲属制、政治结构和价值观构成。

亨德逊（Henderson）对上述现象有不同的看法。首先，他认为从更深层次来分析，依博人的文化并非莫里尔所描述的是“能动”的，实际上依博人在结构和文化上与艾非克人极相似。其次，他举例说，欧尼诗城中的两个具有同样文化背景的依博人族群（一个是土著，另一个是移民），也发生了类似卡拉巴尔中的依博人和艾非克人的情形。土著族群是相对不成功和无组织化的，而移民族群则相对成功和凝聚力强。他把这些特性与城市的结构性特征而非原生地的文化价值观联系起来。最后，他认为这与每个城市在国家体系中有各自的角色相关。

可以肯定，先前论述的对美国新英格兰两个镇中的葡萄牙裔的比较以及对两个马来西亚城市的研究有同样的取向。这些例子显示，族群的成功和族群凝聚力结构的变异比来自原生地文化的价值观和组织模式更有意义。帕金（Parkin）在对非洲城市族群进行比较后也有这样的看法。他认为，乡村地区的亲属群体系对都市族群有一定的影响。他的结论是，城市中人口和阶层的变异比那些相关的组织性质、族群性更有意义。施尔德雷特（Schildkrat）则用文化的不相关来解释族群单位的组织和结构。显然，如果将文化用于解释族群差异，我们就需要更好地分析文化而少纠缠与文化相关联的因素。

我们可用另一种比较方法来测试这一说法，那就是比较在同样结构位置上的两个文化族群，看是不是文化制造了差异。古特坎德在老挝和内罗毕进行了长时间的脱产研究，指出每个城市中的不同族群的成员都保存着不同的与原族群相联系的亲属责任模式。在这一个案中，经济地位是持久的，而族群明显地在变化。从长远来看，经济地位导致所有族群出现同样的结果。同样，对两个底层阶级的次族群的研究显示，伴随着同样的趋势，依赖生存的网络有差异：一个族群强调与外部的友谊和团结，而另一个族群强调内部团结。

使用控制比较可以归结出这一问题的轮廓，原文化的因素影响第一代移民的适应和他们在城市中对其传统文化的保存。然而，社会经济变异的控制是灵活的，只有稳定的结论可以被描绘出来。

沙克试图提供一种平衡的看法。他认为古热人的地位是原文化的基本价值观与城市的结构相互作用的结果。在该文化信仰中，妇女的经济角色以及老人的权威是永恒的。都市古热人与乡村族群之间的相互联系是通过族群宗教实践者的恐吓来维持的。

八、族群边界的维持

原文化的因素对边界维持的符号作用是重要的。符号的维持也导致集体的活动以及族群成员之间的交往增加。这种族群认同的符号之所以受到重视，是因为其代表了集体的认同。通常，这些文化的符号可能不来自原文化，而是新制造的。尽管形成的是一种新的模式，但是人们通常相信它仍是对原文化的继承。

(一) 符号 (Symbols)

符号对维持族群边界有重要意义，在生活诸方面可以划分局内人和局外人，个人常用此来表示群体认同。这种符号是由群体成员共享的，并常常为局内人和局外人所认识。

语言与族群紧密相连。因为语言人们从小就开始学，是家庭的重要纽带，是文化各方面传递的主要机制，亦是族群认同的基础。在某些混合的社会中，常常用本地语言来排斥局外人并团结局内人。在一些大的都市单位（如学校、工厂）中，有些小族群选择土语来排斥局外人，以保持局内人的稳定性，甚至这些局外人都可以非常流利地讲主导语言。即使大家都说同一种语言，其中有些族群也会保持不同的说话方式，如非裔美国人社区就有这种情形。只要族群保持高频率的交往和维持族群界限，语言的维持就很重要。

格里博格（Greeberg）讨论了都市地区语言与族群及族群认同的关系。他认为，都市语言中有许多问题没有受到人们的重视，像都市中的非洲混合语问题就是其一。因为一种并非主导语言的土语得到维持并被用在某一镇和城市，显然是与维持族群认同相关的。格里博格注意到，在一些旧城市，居民来自很广的语言社区。在有传统的主导语言或一种特定语言的社区中，其母语可以保存非常长的时间。

一些采用地区性语言的移民，也不采用本地的语言或主导语言，这是较为普遍的现象。

理查德（Richard）提到，在一些个案中，一些采用某种特定语言的族群成员，因为经济和政治上的从属地位，设法公开地采用主导语言以获得较高的地位。在非洲的许多地区，在殖民统治下，最权威的语言是殖民当局的，土著精英获得了使用这种语言的能力。显然，关于都市，语言学家们有许多感兴趣的问题，如关于语言的存续、语言和人权，以及与族群有关的问题。

与族群认同和边界有关的领域被称为表现文化。人体运动、舞蹈、音乐、宗教、民俗和神话、人体交流的形式、动作和空间手势距离都可以被用作族群分界的标尺——用于族群认同方面；此外，运用与否也算一项族群标尺内容。

民俗、神话、舞蹈、文学都是表现艺术，能有效地把个人与群体联结起来。非裔美国人就长期保存了表现文化的结构和形式。表现文化对群体成员有重要的意义。基尔（Keil）通过对蓝调（Blues）表演者的研究，肯定地指出蓝调的音乐特征与非裔美国人的族群性有紧密的联系。英国的印度裔组织了几个音乐和舞蹈队，既为一般观众也为印度裔表演，许多年轻人也参与这种活动，表演时有很多印度裔追随者，他们聚成一个大的群体。道蒂也指出，利马市地区性团体星期例会就是通过家乡食品、音乐和舞蹈召集的。

不同的宗教信仰和实践也是族群符号的一个来源，通过自然的信仰和巫术的实践通常可以区分局内人和局外人。同样，宇宙观信仰也是区分文化的标尺。

在一些个案中，一些核心概念也被用作区分族群成员的标志。如在美国都市中常听到的“soul”（灵魂），就是用来区分非裔美国人群体的，这一基本特性与行为、信仰等许多方面有关。这一核心是从特定形式的音乐、舞蹈、语言、交互行为，以及食品中衍生出来的。基尔和汉纳兹两人都曾研究过 soul 这一概念，并描述其本质和整合的功能。

产生凝聚力的另一个特征是给予族群声誉和形象。常常有群体把被局外人视为局内人的荣誉感作为一种符号。在多元的都市族群中，各种族群都有被认为是唯一的或可以作为区分标志的特征。更广泛地说，这些荣誉特征被包括在人们用于解释其他人行为的视角之中，并不只意味着是相反的内容，族群本身的成员可能相信特征是有效的。

萨特尔斯描述了芝加哥地区阿德曼（Addams）多元族群中的意大利裔。他说那些外人（如非裔、波多黎各人和墨西哥裔）认为意大利裔与意大利有“联系”——如与黑社会和本地选区的政治领导有直接的联系。在这一个案中，认同感和凝聚力是由外人相信族群社区潜在的权力而促成的。此外，尽管许多意大利裔本身没有这种联系，可是外人相信如此，使得这种假定的声誉被信以为真了。最后，一些人意识到这种声誉给予他们很大的权力——尽管是值得怀疑的神话，却发挥了作用。

个人的服装和化妆方面的特征也是重要的族群标志。如印第安女性的服饰就是一例。布瑞曼注意到 DahraDun 印第安人在都市中就将地区性服饰作为族群的标志。然而在许多例子中，都市服装已被视为世界同质化的一项内容。西方的服装——至少是男性在公开场所穿着的服装——已经传遍世界的都市地区。然而，近来的研究显示，在一些次级族群，不同的鞋、头发的不同长度等作为代码仍然有一些微妙的区别。然而这些代码并不一定与原文化相关，而可能与邻里或职业甚至年龄相关。

（二）饮食传统（Food Traditions）

饮食也可以作为维持族群边界的一种符号。一种饮食模式不仅包括消费的食物品种，也包括食物准备形式、上菜顺序和食物组合的形式；此外，禁忌和讨厌某种食物，以及在什么时候消费某种特别的食物等，也是这种模式的一部分。

在许多方面，食物禁忌作为饮食模式的一部分，亦有助于维持一个族群。经常见到的禁忌有穆斯林、犹太人禁止吃猪肉，印度人禁止吃牛肉，以及天主教在星期五禁止吃荤（肉食）。这些禁忌都不是从都市起源的，可是在都市中心的各族群中仍然被保存并作为联系和合作方式，成为区分族群成员的标志。

在某些族群中，一星期当中至少有一餐是自己民族的风味。

有些族群的食物可以为其他族群所采用，并成为其他族群重要的标志。如美国费城南部的意大利裔消费大量贝果（Bagels）①，他们并不认为贝果是犹太人的食

① 贝果是一种食物，由面粉加盐和少许香料制成，先用水煮，然后烤。这本来是犹太人的食品，但现在已为其他民族所接受。

物，也不将其作为一种族群食物，没有关于吃贝果的特别的规矩，正如大多数美国人吃比萨时没有特别的规矩一样。

特别的饮食模式的部分内容会形成严格的制度，进而成为群体的界限。例如在费城，仅有三家希腊饮食店有做菲洛面团（Phyllo Dough）所需的盘子，希腊人家庭分散在整座城市，一星期至少必须来买一次菲洛面团。这样，店主便成为社区交流的重要人物，商店也成为交往的重要场所。意大利裔美国人食品研究协会为满足购买特产的需要而建立了一些意大利特产商品和供应新鲜产品的市场。同样，按犹太教规清洁食品从过去到现在都是犹太人族群的一部分。意大利人在英国建立的第一家企业是特产杂货店，为同胞们提供需要的物品。波多黎各的杂货店除了供应特别食品外，还提供许多其他服务。希腊人和土耳其人的咖喱屋在新西兰移民中也有相当的重要性。

（三）制度机制（Institutional Mechanism）

各类制度被用于加强族群内部关系和交流。那些正式的族群和区域性团体、土语报纸、电台、宗教活动都是基于原文化的。在一个存在严格的婚姻制度的族群（内婚制）中，他们有着很紧密的联系。在城市中的大多数非洲族群仍然重视族群内婚制这一基础，由媒人来安排婚姻，这就提高了族群的独立性。沙克注意到，在古热人群体中，常常由媒人安排城里男人与乡下姑娘成亲。然而，他还注意到，城市中的其他族群相当希望能娶到古热姑娘。假使一名古热妇女离婚了，她有很大的可能性与族群外的人再婚。尽管没有外在环境的支持，但内婚制仍可在短期内持续下去。

在许多非洲城市，异质性族群混合了不同的继承模式。虽然那些父系族群和母系族群有接触，但他们经常由于与子孙相关的问题发生冲突而禁止相互通婚，因此往往选择族内婚，或者选择与有类似继嗣系统的族群进行有选择的族外婚。

在过去，很少有人注意到西非族群的发展并对其进行持续的描述与解释，而其他地方的民族志学家则注意到了这些族群。道蒂和曼金描述了利马的地区性族群，并探讨了这些族群对个人的调适和城市政策的作用。法勒斯（Fallers）编辑了一本书，描述各个历史时期和跨文化地区（19 世纪的中国和现代非洲）的移民族群。我们仅限于涉及与族群符号相关的族群的有关方面。

通常，运动是一个族群活动的中心点。像意大利裔美国人的草地滚球（Bocci）①、印度裔英国人的卡巴迪（Kabadi）等运动的举行就促进了族群稳定。像利马的足球联盟，就是按区域来组织的。印度裔英国人的娱乐活动包括在一年中举行的足球比赛和地方性的运动。在水牛城，板球俱乐部就是印第安人认同的唯一的团体。

在都市中，一项重要的维持族群界限的活动就是庆祝原文化的节日，如在美国

---

① 一种游戏。参加者先掷出小球，然后掷大球，大球离小球近者为胜。

都市中庆祝中国新年就有利于华人的族群联系，意大利裔、波多黎各人也有类似的情况。有趣的是，在许多美国城市中都有一些特别的节日受到重视。

在 1976 年 3 月，纽约市中的印度裔分成两部分来庆祝霍利节，共持续一星期之久。一个庆祝活动是在哥伦比亚大学举行戏剧表演和放电影。另外一个庆祝活动由 Bihax 团体组织在昆士（Queens）学校礼堂举行，它更重视传统的活动。它们都旨在通过印度节日来加强族群认同。

美国许多地区的族群，会在族群节日时举行一些公开的庆祝活动。比如，波多黎各人庆祝其国庆节，意大利裔庆祝其哥伦布节，爱尔兰裔庆祝其圣帕特里克节①。

上面讨论的这种机制是直接来自原文化并且代代相承的。然而许多研究者提到，这种符号的制定是被操纵的，并随时间的推移而变化。亲属制度、婚姻制度以及宗教制度经常变迁，以便族群能把握经济和政治形势。这在非洲都市族群性的文献中是中心点，并有成熟的比较。

（四）边界过程（Boundary Processes）

都市族群边界维持的问题有两个基本方面：一是个人与群体的关系，二是族群边界长期的坚硬性。

我们先就第一个基本方面做一个简单的描述。在长时间内，个人认同的变化对族群边界的维持没有太大的影响。个人通过结婚、改名、改变宗教等，从一个族群认同转向另外一个族群认同，只要这种情况不发展为群体性的脱离，对族群而言就没有什么可怕的。

移民群体研究显示，通常一个族群在城市中的人口、经济和政治方面占主导，其他族群的成员将主张主导族群的认同，以便能最大限度地获得政治和经济的利益。但后者在其他情形下会主张原来的认同，以便最大限度地获得亲属义务和相互帮助。

沙克在试图解释亚的斯亚贝巴人口普查报告时也注意到了同一现象。他发现许多人利用族群关系和联姻来提高他们的地位。

有些不同的因素会影响个人的认同和与某一群体的交往，这一现象可用情态族群性（situational ethnicity）的概念来描述。随着个人某种形式的日益变化，他们可能表现和隐藏其族群认同的行为。此外，处于不同的生活圈，个体对族群性将有高低不同的感觉。时间也会影响族群的认同和交往（某族群活动是一星期、一月或一年举行一次）。有关都市族群性研究的一个问题是没有讨论影响这些现象的相关因素。

另一个值得注意的方面就是原地区存在的文化差异的多样性程度。甘斯和汉勒兹就注意到在美国的意大利裔群体中，地区性的差异引起语言、服装、饮食的差

① 圣帕特里克节是爱尔兰人的一个节日，是为了纪念传说中的英雄圣帕特里克。这一节日在爱尔兰本土并不盛行，在美国却成为爱尔兰移民的盛大节日。每年 3 月 17 日那天，人们穿着绿色衣服游行庆祝。

异，甚至使来自意大利不同省的移民之间产生敌意，但在美国却形成了合并的意大利裔美国人文化。这种合并是一种扩大分类的结果，这在具有同样语言和食物的小文化中也存在，合并会导致人口的均衡和经济政治机会的产生。

在关于非洲的研究中，艾丹·索撒尔称合并为“超族群主义”，而科恩等人称之为混合（incorporation）。那些具有相近的语言、继嗣系统的族群与外部以固有模式反复交往而产生一种由利益集团组织起来的群体。

希雷巴亚斯（Hirabayashi）在对洛杉矶印第安人进行研究时注意到了城市中印第安主义的发展。印第安主义是指本来族群背景极为不同的群体通过政治运动而产生一种美洲印第安人的认同。族群差异包括不同的语言和生活方式（从游牧到农耕）。尽管不同的族群对政治运动有不同的参与度，但差异在逐渐缩小，并且这种差异与人口的比重相关。

对美洲印第安人的政治运动发展的分析很多。普莱士（Price）认为运动是由群体高度的政治化和高度的意识引起的。他提到洛杉矶和蒙特利尔所发生的政治运动的差异，这种差异的一部分原因是印第安人在总体社会中的人口比例，另一部分原因是主体美国人和加拿大人所奉行的与印第安人不同的传统。

这种政治运动在一定程度上受到控制印第安人的制度的影响。首先，这种制度是由占统治地位的白人制定的；其次，他们重视管理印第安人而忽视印第安人的目标。他们的出版物中增加了有关印第安人及其生活的内容。

许多人类学家研究都市印第安人酗酒的高比例，并且选择酒吧作为研究其娱乐活动的主要场所。普莱士认为，洛杉矶印第安人转向酒吧只是近年来的事，因为酒吧已聚集了来自不同族群的印第安人，他们把酒吧视为跨族群联系的地方，这是更广泛的印第安人认同形成的第一步。酒吧活动产生了小集团，并步出酒吧形成了正式的制度、产生了政治意识。

对这种混合过程进行研究的最有成就者之一是派盾。他研究了在尼日利亚卡诺城市中的族群的发展历史。他提到大范围地混合成一个单位的过程并不与原族群相当。这一过程从相互独立的族群的交往开始，最后构成一个有相似价值观的大族群，这种新的稳定的族群产生了与其他族群进行区分的机制。[①]

九、族群研究的问题

现代都市人类学的一个重要课题就是研究族群与社会阶级的关系，这两种因素的相互影响和相互作用是都市社会科学研究的中心。

族群是有边界的单位。在都市社会中形成边界后，实际上其已成为次文化单位。然而，原文化对这一群体的生活方式的影响仍然是个公开的问题。生活方式差

① PADEN J N. Urban pluralism，integration and adaption of communal identity in Kano，Nigeria//COHEN R，MIDDLETON J. From tribe to nation in Africa. Scranton：Chandler Pub. Co.，1970.

异的根源在哪里？为什么是组织化的冲突，而不是阶级基础？族群的特征除了受其原文化的影响外，事实上还受其他结构特征的影响，尤其是族群的经济条件。

甘斯在对意大利裔美国人的研究中指出，意大利裔族群的行为主因是社会经济地位。如工人阶级行为，这些行为包括家庭模式和两性关系、男人在群体中的重要性、对待孩子的态度和方法——这些并不是从原文化而来的[①]。雷马斯德在对工人阶级社区的酒吧生活的研究中指出，类似的行为和价值观合并为一个多元的族群团体。凯恩（Caine）也描述了墨西哥裔美国人的相同模式。他指出，家庭生活的特征、社会交往和价值观的模式等被假定来自原文化的特征实际上是经济条件的结果，而非来自文化继承。格里夫斯（Thomas Greaves）研究了秘鲁的印第安人与梅斯蒂索人（Mestizo）的关系，指出先前认为源自传统的差异事实上是阶级地位的反映。

许多研究表明族群与职业相关。我们强调族群的经济功能，从一定程度上说明族群形成了特定的经济行当，两者之间有紧密的关系。在中国、东南亚、拉丁美洲和北美洲的文献中都能发现这一倾向，这两者与都市组织的基础是不可分的。

垄断某一经济行当的族群和这些族群阶级中的同质性也值得注意。族群中的不同阶级保持着相对独立性。如在非洲的城市中，新的官僚精英不愿意与原族群联合，以减少来自反对党的压力。

都市族群性对族群构成和边界维持很重要。这个过程的一般模式如下：来自不同内陆地区的族群甚至不同国家的人民迁移到都市中心，开始基于共同的原文化进行社会交往。他们一旦有了足够的人数，就会从城市中的其他族群中分裂出来形成另一族群。因为城市结构的本质、反对其他族群的歧视，或者限于合适的经济机会，他们运用个人的网络关系获得工作或发展企业，导致这一族群的成员进入相同的经济行业。社会经济地位的相似性维持和促成了他们的交往模式。

作为一个族群的成员和运用族群性作为认同的尺度并不相同。族群认同感和稳定性是一回事，而作为族群的一部分成为城市结构的要素是另一回事。人们的族群认同感随时有涨有落。诸如，假日或受到外部力量的恐吓等事件可能会增加族群认同的行为。个人为了其自身的目的，常常会主张或隐藏自己的族群认同。然而在城市中，族群的存在是政治经济结构的核心。

第二节　20世纪90年代的广东族群

一、历史上岭南地区的族群与族群关系

笔者在对岭南区域文化的研究中，把岭南按行政区划分为四个区域，即广东、

① GANS H J. Urban villagers. New York：Simon and Schuster，1982.

广西（西北部）、香港和澳门。这几个地方在古代同属岭南的地域范围，因此从文化和族群的角度看有着共同的渊源。本节仅讨论广东省内的族群与族群关系。

如果把岭南视为一个独立的文化区，那么从更大的范围看，它既是大陆文化圈的亚文化区，又受西方文化圈的影响。岭南既是两大文化圈的汇合地，又是两大文化圈交流的中转站。

岭南虽然长期远离政治中心，但自汉武帝统一岭南以来就一直在中央王朝的管辖之下，中原的政治、经济、文化对岭南的影响日益扩大。但是，独特的自然条件，又使得岭南的文化特色被保存了下来。长期以来，广东被称为“岭南”“岭表”“岭外”，是中央王朝的流放地。事实上，广东成为一个省的行政建制，是到明洪武年间才正式设立的。

岭南的原住民是南越族（属于百越的一支），而现有的居民主要是中原的移民。也许有人会奇怪，既然居民主要是中原的移民，那么其文化自然与中原一致，又叫什么岭南文化呢？岭南文化的发展除了受中原政治、文化的影响外，更主要的是与移民相关。在历史上，岭南曾有多次大规模的移民，这些移民不仅带来了中原的文化习俗、生产方式，而且由于迁入时间、地域的差别而在岭南形成了不同的族群。这些移民进入岭南也就进入了一个相对封闭的环境，与岭南原有文化的接触，使得移民本身的文化发生涵化；同时，中原的文化亦在不断地变迁，与迁入岭南的移民的文化差异也就越来越大。

在广东省内，目前主要有四大族群，即广府族群、潮汕族群、客家族群和粤北少数民族。这四大族群的形成与外来移民息息相关。同时，这四个族群也形成了各自的语言、习俗。在当代，这四个族群的文化逐渐趋于融合。

广府族群是最早形成的岭南居民体系。广府人的方言为粤语，即广州话，是岭南古老的语言。根据语言学家的分析，广州话最早可以追溯到秦统一岭南时期。当时大量中原人（称“中县人”）迁入以番禺为郡治的南海郡，与越人杂处，在语言上很自然地产生了相互同化现象。语言的混合，生成了新的粤语方言——以壮侗语为主体并融合了中原古汉语的语音、词汇，大约在东汉时期已形成了粤语方言。随着说粤语方言的人不断迁移，完成了今日广州方言区的分布。虽然广府族群分布很广，但一般都认为珠江三角洲是最具代表性的地区，因此，珠江三角洲文化可为广府文化的代表。珠江三角洲文化最重要的特征是商品意识浓，并且易于接受新生事物和创新。

潮汕族群主要分布在韩江三角洲。韩江三角洲是岭南的第二大平原，在两晋以前，这里的居民是闽越人。自两晋移民高潮以后，中原及闽南的汉族才不断移入，从而形成了与闽南方言同属一系的潮州方言。潮汕族群有自己独特的语言、饮食习惯等文化特色。这里的人商品意识浓厚，以读书为荣，文化素质较高，亦不“安土重迁”。

客家先民是最后进入岭南的一部分中原移民。由于岭南的平原沃土早已为土著及早期移民所拥有，因此他们只好寻找无人居住的荒山僻地落脚，形成所谓“逢山必有客，无客不住山”的状况。客家人住山开垦，过着自给自足、封闭式的家族生活。客家人认为自己的祖先是中原封建望族，即使在迁移过程中也仍然保持着望族的文化意识和封建宗法制度。由于文化优越感，他们不愿与“野蛮”的岭南人来往，宁愿过着封闭、艰苦的自给自足的生活。因而，客家人具有中原汉文化的气质和“诗礼传家”“书香门第”的家风，以及尊师重教的社会风尚。客家人的家族观念极浓厚，以读书上进为荣，因而文化素质高。

岭南除汉族以外，还有黎族、苗族、瑶族、壮族、回族、满族和畲族等7个少数民族。它们分布在35个市县，其中以黎族人为最多。黎族、瑶族、壮族、畲族是广东土生土长的少数民族，一般被认为是岭南古南越族的后裔，因而在文化上保存着古南越族的特征。但是，在长期的历史发展过程中，这些民族逐渐被其他民族（主要是汉族）同化，从主体民族变为少数民族。这些少数民族虽有共同的祖先，但已发展出各具特色的民族风貌和文化特征。

这四大族群具有文化多元的性质。各族群（除少数民族外）尽管无论是族谱还是方志都可以追溯到中原，但实际上并不那么单一。即使是自认为是中原望族的后代的客家人，实际上也是中原移民与当地土著相结合的产物。近年来一些客家人申报少数民族，要求进行民族识别就是其中一例。有些人原为客家人，经民族识别被定为瑶族和畲族等。岭南地区不仅在族群的形成上显示出文化多元，在地理分布上也可以分辨出不同的支系。如广府族群之内的四邑、湛江地区与广府族群的其他地区迥然有别，潮汕族群的海陆丰一带与汕头地区差别明显，分布地广的客家人的一些地方与号称“正宗客家”的梅县差异更大。更进一步分析，各支系仍可细分下去，如四邑地区的台山、新会、开平、恩平，各自的次方言差别很大，相互之间难以沟通，真所谓“百里不同风，千里不同俗”。

“外省人”是指近年来来广东的移民，这些人常被称为“外来民工”“外来人口”等。外省人规模不小，估计总数超过300万。他们虽然绝大多数没有广东省的户口，但实际上常住广东。一些来自不同省份的人集中住在一起，形成了所谓的“四川村”“湖南村”“浙江村”。这部分人大都从事本省人不愿干的粗、重、脏的工作。他们由于各自保持着自己的文化特征，因此实际上已成为广东境内新的族群。

随着各族群交往的增加，各族群原有的地理分布早已被打破，在城镇更是各族群混居在一起。在当代，广东的四大族群集团由于相互之间的交往越来越多，除心理因素外，其他的文化特征已不大明显。这种相互借用和相互促进共同创造了岭南文化，实际上已形成了一个更高层次的族群，这个族群可以被称为“广东人”或“岭南人”，而原有的族群成为次级族群（见图5-1）。

岭南文化既具有广府人的灵活、实用、兼容的性格，潮汕人精明、能干、敢闯的特性，又具有客家人勤劳、勇敢、豪爽、深沉的人格，以及粤北少数民族（古岭南人）不拘礼节、不畏强权、勇于开拓的风尚。现在，虽然各族群仍保持着自己的语言，但是广州话已成为通用语；各具特色的饮食习惯，其精华已成为粤菜菜系的重要组成部分；等等。此种例子不胜枚举。

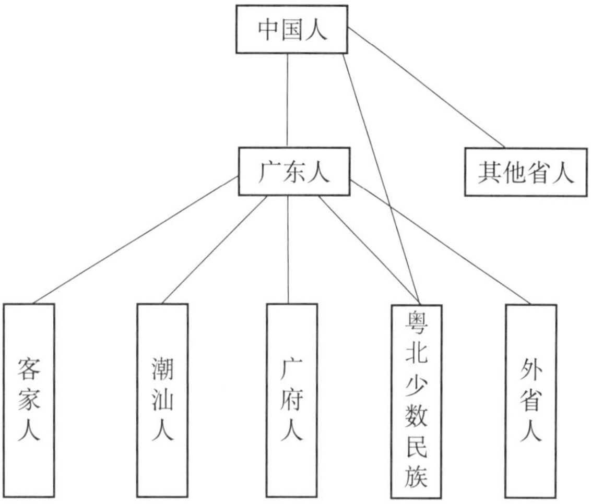

图 5-1　广东各族群认同层次

如果说，明代以前是岭南接受中原移民和受中原文化冲击的时代，那么，明代以后则是岭南人向海外移民，经受海外、西方文化冲击的时代。尽管岭南向海外的移民很早就开始出现了，但是大规模的移民是明末清初才开始出现的。鸦片战争以后出现海外移民的高潮，到 19 世纪末，岭南的几个主要侨乡开始形成。引起海外移民的原因很多，主要是人口的压力、政治上的软弱和分裂、外国的干涉，以及接二连三的自然灾害。大多数移民是单身的男人。移居一般采取两种方式，一是通过苦力掮客，二是连锁移居。这些移民通过汇款和经常回乡探亲与本村保持着密切的联系。在侨乡形成后，岭南的经济文化发生了大的变化：一是华侨回国捐资办学，引进西方近代教育方式，使得岭南人较早地接受了西方近代科学；二是华侨回国兴办实业，使岭南成为近代中国民族工业的摇篮；三是华侨的归国，大量侨汇的引入，既带来了西方的生活方式，亦造就了社会结构中的新阶层。更重要的是，上千万的华侨成为岭南联结外部世界的桥梁。广东成为中国近代革命的摇篮，与华侨密切相关。

二、澳门的族群及其特征

族群的形成与人口的特征有相当密切的关系。在现代都市，不同族群聚集在一起，使得文化的多元性成为重要的特征，族群的冲突和协调也成为当代城市重要的问题。因此，都市人类学研究最重要的主题之一就是族群与族群关系。澳门作为一个殖民城市，其人口最大的特征就是由移民构成，而来自不同的国家、民族、地区的移民将各自的原文化带到了澳门，形成了不同的族群，使澳门的文化变得复杂而又多元。有关澳门族群的研究主要集中在土生葡人这一特殊群体上，而对土生葡人之外的族群，尤其是对占总人口 95%以上的中国人很少论及。笔者对澳门族群进行了实地调查和问卷分析。以下将探讨 20 世纪 90 年代澳门的族群特征及族群发展的方向。

(一) 澳门族群的形成

族群的形成是一个复杂的过程，涉及城市与特定群体之间的关系。城市中多源的移民构成文化的多元性，并成为族群构成的基础。在移民过程中，同一村、同一亲属群体、同一方言群体的成员，为了适应新的环境，会尽可能地聚居在一起，或至少会经常来往。这些居民在政治活动、经济活动中常常会动员整个网络中的成员来参与。这些群体会通过保持原文化或创造新的符号来维持群体成员的认同，这样族群就形成了。

澳门本来是与广东连为一体的，历史上属于广东香山县（今珠海、中山），因此其文化与珠江三角洲的文化本没有什么不同。1553 年后，葡萄牙殖民者占据澳门，将澳门作为中国与西方国家互市的港口和外贸市场，澳门与内地开始分道而行。澳门从一个小渔村迅速发展为商业繁荣的港口城市，人口也快速增长（见表 5－1）。

表 5－1　1555—1990 年澳门人口统计表

年	总人口数（人）	指数	中国人	葡萄牙人	其他国家
1555	400	2			
1563	5 000	25	4 100	900	
1578	10 000	50	4 000～5 000		
1621	20 000	100	7 500	700～800	
1640	25 600	128	20 000	600	5 000
1700	4 900	24.5	4 000	900	
1743	5 500	27.5	2 000	3 500	
1839	13 000	65	7 033	5 612	355
1867	78 080	390.4			
1910	74 866	374	71 021	3 601	244
1920	83 984	419.7	79 807	3 816	361
1927	157 175	785.9	152 738	3 846	591
1939	245 194	1 225.9	239 803	4 624	767
1940	400 000	2 000			
1950	187 772	938.8	183 105	4 066	601
1960	169 299	846.5	160 764	7 974	561
1962	270 000	1 350			
1970	248 636	1 243	240 008	7 467	1 161
1985	290 633				
1990	339 510	1 697.5			
1991	355 693	1 778.4	240 496	101 245	13 952

注：表中指数以 1621 年为 100。

资料来源：黄启臣，郑炜明．澳门经济四百年．澳门：澳门基金会，1994：3. 郑天祥，等．澳门人口．澳门：澳门基金会，1994：25. 澳门统计暨普查局．第十三次人口普查暨第三次住屋普查总体结果. 1993：44.

从表 5-1 来看，澳门人口曾经历几次大的起伏，但总的趋势是上升的，而且人口增长相当快，开埠 25 年后人口就达到了 1 万人。到 20 世纪 90 年代已超过 60 万人（包括流动人口），澳门成为世界上人口密度极高的地区。澳门人口的增长除了自然增长外，主要是机械增长，即外来移民。根据 1991 年的人口普查，澳门出生的人口为 142 697 人，仅占总人口的 1/3，而非澳门出生的移民占总人口的 2/3。因此，可以说澳门是一个移民都市。澳门作为一个移民都市，居民的来源极为广泛，有不同国籍、不同种族、不同出生地、不同宗教、不同祖籍的居民。这些因素促成了澳门文化多元性特色的形成。

澳门最初的中国人族群是以陆地居民和水上居民来区分的。水上居民曾经是澳门居民的重要组成部分。虽然今天大多数渔民已从水上搬到城市公寓中居住，但是他们仍在澳门存在着，并自成体系。渔民有自己的组织、特有的节日和活动。大约在 20 世纪中叶以前，澳门的居民主要来自广东各地，其中最多的是中山人，其次是福建人。在这部分居民中，有些人以澳门做跳板前往香港地区或其他国家；有些人入了葡萄牙籍或其他国籍，随时准备移居他国。中国的居民都是通过同乡会来进行交往和适应的。这些同乡会按照地域的大小可以分成不同的层次，如中山同乡会下面还设有各个乡的同乡会。

此外，中国居民中还有三类不同来源的人，他们归属本地区的程度较浅。第一类是 20 世纪 80 年代通过各种非法途径来澳门定居的人，他们主要来自广东的乡下。因为地位较低，具有乡下人的习惯和口音，与早期移民相比也较穷，所以他们被蔑称为"阿灿"。第二类来自海外，主要是东南亚国家的华人。这部分人大多数是在 20 世纪 60 年代迁入的，会讲粤语，受教育程度较高，属于中产阶级，与本地人相处得也好。第三类是从中国北方来的、讲普通话的人。他们一部分是在 1949 年新中国成立前夕从北方迁入澳门的，另一部分是在 20 世纪 80 年代迁入的。这部分人受教育程度高，但不会讲粤语，不喜欢广东人的文化习俗，因而澳门居民对这部分人较反感。

澳门的族群可以划分为如下几个：

一是"土生葡人"。土生葡人是澳门社会的一大特色，是在澳门发展过程中形成的一个新的族群。关于澳门土生葡人数量究竟有多少，由于概念不同，因而统计的结果也就各异：少者认为 5 000 人，多者认为超过 1 万人，一般认为 6 000～7 000 人。[①] 土生葡人的构成包括：（1）在澳门出生的纯葡萄牙裔居民；（2）在澳门出生的中葡通婚的后裔；（3）在澳门以外出生，迁移到澳门定居并接受当地文化的葡萄牙人。其中，第二类占八九成之多。

这一族群的形成原因主要有二：（1）中葡通婚。中葡通婚的历史不长，约有八

---

① 杨允中．土生葡人：澳门社会稳定、发展、繁荣的重要因素//杨允中．澳门与澳门基本法．澳门：澳门基金会，1994：178-187．台风之乡：澳门土生族群动态．澳门：澳门文化司署，1995：36.

九代之久，但到 20 世纪初才比较普遍并产生了混血的群体。（2）葡萄牙文化与本地文化长时间接触，发生了文化涵化现象，即文化混合。事实上，这一族群的文化具有混合的特征。首先是使用中葡双语，尤其是熟练地掌握葡萄牙语；其次是同时接受葡萄牙和中国两大文化的习俗。但在族群认同上，除了语言、种族和习俗外，最重要的是心理意识上的认同。土生葡人在心理意识上认同葡萄牙文化，自认为是葡萄牙人。这种认同应该是土生葡人定义最重要的标准。笔者认为这种认同与优势文化相关。在澳门的殖民史上，葡萄牙人是统治者，其文化代表优势文化，因此尽管一些土生葡人在体质特征和文化特征上具有更多的中国特征，但是他们仍然愿意选择和认同葡萄牙文化。由于这种文化认同，土生葡人在政治和经济上的地位比其他族群要高。

人类学家卡布拉尔（Cabral）认为，有三种用来识别自我或他人是否为土生的主要因素：（1）语言，某人及家庭与葡萄牙语的任何联系。（2）宗教，包括个人和家庭与天主教的任何认同方式。（3）欧亚混血。这三种因素中的每一种都可以作为识别澳门土生葡人的基础。在特殊情况下，只具备其中一种或两种因素也可以被认为是土生葡人。①

二是广东族群。他们大多是来自珠江三角洲地区的移民，占澳门总人口的大半，因而是澳门文化的主要载体。其文化习俗与珠江三角洲的大同小异，与内地的文化、经济联系也比较紧密。如前所述，广东族群还可细分为广府族群、潮汕族群、客家族群。这些族群移民到澳门，仍然保持着鲜明的次文化特色。如保持自己的方言和次方言，保存原有的风俗习惯；居住在相对集中的区域，通过同乡会之类的组织加强同乡之间的联系和与原文化的联系；在职业上，广东人从事着比较低层的工作，尤其是新移民，以打工者为多。

三是福建族群。福建人是较早的移民，估计有 5 万人。其中，来自泉州、厦门一带的移民相当多。他们除了拥有独特的方言外，在职业上以经商为多，居住也相对集中。由于在语言上与台湾地区方言相同，因而这一族群与台湾地区有相当多的商业联系。

此外，还有其他国籍的人形成的族群，如菲律宾人、泰国人等。

也有学者把澳门人口分成三大族群，即葡萄牙人、土生葡萄牙人和中国人。实际上，20 世纪 70 年代中期在澳门定居的葡萄牙人大多数已融入澳门土生社会。在 20 世纪 80 年代来澳门的葡萄牙人（主要是行政官员）则与土生葡萄牙人保持一定的距离。这一部分葡萄牙人数量相当少。中国人可以分成小的族群——主要是根据故乡、语言和与澳门的亲疏程度来划定的。

---

① 卡布拉尔．澳门族群的构成//“澳门土生人”特辑：人类学、历史和文化．RC 文化杂志（中文版），1994（20）．

（二）澳门的族群边界

族群边界是区分族群、维持族群凝聚力以及各族群成员认同的要素。澳门的族群边界主要有如下几点。

第一，移民来自不同的出生地（见表5-2），将不同的原文化汇聚到澳门。

表5-2　澳门人口的主要出生地

出生地	澳门地区	中国内地	香港地区	葡萄牙	菲律宾	泰国	其他	总计
人数	142 697	179 028	12 192	3 625	1 965	1 998	14 188	355 693

资料来源：澳门统计暨普查局．第十三次人口普查暨第三次住屋普查总体结果．1993：43.

由表5-2可见，澳门人口主要出生于中国内地，其次为澳门和香港地区。此外，其他在澳门定居的有印度人、安哥拉人、莫桑比克人、英国人、法国人、意大利人、美国人、加拿大人、墨西哥人、秘鲁人等。据1970年的调查，这些国家在澳门定居的有1 161人，占全澳门人口的比例不足0.5%。从人口的出生地，可见澳门移民的多元性。同时，中国内地的移民大部分是近些年移入的，主要为青壮年劳动人口。这些移民带来了其原文化，其原文化成为区分族群的重要边界。

第二，澳门人口的国籍也是多元的（见表5-3），这使得居民具有不同的国体和政体认同。这种不同的国体和政体认同，强烈地影响着人们的族群认同。从表5-2和表5-3中可见，葡萄牙籍人数量大大超过出生于葡萄牙的人，成为澳门主要的外籍居民。据统计，1970年有葡萄牙籍人7 467人，其中“土生”的达6 647人，占葡籍总人数的89%。这部分人具有混血的特征。

表5-3　澳门人口的主要国籍

国籍	中国	葡萄牙	英国	菲律宾	泰国	其他	总计
人数	240 496	101 245	6 308	2 170	726	4 748	355 693

资料来源：澳门统计暨普查局．第十三次人口普查暨第三次住屋普查总体结果．1993：62.

第三，澳门宗教信仰具有多元性。澳门虽然人口不多，地方不大，宗教信仰的种类却不少。从妈祖信仰等中国的民间信仰，到世界上的三大宗教——佛教、基督教和伊斯兰教信仰均有（详见表5-4），而且这些大的宗教还可细分为不同的支系。不同的宗教体系高度集中于一地，并能和平共处，这反映了澳门文化的包容性。值得注意的是：(1) 无宗教信仰者超过有宗教信仰者，表明宗教生活并没有成为澳门生活方式中的主流。(2) 有宗教信仰者所信仰的宗教并不集中，大部分信仰其他宗教，这正是居民来源过于复杂和分散的表现。(3) 虽然每一种国籍的人口的信仰很分散，但仍可看出一些集中的趋势，如葡萄牙籍人以信仰天主教为主，中国籍人以信仰佛教和其他宗教为主。中国各地的民间信仰差别很大，往往成为划分地方群体的要素。如福建人与广东人的民间信仰就有较大的差异。

表 5-4　澳门人口与宗教信仰

宗教信仰	国籍						
	中国	葡萄牙	英国	菲律宾	泰国	其他	总计
佛教	41 232	15 874	899	36	438	1 190	59 669
天主教	4 273	16 689	537	1 863	22	601	23 985
基督教	3 713	1 843	241	133	—	275	6 205
其他宗教	37 524	10 523	626	103	162	591	49 529
无宗教信仰	153 754	56 316	4 005	35	104	2 091	216 305
总计	240 496	101 245	6 308	2 170	726	4 748	355 693

资料来源：澳门统计暨普查局．第十三次人口普查暨第三次住屋普查总体结果．1993：58.

第四，澳门语言具有多元性。澳门人口来源复杂，使得语言也相当复杂。从表 5-5 可见，有中文、葡文、英文和其他语言。过去虽以葡文为官方语言，但实际交流中使用的是中葡双语。语言是维持族群边界的重要因素，因而多种语言、方言、次方言在澳门得以保存。如中文中虽以广东话为主，但普通话、闽南话，以及各种次方言都在各群体内部交流时使用。

表 5-5　3 岁以上居民日常用语言情况

中文				葡文	英文	其他	总计
广东话	普通话	其他方言	小计				
289 297	4 016	32 217	325 530	6 132	1 777	3 838	337 277

资料来源：澳门统计暨普查局．第十三次人口普查暨第三次住屋普查总体结果．1993：71.

第五，风俗习惯具有多元性。族群的差异在这方面相当明显。首先是民俗、神话、舞蹈、文学、音乐等表现文化。澳门举行的文化艺术节集中地体现了表现文化的多元性，将各族群的音乐、舞蹈和绘画都集于一堂。“澳门离岸文学”“澳门土生文学”的兴起，正是各族群意识增强的表现。其次是饮食传统。澳门的饮食文化是多元的，既有以葡萄牙餐为代表的西式饮食，也有东南亚的饮食，中国的各大地方菜式也应有尽有。虽然各族群的饮食已经发生了混合现象，但在特定的节日、仪式和场所，仍保持着族群自身的饮食特色。最后是节日喜庆的差异。各族群的节日，尤其是不同国家（如中葡）的节日差别很大。葡萄牙人以天主教节日为主，中国人则以传统节日为主。丧葬喜庆的方式更是各异，虽然许多中国人接受了天主教的婚礼，但是其葬礼仍保持各族群的特色。

从族群边界的构成上，可见澳门文化的多元性。而澳门文化的多元性，使得澳门的族群呈现出复杂性。一是族群多，二是语言多，三是层次多。这些使得澳门族群的认同变得更为复杂（见图 5-2）。

由此可见，澳门的族群相当复杂。一是族群还可以细分，如广府人之下还可以分为中山人、江门人、新会人等。二是有多层的认同。如广府人既认同广东人和中国人，可能还认同葡萄牙人。三是澳门人还无法整合澳门境内的各主要族群。从表 5-6 可见，澳门新移民的原住地相当集中。居民来源的相对集中往往容易形成圈内文化。

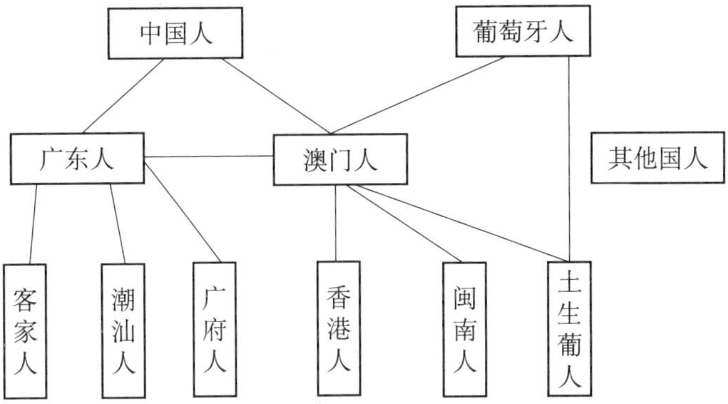

图 5-2　澳门族群认同

表 5-6　澳门新移民的原住地（抽样样本 200）

原住地	广东省								福建省			其他省市
	中山	佛山	珠海	广州	江门	阳江	湛江	梅州	福州	泉州	厦门	
数量	84	20	19	2	43	3	1	1	3	19	1	4
比例	42%	10%	9.5%	1%	21.5%	1.5%	0.5%	0.5%	1.5%	9.5%	0.5%	2%

资料来源：陈欣欣．澳门社会初探．万事威顾问及业务公司，1992.

（三）澳门族群的特征

澳门虽小，其族群却很多。澳门独特的地理和社会环境造就了澳门族群的特征。

1. 族群划分的复杂性

澳门族群具有相当的复杂性，因为无论是语言、国籍，还是出生地和宗教，都不能作为族群划分的单一标准。其一，从国籍来看，无论来自什么地方，出生于澳门的人大多具有葡萄牙籍身份；而葡萄牙籍的人往往会双语，或更多种语言。其二，同一国籍的人往往信仰多种宗教。虽然澳门以信仰佛教和天主教为主，但是信仰同一宗教的人相当复杂，包含出生地不同、国籍不同、语言不同的人。其三，从语言来看，虽以广东话和葡文为主，但仍然有其他的方言和语言并存。总的来说，广东话越来越流行，已成为日常通用语。其四，澳门人口规模小，居民成分复杂，因而难以形成共同的对澳门的认同。在澳门回归以前澳门人自我认同意识的强化是比较晚近的事。

2. 与原文化联系紧密

澳门在地理上与广东连在一起，其居民也大多来自广东或其祖籍为广东，因而与广东各方面的联系相当密切。历史上，广东的居民多次把澳门作为避难地。表 5-1 显示了澳门人口的几次大的波动，如 1899—1900 年的义和团运动和 1924 年的广州商团事变。在抗日战争时期，澳门人口从 1939 年的 25 万人增加至 1940 年的 40 万人。在经济上，两地之间的联系更为密切，澳门与珠江三角洲的经济几乎是同时腾飞的，这正是两地经济联系增强的一个表现。一方面，珠江三角洲人在澳门开设窗口；另一方面，澳门人在珠江三角洲投资设厂。在血缘上，澳门95%以上的居民的祖籍在中国，而其中绝大多数来自珠江三角洲。现在，许多家庭仍分居两地，珠江三角洲的部分家庭有澳门亲属，有一些家庭则是丈夫或妻子在澳门，只有周末才回家。[①] 两地人来往也相当频繁，珠江三角洲人去澳门旅游的很多，也有不少企业家、商人经常往返两地；澳门人很少没有来过广东的，许多人逢年过节（尤其是清明节）都要返回广东。从族群的交往来看，两地族群的交往密切，如同乡会之类的民间社团不仅交往频率高，而且交往范围广，从娱乐活动到经济活动都有。除此之外，两地通过传播媒介的交往也很频繁，如电话、传真、广播、电视、报纸等，尤其电视和报纸是两地文化互相传递的重要工具。

3. 族群与政治地位

人类学的研究表明，族群与阶级、政治地位密切相关。在发展中国家的城市里，某些族群是占据统治地位的上层阶级，而某些族群处于社会底层。澳门的族群与一定的政治地位相关。最初，葡萄牙人处于最高的地位，其次是土生葡人，而中国籍居民处于最底层。在1988年澳门当局的领导和主管367人中，高级公务员几乎全部来自葡萄牙本土，中级公务员除葡萄牙人外都是土生葡人。据1992年的资料，在621名科级以上的公务员中，中国籍居民仅占9.6%。[②] 律师、公证人、法官等高收入阶层也大都是葡萄牙人和土生葡人，当地中国籍居民极少能进入这类行业。大的企业和公司也都由非中国籍居民垄断，中国籍商人的成长只是20世纪60年代以来的事。

此外，族群地位随着澳门政治的变化而变化。

澳门的政治史可以分为这样几个阶段：第一阶段是16世纪至19世纪中叶。这一时期澳门由葡中官员共同管理。这时，虽然葡萄牙人占据统治地位，但本地中国人仍有些影响力。直到1846年，亚马留任澳门总督，将中国官员赶出澳门，对澳门实行全面的殖民统治，这是第二个阶段。这一阶段葡萄牙人处于绝对的优势地位，而中国人仅仅是葡萄牙统治下的臣民。1966年“一二·三”事件后，葡萄牙政府的权威低落，中国政府的影响力增强。“一二·三”事件本身就是中国人反对葡萄牙高压政策的结果，也为土生葡人提供了机会。澳门葡萄牙当局实际上是与普通民众脱节的政府，来自葡萄牙的官员不懂中文，而土生葡人一般都懂双语，便于与葡萄牙人和中国人沟通，当然也有些本地中国人借此而崛起。1974年葡萄牙政府承认澳门是中国的领土，澳门开始进入非殖民化时期，这是第三阶段。至1987年4月《中葡联合声明》正式签署生效，澳门进入后过渡期，这是第四阶段。这一时期葡萄牙人逐渐撤退，土生葡人与当地中国人的竞争日趋激烈。

4. 族群与职业

从上述特征可见，不同的族群具有不同的地位。一开始，葡萄牙人占据了高层

---

① 孙九霞，周大鸣．浅析粤澳文化关系：以对斗门县乾务镇的初步调查为例．广州社会，1996（1）.

② 吴志良．澳门政制．澳门：澳门基金会，1994：147－148.

的职业，尤其是政府公务员。土生葡人的职业主要有两类：一类是政府机构的中级公务员；另一类是葡萄牙人与中国人利益之间的调解人，如律师、公证人、秘书等。从职业可以看出土生葡人的两栖性和中介性。中国人的旧移民中除了低级公务员、经商者外就是普通职员。新移民主要从事体力重、危险性高和工资低的职业，如建筑业工人。

（四）澳门主权回归对澳门族群的影响

澳门自进入非殖民统治时代以来，开始注重自身的物质建设和文化建设。随着经济的起飞，中国人的经济实力增强，并逐渐步入政治舞台。另外，香港和内地大量资金的投入，一方面扩展了中国人文化的影响，另一方面也成为澳门当地中国人政治活动的后盾。进入后过渡时期后，在“本地化”的浪潮中澳门的族群将朝什么方向发展呢？族群的关系将如何？这些问题是人们所关注的。笔者认为，以下三个方面是澳门主权回归对澳门族群最重要的影响。

1. 政治上的整合，不平等制度的瓦解

随着 1999 年的到来，澳门主权回归，澳门政府成为中国政府辖下的一部分。尽管《澳门基本法》规定现行的政治制度不会有大的变动，但事实上葡萄牙人的殖民特权丧失，土生葡人失去过去的优越地位，过去族群不平等的制度也不可能持续下去。在一段时期内，族群意识因为政治动员和政治利益的需要而加强。比如土生葡人为了维护自身的既得利益，一直在强调利益获得的合理性和维护土生葡人利益的长远意义；本地中国人集团也在动员族群的力量以争取更多的权益。

2. 澳门“三化”政策的实行对族群的影响

为了实现平稳过渡，澳门政府提出了“三化”政策，即法律的本地化、公务员的本地化和中文的官方化①。这“三化”实质上是紧密相连的。澳门过去的司法权被全部掌握在葡萄牙人手中，法律法令的条文全部使用葡萄牙文，司法人员全部是葡萄牙人，司法过程中使用的语言也是葡萄牙语。法律的本地化，除了法律条文的中文化以外，亦包括司法人员的本地化和语言的双语化。从表面上看，“三化”政策激起了族群之间的矛盾，但“三化”政策的实质在于促进族群之间的文化交流。如土生葡人过去一般仅会讲广东话，而很少会普通话及书面语，中文官方化的规定迫使他们不得不学普通话；同样，过去中国人中的知识分子很少有人愿意学葡文，而现在学习葡文的人多起来了。但是，学习语言的总的趋势是学习中文和英文的人增加。

3. 文化上的融合与族群的融合

澳门政府实行的是文化多元化的政策，这种包容宽松的文化政策客观上促进了各族群的友好交往和文化融合。首先是香港、内地文化的影响进一步加深，促进了中国文化的整合。本来，澳门的中国人由于方言和习俗的差异，分化成了次级族

---

① 马克平．濠镜//澳门三化论文集．澳门社会科学学报，1994（12）．

群。但是，香港和广东传媒的辐射，使得粤语和粤语文化成为整合澳门中国人的力量。土生葡人为了适应环境，也不得不接受粤语和粤语文化。

族群间通婚的普及进一步促进了族群的融合。族群之间的通婚是族群融合的重要因素，马戎对蒙汉通婚的调查和笔者对藏汉关系的调查都说明了这一点[①]。澳门族群间的通婚很早就开始了，土生葡人就是欧亚混血的结果。从居民结婚配偶的国籍也可见族群间的通婚状况（见表 5-7，当然国籍与族群并不完全吻合）。

表 5-7 1986—1990 年澳门居民结婚配偶之国籍统计

妻子的国籍	丈夫的国籍			
	总数	中国	葡萄牙	其他
总数	11 121	6 153	4 253	715
中国	6 636	5 003	1 310	323
葡萄牙	3 854	988	2 560	306
其他	631	162	383	86

资料来源：郑天祥，等．澳门人口．澳门：澳门基金会，1994.

由表 5-7 可见，夫妇均为中国籍的最多，占 45%；夫妇均为葡萄牙籍的位于第二位，占 23%。有三分之一的婚姻是异国配偶。异国配偶中最多的是葡萄牙籍丈夫、中国籍妻子，占 11.8%；其次是中国籍丈夫，葡萄牙籍妻子，占 8.9%。在过去，通婚绝大多数是单向的，即葡萄牙籍丈夫、中国籍妻子，并且中国籍女性被认为是地位低下的（笔者认为这是族群歧视）。过去中国籍男性娶葡萄牙籍女性，必须放弃中国人族群身份、归化天主教、取欧洲名字，并以讲葡萄牙语为主，因而这类婚姻的例子极少。现在从国籍来看已接近平衡。从单向婚姻向双向婚姻的发展，一方面反映了中、葡籍族群趋于平等，不再强迫一方接受另一方的文化，另一方面反映了异族通婚的普及和文化的混合。

澳门意识的加强，促进了各族群的整合。澳门地小人少，在殖民统治下，居民只能逆来顺受，没有主人翁感；或是把自己当作匆匆过客，把澳门作为通往他国的跳板，对澳门没有归属感。当殖民者撤退，主权回归，一个高度自治的澳门出现后，人们开始自省：澳门人是谁？澳门文化是什么？澳门处于什么样的地位？澳门的前途如何？这些问题，都是过去很少有人思考的。澳门在历史的转型时期唤起了澳门意识。这表现在很多方面：一是居民对政治的关注和参与，而在过去，居民对政治是极少关注的。二是人们对澳门历史的关注。人们修复古建筑和教堂、庙宇，建立历史博物馆，从历史中看到了澳门在中西文化交流中的重要地位。三是知识分子关注对澳门的研究，在澳门回归前不到 10 年的时间里出版了近百部关于澳门的著作，召开了多次关于澳门的学术讨论会。这一方面宣传了澳门文化，另一方面也将澳门文化系统化。四是澳门“三化”政策的实行，因为“本地化”实质上就是“澳门化”。那么，首先就要认识什么是本地化或澳门化，要认识澳门文化的特征是

① 马戎．民族关系的社会学研究//周星，王铭铭．社会文化人类学讲演集．天津：天津人民出版社，1997：498. 周大鸣．夏河县的族群与族群关系．特刊稿．

什么、澳门的特征是什么、澳门人的特征是什么。五是澳门的表现文化，尤其是文学以及传媒唤起了民众的澳门意识。而澳门意识的升华，促进了人们对更高层次的族群——澳门人的认同。

在澳门族群的形成中，语言发挥着重要的作用。据一些学者的研究，澳门不同语言和方言之间的相互借用与混合早已发生。巴塔亚把葡萄牙语、英语和粤语混合而成的语言称为“澳门语”①。但他所称的澳门语是以葡萄牙语为主体的“洋泾浜”。而如今，澳门语以中文为主体是毫无疑问的。

总之，随着两地经济的整合，以及 1999 年后政治上的整合，澳门在文化上也将趋于整合。这种文化的整合也就是人类学上所称的“文化涵化”。随着文化涵化的加速，澳门众多的族群文化认同也将越来越趋于一致，族群的融合指日可待，那时也许会产生一个不同族群基础之上的族群——“澳门族群”。澳门族群将是一个以汉民族为主体，融合了澳门其他族群的“多元一体结构”。从澳门族群的形成，我们可以窥见中华民族多元一体格局形成之一斑。

第三节　国外族群与跨国移民

一、广州的韩国移民及其文化适应

在一个多族群社会中，当主流族群成员和非主流族群成员的文化适应策略取向较为一致时，族群关系趋于和谐和有秩序，而当处于不一致的情况时，族群关系趋于冲突和区隔。另外，文化同化和多元化是族群文化适应的重要理论模式，与社会学的两大理论——秩序理论和冲突理论相关。秩序理论受涂尔干影响，将社会视为整体，各部分相对平衡，社会秩序得以维持的基础是族群间的价值共识。而这一价值共识达成的过程便是文化同化的过程。冲突理论来源于马克思，它认为，社会维持秩序靠的是压迫而非共识。冲突理论强调族群间的不平等，关注族群间的支配-从属模式，因此偏向于文化多元化的理论。②

全球化的过程一定程度上是文化适应的过程，对文化适应的研究是现代社会不可回避的现实。西方关于文化适应研究的理论已有很多成果，国内的研究则相对缺乏。面对多元化的现代都市社会，多角度地探讨文化适应的问题既是迫切的，也是必需的。我国是多民族杂居且人口流动性较强的国家，应当参考西方的文化适应研究成果，结合中国族群的现实特点及研究理论，研究和解释中国各多元文化社区的

---

① 巴塔亚．澳门语：历史与现状//“澳门土生人”特辑：人类学、历史和文化．RC 文化杂志（中文版），1994（20）.

② 麦格．族群社会学．北京：华夏出版社，2007：93.

族群文化适应方面的诸多问题。本节以在广州的韩国移民的文化适应为例，对上述问题加以反思。

（一）广州的韩国移民的迁移历程

1992 年 8 月，中国与韩国正式建立外交关系，中韩两国在诸多领域开始有了了解和互动。韩国自 20 世纪 60 年代以来的经济发展政策，推动了韩国社会、经济的发展。两国建交以后，韩国开始大量地进行对华投资和贸易。到 21 世纪初，中国已经成为韩国最大的贸易伙伴和投资市场。随着政治、经济关系的良性发展，越来越多的韩国人来中国寻求发展机会。据韩国人协会介绍，近几年，每年来中国旅游的人次达 500 万之多，且长期居住在中国的韩国人约有 70 万人，这一数字还在持续增长。

广东作为中国经济发展较早、较快的省份，有着发达的经济和开放的文化，是韩国在华投资不可回避的区域，珠三角的发展也引起了韩国政府的重视。在 2000 年，广东与韩国的经济贸易总额已经达到 79 亿美元。2001 年，为促进广东与韩国的经济、贸易及文化等方面的合作关系，韩国在广州设立了“大韩民国驻广州总领事馆”，旨在推进韩国与广东的多方面合作关系，积极支持活跃于华南地区的韩国国民与企业开展活动，并维护韩国国民的权益与安全。到 2011 年，广东与韩国的国际贸易总额已达到 511 亿美元①。

随着经贸关系的发展，越来越多的韩国企业和组织进驻广州，如 2007 年韩国旅游发展局在广州成立办事处，韩国国民银行在广州设立分行。同时，政治上的关系也越来越深化，据报道，广州与韩国的光州成为友好城市。广州与韩国之间的关系越来越深化，企业、组织的进驻，政府友好关系的发展，促使越来越多的韩国人来到广州投资、工作、学习和生活。

刚来广州的韩国人除了政府派驻人员外，基本上是从事贸易的韩国人，他们选择居住的区域与他们的生意和对城市的熟悉度直接相关。刚来到的韩国人对广州十分陌生，因此往往在交通枢纽、市场附近的小区居住。远景路接近广州的老机场，临近火车站及附近的批发市场，因而成为他们的第一选择，而远景路也逐渐成为韩国人聚集的第一个社区。随着来广州的韩国人数量越来越多，韩国人在广州的组织、团体不断完善，组织内的互助功能增强，对城市的了解增加。出于群体工作的需要和对居住环境等各方面的要求，部分韩国人开始从远景路分散到其他的区域居住，但总体来讲，他们仍喜欢很多人居住在同一个社区或相邻的小区，渐渐地形成了目前韩国人在广州的居住格局。

在广州的国际性移民中，由于地缘关系及文化相似性，日韩两国移民规模最大，且已形成明显的聚居特点。根据媒体的报道，在华韩国人在数年之内已经发展为全球最大的韩国人共同体。据统计，目前在中国内地定居的韩国人有约有 70 万

---

① 数据来源于大韩民国驻广州总领事馆官方网站：http：//overseas. mofa. go. kr/cn-guangzhou-zh/lndex. d。

人，“这相当于韩国一个中等城市的规模”。目前在中国境内的外国人中，韩国人的数量最多，而且仍以每年 6 万到 7 万人的速度递增。在广东省内，韩国企业约有 2 000 家，韩国侨民约有 4.5 万人，大部分是大企业特派员、商家驻外代表、贸易生意人员和留学生等等①。据大韩民国驻广州总领事馆的人介绍，韩国人在广州的规模在 2.5 万人左右，分布在远景路、天河北、番禺星河湾和新港西等地。

（二）广州的韩国移民的居住格局

在广州的韩国人在空间分布上主要有四大片区，分别为远景路片区、番禺星河湾片区、天河北片区和新港西片区。除了这四大片区以外，在珠江新城、花园酒店、江南西、十三行、黄埔大道西等地点也零散分布着一些韩国人，但相对于以上四大片区，聚集规模较小。其中，第一大片区——远景路片区既是韩国人最早聚居的地方，也是目前广州的韩国人最多、韩国餐馆和韩国商店最为密集的地方。这里已经形成了完整的“韩国生态”，成为广州颇有名气的“韩国风情街”或“韩国美食街”。远景路附近分布着 10 余家韩国商店，大小 30 多家韩国餐馆，形成了一定的聚居规模，也是多数刚来广州的韩国人首选的落脚之地。第二大片区是天河北片区，这一片区是广州较为繁华的市中心，交通便利、居住条件优越且距工作地点较近。随着领事馆和大教堂的迁入，越来越多新来的韩国人在此片区聚居，在此居住的韩国人多数是领事馆、贸易馆等政府派出机构的工作人员，部分是在广州的韩国企业的高层管理人员，等等。第三大片区为番禺星河湾片区，这一片区居住着约 3 000 名韩国人。这里的韩国人由两大部分组成：一是韩国企业的高层管理人员，二是长期在中国从事贸易的韩国人。他们有自己的班车，可以乘坐班车上下班，或周末去韩国人教堂做礼拜等。第四大片区为新港西片区，居住着上千名韩国人。这里的韩国人主要是来中国大学留学的大学生，或从事布匹贸易的韩国人等。另外，在广州的其他地区也零散分布着上千名韩国人。

在片区内的居住社区选择上，在广州的韩国人居住的社区相对集中，且每个社区及周边区域均有相对完善的生活设施等配套机构，每个聚居区均有韩国人的商店、韩国人的理发店、韩国人的餐馆等，而且韩国人在广州有韩文的报纸和杂志。在聚居区内（他们多数租住在当地的高档成熟社区），他们较少与当地的中国人接触和交流，除配合租住登记以外，基本上不参与社区管理等各项事务。在教育（学习汉语和教授韩语等）、餐饮、服装、皮革等领域，他们渴望与中国人交流，并希望将韩国人在这些方面的文化特质传播给中国人。在与中国人的交往过程中，他们会回避中韩文化冲突的话题，并且强调韩国在中国经济发展中的作用和帮助，以及中国在社会、经济的发展过程中存在的各种问题。

总体而言，在广州的韩国人在选择居住地点方面呈现出四种主要的特征。一是选择韩国人较为聚集的地方。群体性聚集会更加有利于韩国人对中国社会、文化的

① 参考 2007 年 10 月 8 日《广州日报》。

适应，以及更加方便地学习和生活。二是选择较为成熟的社区。多数韩国人会尽可能选择中高档的成熟社区，在他们看来，这些社区的居住环境较好，可以为他们带来安全感和生活便利。另外，部分韩国人追求高品质生活，对新兴的社区、别墅区较有兴趣。三是个体差异明显。居住地的选择受自身经济地位、社会地位、工作需求、个人品位以及适应能力的影响，这也是导致在广州的韩国人聚集的四大片区存在群体特征差异的主要原因。四是空间分布在一定程度上对应着职业分布。四大片区分别聚集着四类不同职业的韩国人群体，职业群体的聚集有利于韩国人集体适应和互相帮助。

（三）广州的韩国移民的社会组织及内部特征

虽然在广州的韩国人只有25 000人左右，与广州本地的上千万人相比，规模确实较小，但韩国人社会中也有明显的群体差异现象。韩国人社会分为多个不同类型的群体，有的群体拥有更多的经济财富，有的群体拥有更多的权力和声望，有的群体既没有太多的经济财富也没有很高的权力和声望，而有的群体仅仅因为宗教信仰不同或者有同一宗教信仰但做礼拜的教堂不同而被区别开来。广州韩国人群体的主要构成有韩国派驻机构群体、贸易群体、留学生群体、企业高管群体、随行家属群体等。各个群体因为基督教的存在而被整合成一个大的韩国人社会整体，各群体内都有自己的圈子和社团。韩国人社会的群体有着明显的社会分层的现象。

广州韩国人社会的分层主要有以下几个特征：第一，韩国人社会的分层是在广州的韩国人的一个重要的社会特征，但不是单个韩国人个体差异的反映。韩国人社会的分层特征塑造着每一个韩国人在广州的生活状况，因为所处的群体不同，在广州的韩国人的生活有着很大的差异。第二，韩国人社会的分层特征具有代际延续性。在广州的韩国人社会中，不同韩国人群体的特征具有一定的代际延续性，体现在韩国人的父母对待孩子的教育的态度及对孩子的成长道路的选择上。在远景路做生意的韩国人群体的下一代往往较少在中国生活，他们把子女留在韩国，接受韩国的教育，希望孩子长大后能够继承他们的生意。而在天河北的韩国人群体和番禺星河湾的韩国人群体中，虽然也有一部分人选择把孩子留在韩国，但更多的人把孩子接到广州，在广州接受教育。第三，韩国人社会的分层不仅涉及财富、权力和声望，宗教信仰的不同，甚至同一宗教信仰下集会地或者说教堂的不同也会导致韩国人社会的群体差异。虽然韩国人自称在选择礼拜教堂时，往往遵从就近原则，也就是说他们一般会选择在距离自己的学习、生活或工作的区域较近的教堂做礼拜，但是实际上，对三座韩国教堂的调查显示，几乎一半以上的韩国人并没有遵从就近原则，而朋友聚集及介绍、职业相似性、杂志广告信息等诸多因素是其选择教堂的重要原因。大规模的教堂具有对中国人社会的排他性，是多数韩国人的选择，而接纳中国人的家庭教会参与的韩国人群体较小。参与大型教会的韩国人，均有强烈的民族意识和族群优越感，社会地位和声望也较高；而参与家庭教会的韩国人，多为留学生和普通工作群体，在韩国人社会中的地位稍低。

（四）小结：广州的韩国移民的文化适应

对在广州的韩国人来说，在中国学习汉语是他们了解中国文化、融入中国社会的关键所在。一方面，他们以韩语来表明他们与中国人不同，并跟中国人区隔开来；另一方面，他们积极地学习汉语，了解语言背后的文化逻辑，希望能够融入中国社会。除了学习汉语以外，他们也会积极地向中国人提供韩语的学习和培训，以增加相互之间的了解。在广州，韩语培训学校有很多，主要类型有三种：第一种是中国人开办的职业的韩语培训学校，老师既有中国人也有韩国人；第二种是韩国人开办的韩语培训机构，老师和开办者均为韩国人；第三种是韩国人的基督教会开办的汉语和韩语培训机构，但它相对封闭，其中面向韩国人教授汉语的比例较大。借助语言培训学校，他们一方面传播韩语及韩文化的理念，另一方面积极地与中国人互动，了解中国的社会和文化现状。

韩国人在广州有多种多样的媒介为其提供服务。韩国人在中国的网站有很多，为全体在中国的韩国人服务。还有十多种报纸、杂志为在广州的韩国人提供各种各样的服务。另外，在技术支持的基础上，在有些韩国餐馆、公司、基督教会等可以观看到韩国电视台的节目。报纸和杂志是广州韩国人社会的两种主要媒介，他们有十多种报纸和杂志，并且所有的报纸和杂志几乎全部是用韩语书写的。他们在广州有一家专门的印刷厂。这些报纸和杂志是联系韩国人社会的个人、团体、组织的最佳手段。

对外来族群来说，为尽快地融入主流族群和主流社会，重要的是与主流族群进行互动，参与主流族群的活动，并得到他们的接纳和包容。对广州的韩国人社会来讲，不同类型的韩国人群体与中国人的接触和互动层次不同。以学缘、职缘、宗教缘为基础的韩国人群体相对其他人有更多的机会与中国人互动，且互动对象也有一定的范围和层次。也就是说，留学生群体、语言培训机构以及家庭教会里的韩国人和中国人互动较多，对象也多为有一定文化素质的人。另外，由于韩国人社会居住分布的特点，聚集区的互动也呈现出团体性互动的特点。韩国人喜欢各种形式的聚会交流，受“缘分主义”的影响，他们积极地参与所能接触到的中国人的各种活动。如韩国留学生朴同学及金同学，参加了他们所在班级组织的所有正式活动，以及中国朋友组织的各种非正式的聚餐、聚会、喝酒等活动。除此以外，他们也会积极地组织各种聚会，与中国人进行交流，但前提是，他们所组织的中国人必须与他们直接或间接相熟，或者有某种“缘分”。在各种活动中，他们一方面学习和练习自己的汉语，另一方面向相熟的中国人请教关于中国的各种各样的问题，同时介绍韩国社会文化的状况。

然而，韩国人十分紧密的内部联动，使韩国人群体具有很强的团结性，这种团结性在文化实践的过程中容易演变成封闭性和排他性①。大多数韩国人组织是封闭

① 田艳．文化聚合与文化推进：在京韩国人组织与文化的人类学解读．北京：中央民族大学出版社，2014.

的，至少对中国人社会保持着排他性，韩国人在组织中得以团结和凝聚，并从中得到精神归属感、情感归属感和文化归属感。组织的存在彰显着韩国人对自身文化的坚持，保证了自身文化在异质社会中依旧“纯洁”，使韩国人不被中国的文化同化。

“身土不二”是韩国文化价值浓缩的概念。广州的韩国人社会是一个文化的共同体，它发挥着潜在的文化力量而达到文化成熟，它的价值在于促使个人把与生俱来的潜力最大限度地发挥从而实现自我。[①] 在“身土不二”思想的影响下，韩国人认为只有韩国土地生产的产品才最适合韩国人的身体，所以一切消费品都坚持采用韩国自己生产的。“身土不二”本身是 20 世纪 80 年代韩国政府推动民族产业发展的策略，后来才发展为韩国民众坚持的一种精神理念，并在一定意义上是韩国人独立自强、自力更生的民族精神的象征。“身土不二”的思想在韩国影响很大，韩国人普遍认为韩国的产品总是优于进口商品，只有韩国本土的东西才是最好的。随着韩国人移民到另外一个国家或地区，这种“身土不二”的情结依然存在。作为外来族群，在广州的韩国人除了在物化的产品上最大限度地实现“身土不二”以外，在与中国人的社会互动和文化适应过程中，他们心理上也有着强烈的“身土不二”情结，这也是他们在现实生活中自我区隔的文化逻辑。

“身土不二”作为韩国人族群精神的象征和概括，在韩国人文化适应的过程中得以充分体现。虽然在广州的韩国人多以年轻人为主，但大多数韩国人知道“身土不二”这个词的历史来源和文化象征意义。这个词本身年代较为久远，甚至有些韩国人自己都认为它是过时的词，但是这个词所象征的韩国人的精神为韩国人所普遍认可。他们认为，正是这种精神和理念使韩国人成为一个有凝聚力的共同体，能够拥有更强的意志和更好的方法来实现韩国社会和个人的发展并取得相应的成就，这种精神是让每一个韩国人奋进的逻辑动力。不管这种认识具有多大的主观性，这种理念都已经很明显地影响了韩国人的思维方式和生活方式。

总体而言，在广州的韩国人有着自己的特点。他们在广州的时间均不长，大多数人不能算作真正意义上的移民，这也是目前他们的适应策略有别于诸多学者所探讨的适应模式的原因所在。随着时间的推移，他们能否长期居住在中国，成为严格意义上的移民尚未可知，而到时他们将采用怎样的适应策略，值得我们进一步观察与探讨。

二、“巧克力城”的出现：广州非裔族群的生存状况及调适[②]

（一）广州的非洲移民的迁移背景

自 2000 年以来，越来越多的非洲人从东南亚等地转移到广州谋求发展。很多

① 任成彬，洪军．关于基督教对韩国社会发展的影响的思考：以现代化过程为中心．韩国研究论丛，2002：243-273.

② 周大鸣，许多天．结构洞视角下在穗非洲导购中介商社会网络研究．民族研究，2017（3）.

研究者的调查给出了不一样的结果。据广州市社会科学院黄石鼎研究员的调查，截至 2008 年，广州市存在着大约 10 万[①]非洲人，其中定居的有 2 万人左右，且每年以 20%左右的速度增加[②]。然而，定居并不是表示他们在广州购置了房产和汽车，而只是表明他们逗留的时间比较长。他们基本上持一年一签的护照。调查显示，很多长期逗留广州的非洲商人更愿意租房和租车。

在广州的非洲人大致可以分为三类：(1) 从事商业贸易的商人；(2) 进行留学培训的学生；(3) 出卖劳力的劳工。其中第一类——从事商业贸易的商人在整体中占到了大多数。这类商人多在广州从事货物采购贸易：他们来到广州后，选择需要购买的货物类型和数量，将中国生产的制造品收购后，联系运输服务公司，将其打包运回本国国内，自己则带一些随身的货物回国。其贸易范围包括低端电子产品、轻纺织品、五金产品、家用电器，以及一些建筑材料等。在这类商人中，因为签证时间的限制，大多数只在广州待上两个星期，之后就会回国或是去其他地方。

（二）族群特征及宗教信仰

在广州的非洲人的来源地有北非、西非、东非以及非洲中南部地区的国家，其中包括尼日利亚、喀麦隆、几内亚、利比里亚、刚果、尼日尔、塞内加尔、安哥拉、加纳、索马里、马里、赞比亚、坦桑尼亚等国家。由于这些国家与中国的外交关系具有差异性，因此这些国家来华的人数和中国政府对来华人员的审查与管理都是有所不同的。例如，一名来自尼日利亚的商人 Reax 先生就跟我们提及，在他看来，由于他的祖国（尼日利亚）与中国在石油能源开发和制造业产品销售上有着良好的贸易往来，因此从他的祖国到广州来的人数还是比较多的，而且在出入海关的手续上较其他一些国家而言要方便一些。从坦桑尼亚过来也是比较方便的，因为在 20 世纪 70 年代中期，中国对坦桑尼亚做过许多无偿的援助。

由于来自不同的国家和地区，因此他们在广州也会有自己不同的社会关系和交往网络，不是所有的黑人都是相互认识的，更多的情况是，他们往往由于来自同一个国家或地区而组成一些小群体。在群体网络中，他们共享一些资源，交换信息，互帮互助。迁移人数较少的非洲国家会以国为单位组成小群体；而迁移人数较多的国家，像尼日利亚、赞比亚、科特迪瓦、加纳、刚果等，会形成几个不同的社会群体来帮助当地的商业贸易。

除了来源国家和地区不同之外，其宗教信仰和所持的语言也是区分在广州的非洲人的重要维度标准。从宗教信仰层面来看，在广州的非洲商人群体有两种主要的宗教信仰类型：基督教和伊斯兰教。而从语言层面来看，非洲商人群体所使用的语

---

① 有关这一数据的讨论，众说纷纭。《非洲》杂志于 2010 年 8 月第 12 期发表了文章《十万非洲人怀梦闯广州》一文，认为在穗非洲人大约有 10 万，香港大学的博多莫副教授也在其文章中认为在穗非洲人大约有 10 万。可参见：博多莫，肖玉华．全球化时代的非中关系：在华非洲商贸团体的角色．西亚非洲，2009 (8).

② 黄石鼎．在穗外国人生活状况调研报告．北京：社会科学文献出版社，2008.

言包括英语、法语、西班牙语、葡萄牙语以及一些非洲本民族的土语，如刚果和安哥拉的人都喜欢用刚果语。其实，这与他们的来源国所经历的殖民地历史有关。信仰基督教的非洲商人多来自西非和东非沿海的国家，这些国家曾是西欧诸国的殖民地，因此他们的官方语言大多数受到了宗主国的影响，而在宗教信仰上皈依了天主教。在每周的礼拜日，很多信仰基督教的非洲商人会在海珠广场附近的圣心大教堂进行礼拜活动。

（三）导购中介——人际关系的枢纽

大批的非洲商人来到广州的目的是购买工业或电子产业的制成品，之后将其转运至非洲贩卖或使用。而他们来到广州后，并不是直接去联系供应这些商品的中国本地商家，而是先去一些贸易中介机构，寻找商品导购中介。中介既可能是小型的公司（一般由3到5人组成，在广州本地注册），也可能是个人，或是由多个工作组组成的比较大型的中介服务机构。从非洲来的购货商人向这个商品导购中介提供自己的货物购买清单，利用这个商品导购中介掌握的珠三角地区的商品分布状况等地方性知识，来选取最为有利和便捷的商品购买渠道。这些商品导购中介常常会有自己的货物供应网络，遍布于珠三角地区，其中既包括布匹、辅料、成衣等轻工业制成品，也包括机床等重工业机械类制成品，以及像手机、电脑、数码相机等高新电子产品。不仅如此，这些商品导购中介对于所定购货物的运输、报关及出关的手续都有自己内部的运作流程和操作人员，从而能使非洲来的客户享受一条龙的便捷式服务。与此同时，这些商品导购中介在客户闲暇的时候还会带他们充分享受珠三角地区的乡土文化和商业氛围，例如去游览一些名胜古迹或者夜间出入一些高档夜总会和商务会所。导购中介在非洲购货商人与中国本地供货商人之间起着类似于桥梁的作用，使双方的信息资源得以流通。人们一般会把他们看作贸易服务中介，但他们更多地称自己为商品导购人或导购人，他们不仅承担商贸活动的中介服务，还具有多元文化背景下的交流融合和传播媒介的作用。

由于中国人和来广州的非洲人基本上都不会使用对方的语言，在具体的交流过程中，双方常常会因此遗失很多重要的信息，甚至会产生很多误会。导购中介们不仅可以使用流利的英语和法语，有的甚至会刚果语等非洲地区性语言，也可以流利地使用中文进行交流沟通，使双方的信息交流得以顺利进行，这是其能占据这个贸易网络连接点的重要原因之一。

虽然导购中介们都是来自非洲各个国家的生意人，但是，由于在广州居留了较长时间，他们不仅对中国的生活习俗和日常礼仪十分熟悉，而且对中国人如何处理人际关系（如讲面子、拉关系等等）并不陌生。另外，作为为商品贸易提供服务的导购中介，他们对广州以及珠三角地区的专业批发市场的分布状况，以及交通出行和货物运输方式等专业性、地方性很强的信息，都很熟悉，这让很多在广州生活多年的本地人都觉得不可思议，很多中国商铺老板评价这些导购中介们“比中国人更懂中国人，比广州人更了解广州”。

导购中介群体利用自己的语言能力优势和在双方人际关系网络中的影响力，为双方解决了误解和冲突，不仅方便了双方更进一步交流，加强了双方的联系，减少了摩擦，而且有利于改善双方在形成相互评价和态度时所呈现出来的负面因素。简而言之，导购中介群体们在此所发挥的不仅是商业贸易交易网络中的网络连接点的桥梁式作用，同时也是不同文化体系之间的媒介作用。

本章结论

都市族群是都市人类学很重要的主题。

在前工业城市中，职业、族群和邻里交织在一起，构成具有共同边界的成员团体。但是，在都市工业的城市中或者在发展中国家的城市中，职业、族群和邻里这三个团体并不是交叠在一起的，也很少享有共同的边界。然而，如果一个族群垄断某种职业或是共同居住在同一区域，他们共同维持边界是非常重要的，团体能够为个人的行为带来支撑力量，同时这些团体也是城市中的基本结构。

文化源和劳动分工对利益群体的产生来说是基础。作为集体化过程的动力，文化源因素比劳动分工更重要。依都市关联，两者随时间的变迁也是非常重要的。由于个人生活史和社会团体（职业、族群、邻里身份团体）之间的关系是可以通过在田野工作中与大量报道人的接触而获得的，因此都市人类学家要了解这些团体在一个多样化的文化聚落中的转变是可能的。

通过观察三个主要部分——职业、族群、邻里阶级，本章分析了都市族群的个人认同及效忠团体的程度、团体内部整合程度、边界封闭和与其他团体分离的程度。此外，本章还指出了一些都市族群的边界维持方法，比如内婚制、传播媒介分划、崇拜的分划、某些特别商品的需要和服务、语言符号等等。

第六章

人口迁移与都市发展

虽然自古以来人口迁移便是世界各地的普遍现象，但是人口迁移研究受到重视却是晚近的事情。其重要性越来越显著，究其原因有三：首先，世界各国（不论是发达国家还是发展中国家）的人口自然增长率普遍下降，区域内的人口增长与人口迁移密切相关。其次，第三世界国家中乡村人口大量流入都市，使都市地区原有的就业、住宅、教育、公共设施等不足的问题更加严重。最后，发达国家住在大都会的人口有向非都会区分散的趋势。

在现代开放社会，交通发达，运输便利，各地之间信息来往频繁，使人口迁移成为一种普遍的社会现象。本章研究人口迁移的五类问题：

（1）人口为什么会发生迁移现象？

（2）什么样的人会迁移？

（3）迁入地和迁出地各有什么特征？

（4）迁移者对迁出地有何影响？

（5）迁移者对迁入地有何影响？

第一节　人口迁移理论

到目前为止，迁移的理论和迁移的实证研究相当不完善，而且理论的缺陷大大影响了实证研究。这些理论往往只适用于某一特定的时间和特殊的文化背景，而且多属于描述性的。迁移理论不完善的原因有二：一方面，人口迁移的现象复杂，与生、死相比，人口迁移涉及的因素更多，包括原住地的因素、迁入地的因素、中间阻碍因素，以及迁移者的动机和行为；而且，迁移的定义不像出生或死亡那么明确。另一方面，大部分学者有实证研究的取向，因而大部分研究倾向于发现通则，进行事实报告，描述不同地区的迁移量、迁移特征、差别迁移率等现象。由于这些限制，要提出一套完整且深具说服力的迁移理论极为困难。

一、推拉理论

简单地说，推拉理论（push-pull theory）认为迁移发生的原因是原住地的推力或曰排斥力（push force）和迁入地的拉力或曰吸引力（pull force）交互作用。推力和拉力的种类有很多，因人而异。

推拉理论隐含着两个假设。第一个假设认为人的迁移行为是理性的选择；第二个假设认为迁移者对原住地及迁入地的信息有某种程度的了解。迁移者在对客观环境的认识的基础上，加上主观的感受与判断，最后才决定是否迁移。推拉理论认为，对原住地及迁入地情况的了解有助于解释人口迁移的现象。但是美中不足的是，对迁移过程中的有关问题不能从推拉理论中得到合适的答案。

（一）拉文斯坦的迁移理论

拉文斯坦（E. G. Ravenstein）的理论是据 1881 年美国人口普查有关人口出生地及居住地的资料分析、归纳而成的。之后，他参考了 20 多个国家的资料，将迁移法则归纳为以下七则[①]。

（1）迁移与距离（migration and distance）：人口迁移受距离的影响，一般倾向于短距离的迁移，长距离的迁移只限于移往工商都市中心；离中心越远，迁移人口越少。

（2）迁移呈阶段性（migration by stages）：人口迁移常呈阶段性，大商业中心吸引周围乡镇的居民迁入，这些人迁入大都市后留下的空缺，则由更远处村庄的居民递补，如此逐步影响到更偏远的村庄；反之，大城镇人口向外扩散也是阶段性的，由近而远地向外扩散。

（3）流向与反流向：人口迁移中，流向（stream）与反流向（counterstream）同时存在。

（4）城市迁移倾向之差异（urban-rural difference in propensity to migrate）：城镇居民比乡村居民更少迁移。

（5）短距离的迁移以女性居多。

（6）技术与迁移（technology and migration）：运输、交通工具与工商业的发展使人口迁移增加。

（7）经济动机为主（dominance of economic motive）：虽然受歧视压迫、沉重的税负、气候不佳、生活条件不适等因素也是促进人口迁移的原因，但是，仍以经济因素最为重要。人们为了改善物质生活而迁移的情形最多。

拉文斯坦认为拉力对迁移的影响比推力大，因为多数的迁移起因于人类改善生活的动机，且他们相信迁移后能实现这种愿望。

（二）库利舍的理论

库利舍（Eugene Kulischer）从技术和经济的角度，探讨了迁移的规律。

（1）若技术保持不变，则经济结构也可能保持不变，因而在一特定地理范围内，只要有未被利用的自然资源，人口就会继续增加，直到资源被用尽时，人口就

① RAVENSTEIN E G. The law of migration. Journal of the statistical society of London，1885，48（2）.

会往其他地方迁移。假如能迁到一块空旷的地方，且此地是和平的，则人口增长的过程会再重复。假如邻近土地已被人占用，则战争随之发生。假如攻击者胜利，则被攻击者将逃亡而攻击其近邻，如此连锁涉及数千里之外。假如攻击者失败，则战争将持续一段时间，导致人口减少，原有土地足以维持土地上的人口之生活，就不会发生迁移。在部落社会中，人口的迁移与部落间的战争经常是相关联的。

（2）假如技术改变，经济结构就可能改变，人口也会随之调整。经济扩展，人口增加；经济萎缩，人口减少。人口对生活水准的期望仍是人口数量的决定因素，因此扩充经济可以代替战争和移民。

（3）有三种技术的创新对人口的迁移有不同影响：直接增加经济基础的技术创新，推动迁移发生；改进交通运输的技术创新，使迁移更容易；与军事有关的技术创新，使一个群体更容易攻击另一个群体。

（4）与经济无关的政治社会结构改变（如宗教迫害），对人口数量、经济情况、技术、迁移等事件会有连锁性的影响。

库利舍认为，迁移乃平衡人口数与可运用资源的关系的反映。他认为，迁移不可能用人为的移民法律永远加以阻止。只要世界上的国家经济发展不平衡，人口的迁移就将永无止境。①

（三）厄文特·S. 李的理论

厄文特·S. 李（Everett S. Lee）的迁移理论共分为四大部分：

1. 迁移的因素

迁移的因素有四种，即原住地因素、迁入地因素、中间阻碍因素和个人因素（见图 6－1）。

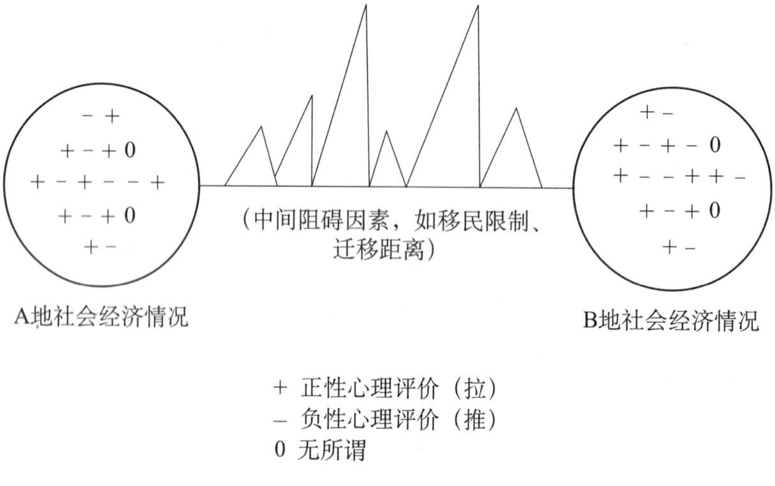

图 6－1 迁移的因素

① 廖正宏．人口迁移．台北：三民书局，1985：99．本章的第一、二节主要参考了该书。

在每一个地方都同时存在着吸引某些人的因素（用＋表示）以及排斥某些人的因素（用－表示），或对某些人而言无关紧要的因素（用 0 表示）。

两地之间所存在的因素，因个人主观的感受而有别，虽然很难明确区分何者为原住地因素，何者为迁入地因素，但是仍可大致区分某一类迁移者对某种社区特征反应是否敏感。

对两地正负因素的判断的差别与个人生命周期（life cycle）的阶段相关。就大多数人而言，原住地是他长大的地方，烦人的负担很少，他年轻、健康、对家乡的情感浓厚，因此可能高估正的因素；相反，迁入地乃是其创业、奋斗、挣扎和适应的地方，因此他可能会有错误的判断，而高估负的因素，低估正的因素。

中间阻碍因素，例如迁移距离或迁移费用，也因人而异，有小孩者和无小孩者差别就很大。

最后，就个人因素来说，一个人的个性、智慧、敏感程度、对其他地方认识的程度、与外界接触的情形都会影响他对原住地和迁入地的判断。

因此，迁移的决定很难是完全理智的。对某些人而言，理性的成分多，非理性的成分少；对另一些人来说，则理性的成分少，非理性的成分多。

但实际上，并非所有的迁移者都是自己做决定的，例如小孩随父母迁移，太太随丈夫迁移。[①]

厄文特·S. 李用这些因素来解释人口迁移的数量、人口迁移的方向和迁移者的特征。

2. 人口迁移的数量

（1）在一定范围内，人口的数量随各地差异程度（degree of diversity）而异。两地差异程度高，则迁移量大，因为差异程度高，机会增加，足以吸引那些对原住地不满的人迁入。但这种说法不一定正确，例如语言障碍会减少迁移的数量，澳大利亚土著居住区与大城市之间移民的数量很少，虽然差异程度高。

（2）迁移的数量随人群之差异（diversity of people）而不同。若人群的同质性高，如种族、宗教、教育、收入、信仰等相似，则迁移量少。李认为，差异暗示着不同团体间可能存在着可供追求的机会。如美国开拓西部，犹太商人随行。在美国，只要有对特殊职业的需要，就会有专长于该职业的移民团体移入。例如，华人的洗衣业是应当地的需要而产生的。

对不同种族或族群的歧视也与人口迁移相关，如美国黑人集中到都市的某一居住区。当少数族裔被同化后，原来的差异会逐渐减少。但是，现代社会又会产生其他差异，例如高级专门技术人才与普通职业者。

但李并没有讲清因果关系，即究竟是因为差异才产生迁移，还是因为迁移才产生差异。李认为差异产生迁移，但事实上很多差异是在迁移后才产生的。

（3）迁移的数量与克服中间障碍的难易有关，这是显而易见的。

---

① LEE E S. A theory of migration. Demography，1966，3（1）.

(4) 人口迁移数量随着经济情况的变动而变动。经济循环在很多方面影响人口迁移的数量，但是最重要的还是影响人们对原住地、迁入地因素的评价。当经济景气时，有些地方发展快，有些地方发展慢。人口会向经济发展快的地方集中。

(5) 除非有某种限制，否则迁移量和迁移率会随时间而增加。因为时间越长，区域间的差异程度越高，从而使迁移量增加。经济发展的不平衡，使各地的差异扩大。

技术的改进和交通的发展减少了迁移的阻碍，促使迁移量增加。再者，迁移行为本身也会助长进一步的迁移。人一旦离开从小长大的地方，就更容易迁移。当第一次迁移的障碍被克服后，之后迁移的障碍就不太难克服了。

李的说法虽有一定的正确性，但有关地区间的差异随时间而增加，继而增加迁移量的说法值得商榷。时间并不是无限的，当某地发展到某种程度时，其发展速度会减慢，而原先的不发达地区，其发展速度反而会加快。

(6) 迁移量和迁移率因不同国家、不同地区发展的状况而不同。理由类似于上一点。发达国家的迁移率远高于发展中国家。美国有相当高的境内迁移率，每年在每一百个人中就有五个人改变住处，而发展中国家的迁移率远低于美国。高速发展使得人们对经济机会的扩充与萎缩反应增快。

3. 人口迁移的方向

(1) 人口迁移有几个特定的方向：一是移民通常会集中在某些特定的地方，二是迁移者通常会遵循别人走过的路径。先前的迁移者把关于迁入地的消息传回原住地，而且已经或多或少地克服了迁移的障碍，后来者则方便得多。

(2) 主要迁移的流向往往伴以反流向。反流向产生的原因如下：迁入地正的因素可能消失，或迁入地经济不景气，或对原住地及迁入地的正负因素重新评估。迁移者通过对两地的接触，会在原住地发现以前未发现的机会或利用在迁入地的关系回到原住地创业。沃森对香港新田移民的研究表明，许多移民在青年时到伦敦开餐馆，在年老时“叶落归根”返回香港居住。近年来香港前往加拿大的移民，因为在加拿大难以谋生，或找不到相称的职位，产生了大量移民回流现象。

(3) 流向效率 (efficiency of stream)，即流向与反流向之比。

(4) 中间阻碍 (intervening obstacles) 大时，流向效率高。因为当中间阻碍大时，迁移者必须谨慎而行，不能轻举妄动。就某种程度而言，流向与反流向的迁移阻碍是一样的，回流会遇到同样的阻碍。如由我国经济落后地区迁往富裕地区，中间阻碍大，迁移不容易，回流就少。

(5) 流向效率因经济情况而异。当经济不景气时，很多人会迁回老家或迁往其他“较安全”的地方。美国在 19 世纪 90 年代经济大恐慌时，城市人口回流较多，就是受到了经济情况的影响。

4. 迁移者的特征

(1) 迁移具有选择性。迁移者并非原住地人口之随机样本。迁移之所以具有选择性，乃是因为不同的人对原住地与迁入地之间的正负因素做出不同的反应，且有不同的能力来克服迁移障碍。

（2）对迁入地正的因素做出反应的人做出正选择。这些人本来可以不必迁移，但因为看到远处的机会，衡量两地的利弊后选择迁移。如受教育程度高的人或专业技术人员，在原住地已有舒适的生活，但别的地方有更好的机会吸引他，所以他选择了迁移。

（3）对原住地负的因素做出反应的人则做出负选择。就一般而言，在原住地经济失败的人，往往会被迫离开。

（4）迁移的选择，具有两极（bimodal）倾向。对任何原住地而言，有些人外移受迁入地正的因素影响，这是正选择；有些人则受原住地负的因素影响，这是负选择。

（5）正选择的程度随克服中间阻碍的难度而加深。

（6）生命循环的阶段与迁移选择有密切的关系。

（7）迁移者的特征介于原住地人口与迁入地人口之间。

二、经济学观点的人口迁移理论

用经济学观点解释人口迁移的现象，有两种理论较常为学者们所使用。第一种理论以新古典投资理论为基础，重视劳动力之再分配（reallocation），以芝加哥学派的舒尔茨（T. W. Schultz）为代表。他把境内迁移视为人力资本、投资成本与预期报酬之架构。预期报酬包括迁移者因预期迁移后机会更佳所能增加的收入。投资成本包括现金成本（如迁移后在食物、住宅、交通等方面增加的支出）和非现金成本（如在旅行和找工作时所减少的收入，以及心理成本，如想家、紧张等）。年纪大的人较少迁移，因为他们终生所能增加收入的期限较年轻人短。此外，在迁移上的投资往往伴以附属的投资（supplement investment），这可以解释何以两地的收入相差悬殊，但却少有迁移发生。[①]

第二种理论以哈佛学派为代表，其代表人物是库兹涅茨（Kuznets）和汤姆斯（D. S. Thomas）[②]。他们认为经济发展与人口的再分配乃是由一些互相关联的变量连接的。他们假设：经济改变是决定人口再分配的因素；人口再分配影响经济发展。

他们认为，一个国家任何时间的人口分布都可被视为对经济机会的调适，而经济机会的分布则受技术改变的影响，因为这种过程的发生在各区域并不均衡。与技术进步的速度相比，区域间出生率与死亡率差别的增长速度太慢，而不能有效地调整所需的人口以适应经济机会，所以迁移乃是这种调整的主要机制。因此，技术改

---

① SCHULTZ T W. Reflection on investment in man. Journal of political economy，1962，70（5）.

② KUZNETS S，THOMAS D S. Population redistribution and economic growth in the United States：population data，1870－1950. Philadelphia：American Philosophical Society.

进通过区域间人口迁移使人口重新分配。

人口变化影响区域间人口与经济机会的平衡，会导致区域间的人口流动。消费需求结构的改变与生产组成的关系间接影响人口的再分配。其他消费形式的改变（尤其是在个人层次上，例如退休，延长教育，对公共设施、福利的重视）直接影响境内迁移，即影响人口的再分配。

经济发展促进人口再分配的结构改变的四个层面，与境内人口迁移尤其有关。

(1) 在经济加速发展的地区，当要决定某种设施的位置时，现有的人口分布只是一个考虑因素。当对其他地点因素的考虑超过对人口因素的考虑时，由于发展的结果，人口与经济机会不协调的情形就发生了。

(2) 区域间自然增长率的差异，以及经济发展的差异，对劳动力的需求的发展速度并不一致。

(3) 虽然与乡村地区相比，都市地区往往是快速发展的地方，但是其人口自然增长率满足不了对劳动力的需求。

(4) 经济结构趋向更大且非个人的经济单位，受雇人更多且更容易迁移。

短时间的迁移成本可能会影响经济发展，但是就长时间而言，迁移有助于经济发展。

总之，自拉文斯坦提出人口迁移法则以来，人口迁移的理论并未有突破性的进展，仍以情境取向（situation oriented）理论为主流。不同学科对迁移原因的解释，与其说是观念的差异，不如说是用语的不同。对迁移的研究具有跨学科的性质。

第二节　人口迁移概说

一、人口迁移的基本概念

在人口迁移（human migration）研究中，迁移（migration）、流动（mobility）、移动（movement）三个名词被交替使用。迁移是通称，既包括长距离的移动，也包括短距离的移动。移动往往是短距离的。流动则是指社会流动（social mobility），即一群人或一个人社会地位的变动，但社会地位的变动不一定会使居住点发生改变，反之亦然。给人口迁移下定义看起来简单，但实际上很难。一般给它下定义主要包括三个要点：迁移是人在空间上的移动；迁移是长期性住处的改变；迁移可为个人的行动或团体的行动。

二、人口迁移的分类

人口迁移的分类方法有很多，有的按时间、距离、跨越的界线、牵涉的单位、人数等分类，有的按动机、社会组织、经济因素等分类。最常见的分类方法是先以地理为大分类，然后采取其他特征做参考。

（一）按地理范围分类

（1）国际迁移，指跨越国界，可分为移入（immigration）和移出（emigration）。

国际移民可以分为：暴力和集体移民，指由于战争、侵略、征服或逃难而引起的迁移；非暴力或集体的殖民，如地理大发现时代的殖民运动、华工、菲佣等；和平的、自愿的个别移民。

（2）境内迁移，即国内迁移，可分为跨省、跨地区等层次的迁移。

（二）按迁移原因和结果分类

皮特森（Petersen）在 1985 年将迁移分为：原始迁移（primitive migration）、强制迁移（forced migration）、被迫迁移（impelled migration）、自由迁移（free migration）、大众迁移（mass migration）。

（1）原始迁移并不限于原始人的迁移方式。这种迁移的主要力量来自生态环境的压力，主要的关系是自然与人的关系。当自然环境受到破坏后，人类所采取的应对方式只有两种，即改善环境和逃离，这取决于生产力水平的高低。不过在现代社会，一些地方由于生态环境的破坏，如核污染，迫使居民远走他乡。

（2）强制迁移和被迫迁移的力量来自政府、国家的压力，如迁移政策。

（3）自由迁移的人数远少于大众迁移，因为生性好奇或为了改善生活而愿意背井离乡、冒险到人生地不熟的地方的人为数不多。但是，当开路先锋开辟出一条迁移的路线后，迁移就会成为一种成型的模式，从而形成一种集体的行为。

关于迁移的类型，可以参见表 6-1。

表 6-1　迁移的类型

关系	推动迁移的力量	迁移的类型	迁移分类	
			保守的	创新的
自然与人	生态推力	原始迁移	采集、游牧	逃离原住地
国家与人	迁移政策	强制迁移 被迫迁移	移植逃离	奴隶买卖 苦力买卖
人与规范	改善生活的愿望	自由迁移	团体	开路先锋
集体行动	社会行动	大众迁移	垦殖	都市化

三、人口迁移的动因

人口迁移的动因是多样化的，主要包括如下这些因素：

（1）经济活动机会。追求高收入，改变工作环境。

（2）生活水准的差异。物质方面，包括衣、食、住、行；精神方面，包括教育、娱乐活动、社会组织、社会交际，以及满足感、安全感、成就感等。

人口的合理性移动，是各国或各地区有计划地开发产业，以该国或该地区的劳动力人口为主体，在长期的产业发展过程中持续在区域内移动。大量人口移动支持了国家整体和特定地区的经济产业和社会的发展。当然，生活水准的标准是多种多样的，人们也就会有不同的选择。

四、人口迁移的影响

人口迁移对人类组织和生活的影响可从五个角度来看：对迁移者本身的影响，如改变迁移者的生活、知识、经验、态度、信仰；对原住地的影响；对迁入地的影响；对两地之间（intervening space）的影响，亦即迁移行为对原住地与迁入地之间的空间的影响；对整个社会结构（structural context）的影响。其分析架构如图 6－2 所示：

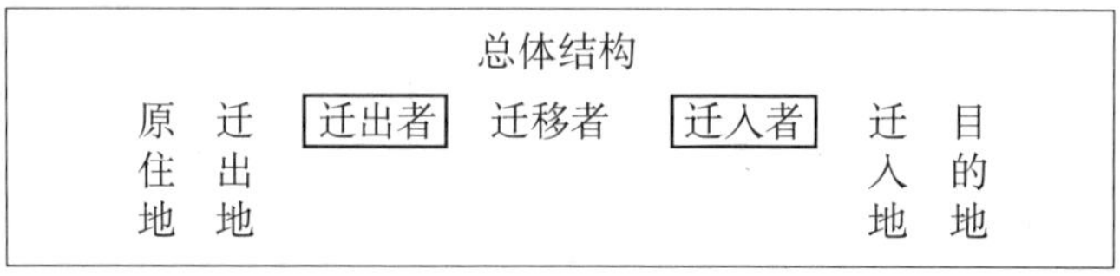

图 6－2　分析架构

（一）迁移者

了解迁移者的动机可进一步了解迁移者对社会、经济、教育或其他机会的评价。迁移对迁移者的影响来自环境的改变，这种环境包括：物质、社会、文化、经济或这些因素的复合。当环境改变时，迁移者可能采取调适的措施以适应新的行为规范。即使迁移者迁到与原来的社会环境颇为类似的地方，物质环境的改变也会对其心理产生影响。

假如迁移者对他的迁移感到满意，且将信息传给原住地的亲友，则可能产生连锁性的迁移。

（二）原住地和迁入地

由于迁移的选择性，迁移对原住地的社区而言，乃是失去具有某种年龄、性别等特征的人群，而对迁入地的社区而言则是增加具有此特征的人群。了解迁移者的特征，有助于了解迁移对两地的影响；而要知道迁移的影响，对迁移量的了解固然重要，对迁移的特征更不可忽略。

1. 对人口的影响

迁移者的政治信仰、社会态度、创新和保守性格对原住地的影响要比对迁入地大。例如，具有创新特质的人迁出，对原住地的领导结构可能有很大的影响，对迁入地的影响则难以评估。

2. 对经济的影响

迁移一方面可以减少迁出人口增长的压力，另一方面又可以给迁入地提供经济发展所需的劳动力，对迁入地与迁出地两个地方都是有利的。迁移可以加强经济建设，刺激大城市的工业化，加强两地的接触，进而促进经济发展。

世界上，许多国家在不同的发展阶段吸引了不少的移民。美、德、法在其工业化初期，大量吸收外来移民；瑞典在战后经济发展时，也吸收了大量劳动力。

如果没有人口迁移，工业化和现代化就不可能产生。但是，人口迁移不一定能产生工业化和现代化。在非洲及其他发展中国家，人口迁移有时是一种对外在压力的反应，或是对乡村人口增长的反应。

3. 对政府和社会文化的影响

包括：增加城市的紧张、犯罪；可能导致权威、家庭显著改变，对夫妻关系、子女管教方式、家长权威和家人关系都有影响；移民团体的亲属关系会发生变化。

4. 对区位分布的影响

任何迁移都是人口再分配，而人口再分配影响到人口、社会、经济、政治等方面。迁移在迁入地的区位分布中扮演重要角色。迁移对教育、职业、种族和文化背景具有选择性，因此可能使都市地区的某些社会群体在分布上互相隔离。语言、宗教、文化、职业团体的隔离，很多是差别迁移的结果。因为迁移的选择使人的再分配具有某种特质。

（三）促进了城市化的发展

城市化与人口迁移密切相关，许多城市是移民城市。如中国深圳，在 1979 年设市时只有 3 万人，经过 10 余年的发展就超过了 100 万人，其居民绝大多数是移民。

（四）中间地区

关系不大，借道而过。

（五）总体结构

所有的迁移都在社会、经济或政治的因素中发生，这些因素在某些方面联结原住地与迁入地，并且改变了社会体系，改变了传统乡村的形态，减少了传统上的地方独立自主的色彩。

五、人口迁移的适应

人口迁移的适应不论是从个人还是从社会的层面来看，都是重要且复杂的问题。从社会层面看，迁入地接受额外的人口，而原住地则减少人口，两者均需在社会整合上有所调适。迁入地要避免因迁移者的加入而产生紧张或压力；原住地则面临着如何维系社会功能的正常运作，使原来的社会系统不致崩溃瓦解的问题。从迁移者个人的层面来看，迁移不仅仅是居住地的改变，更重要的是迁移者必须面对新的社会情境与规范。迁移的行为意味着与旧有的关系的疏远，失去长期以来所建立的网络的支持，也丧失他所熟悉的社会价值的支持；同时，在新的地方必须应付一连串突发且不熟悉的事件。

（一）迁移适应的概念

迁移适应是迁移的进程之一。不论迁移者的文化背景、阶级地位或迁移动机是什么，所有的迁移都大致可分为四个阶段：决定时期、与过去断绝时期、过渡时期、适应时期。

人类学将迁移适应分为三个阶段：震撼阶段、焦虑阶段、适应阶段。

（二）影响迁移适应的因素

1. 个人因素

影响迁移适应的个人因素包括过去的经历、本身的心理防御系统、调适技巧、迁移的动机以及个人的特征。

（1）年龄。15～30 岁的人被认为较容易受形塑，因而较容易适应新的社会环境。年龄较大者在原住地生活较久，要改变旧的价值观而接受新东西较为困难。迁入地的工作机会也有利于 30 岁以下的迁移者。

（2）性别。女性迁移者在改变文化教育规范方面较男性迁移者来得快些，她们较容易与当地人相杂居住及通婚。女性比男性具有更强的适应力。

（3）教育。通常，受教育程度越高，越容易适应；受教育程度越低，越难以融入当地社会。

（4）其他因素。除上述因素外，还有些因素影响人的迁移适应。例如：个人在社会系统内的时间，即迁入的年数；社会参与情况，如婚姻状况、家庭规模大小、与邻居的关系；迁移前的阶级和社会地位；物理性的移动经验，如访问近邻、都市中心及其居住地以外地区的次数、时间；社会资产，如朋友数目、与父母的关系、社交能力；心理性移动的指标，如与收音机、电视、报纸、杂志或书籍及外地朋友的接触；等等。

2. 系统因素

影响迁移适应的系统因素包括：原住地与迁入地的推拉作用，此两系统中规范的一致程度，迁入地对迁移者的排斥及接纳程度，以及传统因素，等等。

（三）适应程度的进展

迁移者初抵迁入地时的适应是个人与新环境结合，其后适应程度会随着时间进程而增加。台湾地区学者谢高桥的研究，建立起因果路径模式，来验证迁移适应程度转变的过程（见图 6－3）。

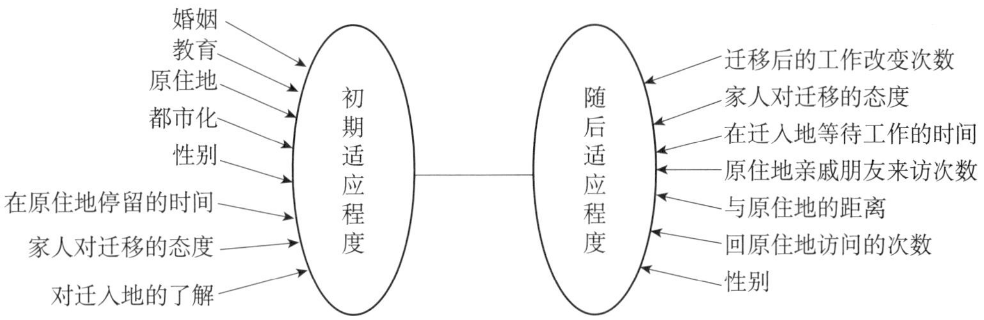

图 6－3　因果路径模式

（四）迁移者适应的策略

迁移者适应的策略，在第四章曾论及。许多移民会利用城市的基本组织，尤其是亲属、族群网络来适应新的生活（见表 6－2）。适应策略的分类方式有两种：

（1）个人或团体导向的调适。个人导向，是指迁移者靠自身的力量及当地的资源来解决适应的问题。团体导向，指迁移者求助于当地人以解决适应性问题，这些人通常是亲戚、朋友、同乡和同族的人。当然，团体比个人有更多的资源可运用，但基于互惠的规范，迁移者在分享团体其他成员的资源之际，亦需要贡献自身的资源给团体其他成员。

在乡村—都市的迁移中，采取团体导向的调适的迁移者，采用连锁迁移方式的居多，迁移者由以前迁至迁入地的亲友提供旅费、安排住宿；而采取个人导向的调适的迁移者，多半采用阶段迁移的方式，即先迁至附近的小城镇工作，等到有足够的积蓄之后才迁移到更远处。

（2）正式或非正式的调适。适应策略亦可依其是否循正式组织的渠道以解决其问题来区分。迁移者可经由正式或非正式组织的渠道来解决其食宿、工作的问题。

表 6－2　移民的适应策略

指标	靠亲戚	靠同辈朋友	靠自己
住户组成	扩大家庭	与同辈朋友同住	独自居住或是与核心家庭成员一起居住
金钱用途	亲戚固定资助	每周去酒店	固定存钱以满足自己或核心家庭成员之需
闲暇活动	拜访亲戚	有一半时间与朋友在一起	有一半以上时间独处或与核心家庭成员相处
社会网络	在过去五周内至少见过 5 个及以上亲戚	在过去两周内至少见过 5 个及以上朋友	在过去两周内见的朋友少于 5 个，见的亲戚少于 5 个
如何得到工作	亲戚资助	朋友协助	自己找
工作伙伴	有 1～2 位亲戚在同一工作场所	与 1～2 位同事有工作以外的社交关系	与同事在工作以外无社交关系

第三节 移民与都市化

虽然不同的学科对都市化的概念有不同的界定，但人口迁移是都市化过程中必不可少的因素。"都市地区聚居人口占总人口的比例，或是这种比例的增加"常常被作为衡量都市化重要的指标。人口之所以向都市集中，一方面是因为经济的发展使都市的就业机会增加，吸引乡村居民移入，另一方面是因为乡村人口自然增长速度太快，而乡村地区本身的就业机会增加的速度不足以吸收过剩的人口。

一、人口增长与都市化

人类自产生以来，在很长一段时间内人口增长的速度相当缓慢。大约在 1 万年以前，农业和家养动物产生，当时的人口为 800 万，每年人口的增长率不到千分之一，到 2 000 年前人口才达到 3 亿。直到 17 世纪产业革命兴起，医疗卫生条件改善，死亡率迅速下降，世界人口快速增长。世界人口 1650 年时仅 5 亿，到 1850 年仅 200 年的时间，世界人口增长到 10 亿；再经过 80 年到 1930 年，世界人口第二次加倍，增长到 20 亿；再经过 46 年到 1976 年，世界人口第三次加倍，增长到 40 亿；到 1990 年，世界人口已突破 50 亿。

人口的迅速增长使得都市化的速度加快，都市人口大幅度增加。现在，虽然发达国家都市人口增长速度已经缓和，但第三世界国家的都市人口增长却在加速。快速的都市化促使乡村社会急剧变迁，也加重了对都市公共投资的需求。加速的都市化导致贫民窟增加，大部分饮用水不干净，排水系统不全，其他公用设施也缺乏。虽然第三世界国家都市人口的比例比发达国家低，但其人口的基数大、增长速度快。1950—1980 年的 30 年间，发展中国家的都市人口从 27 500 万增加到 97 200 万。1950 年，世界上只有三个城市的人口超过 1 000 万；1985 年，有 11 个城市的人口超过 1 000 万。不仅都市人口数量增长，都市人口占总人口的比例也在增长（见表 6-3）。

表 6-3 世界分区都市人口（1950 年、1990 年、2025 年）

世界分区	1950 年都市人口		1990 年都市人口		2025 年都市人口（预计）	
	数量（百万）	占总人口比例（%）	数量（百万）	占总人口比例（%）	数量（百万）	占总人口比例（%）
美国、加拿大	106	64	205	74	259	78
欧洲（不包括苏联）	221	56	364	74	422	82
大洋洲	8	61	19	61	29	71
拉丁美洲	69	42	324	72	645	85
苏联/俄罗斯等国	71	39	195	67	260	74

续前表

世界分区	1950 年都市人口		1990 年都市人口		2025 年都市人口（预计）	
	数量（百万）	占总人口比例（%）	数量（百万）	占总人口比例（%）	数量（百万）	占总人口比例（%）
北非和中东	23	24	139	51	398	71
东亚	112	17	392	29	847	49
东南亚	27	16	128	29	380	54
南亚	76	16	334	28	1 143	53
撒哈拉以南非洲	20	8	160	31	579	44
全世界	733	29	2 260	43	5 119	61
发达国家	448	54	876	73	1 068	79
发展中国家	285	17	1384	40	4 051	57

资料来源：BRUNN S D，WILLIAMS J F. Cities of the world：world regional urban development. London：Harper & Row Ltd.，1983：13.

从表 6－3 可见，发达国家的都市人口已趋于平稳，发展中国家的都市人口仍将保持高速增长。当然，发展中国家的都市化水平极不平衡，1990 年拉丁美洲的都市化水平已达 72%，而东亚和撒哈拉以南非洲同期分别只有 29%和 31%。

都市人口增长有三个要素：（1）人口迁移；（2）行政区域重新划分把乡村地区并入都市地区；（3）都市人口自然增长。

发展中国家大约有 40%的都市人口增长是由人口迁移和行政区划的调整导致的，而都市居民的自然增长占 60%。但人口迁移与自然增长的区别不一定清楚，因为迁移者迁到城市之后所生育的小孩被算作自然增长的部分。如墨西哥城是世界上人口增长最快的城市，在 1970—1976 年间平均每天有 500 人从乡村迁往市区，且多是正值生育旺盛期的年轻男女。这些迁入者约占城市人口增长的 50%，但同一时期内，迁入者加上所生小孩却占城市人口增长的 74%。在 1970 年出生的小孩当中，有 72%的小孩是由十年内迁入的妇女所生的。

据联合国的有关研究，发展中国家都市人口的增长与总人口的增长相平行。有 1 212 个城市的人口增长与全国总人口增长的相关程度比与国民收入增长的相关程度要高得多。全国人口增长率每变动一个百分点，都市人口增长率也变动一个百分点。

二、20 世纪 80—90 年代中国的外来人口与都市化

在我国，由于户籍管理政策严格限制人口的迁移，因而都市人口的增长主要依靠行政区划的调整和人口的自然增长。1949—1978 年，城市人口占总人口的比例一直在 10.6%～18.7%徘徊。实际上，自实行市管县、镇管村的体制后，“都市人口”已经难以作为衡量都市化水平的标准。虽然户籍制度限制了人们的迁移，但事实上的迁移仍客观存在，只是迁移者难以获得本地户口而被称为“外来人口”。在都市化程度较高的地区，这些外来人口的数量越来越多，甚至超过本地人口。外来

人口既促进了本地经济的发展，亦推进了本地的都市化。笔者在“中国的乡村都市化”一节里（详见第七章第一节），提出村落的集镇化、集镇的市镇化、县城和小城市的大都市化、大中城市的国际化几个阶段。外来人口在乡村都市化的过程中扮演着非常重要的角色。

珠江三角洲是乡村都市化的典型，其外来人口规模之大、增长速度之快都是国内罕见的。据估计，珠江三角洲聚集了超过 1 000 万外来人口。宝安是外来人口增长速度最快、规模最大的地区。此地 1991 年常住人口不到 30 万人，而外来劳动人口数在 1988 年是 46 万，在 1990 年是 52 万，在 1991 年是 70 万。现在宝安被划为深圳的行政区之一，龙岗区的外来人口超过 100 万，宝安区的外来人口亦不会低于这一规模。外来人口主要集中于劳动力密集型企业，这类企业主要集中在镇或村一级。这大大地推进了镇或村的都市化进程。①

据笔者考察，乡村都市化程度较高的村落，往往是外来人口（主要是劳动人口）的集中地。在珠江三角洲，许多村落的外来人口数量大大超过了本地人口数量（见表 6－4）。

表 6－4　1995 年本地人口数量与外来人口数量比较

村民	万丰	大宁	龙眼	南栅
本地人口	1 936	1 980	1 850	3 400
外来人口	50 000	21 000	25 000	35 000

大宁村，1993 年时人口 1 970 人，面积 5 平方千米，耕地面积 4 500 亩，是一个人多地少的半沙田地区。由于长期实行以粮为纲的政策，因而工业仅有一个农具服务站，连蔬菜也不能自给，生活极为贫困。在 20 世纪 60 年代中期和 70 年代末期，全村的青年男女有一大半去了香港地区。大宁村 1979 年工农业总产值仅为 95 万元，人均收入仅 223 元。随着改革开放政策的实行，此地发挥了临近香港的地理优势，以“三来一补”为龙头，带动了其他工业的发展。1991 年已有“三来一补”企业、“三资”企业 30 余家，工农业总产值为 3 052.8 万元，来料加工缴费 1 718 万港币，人均收入 1 800 元。

20 世纪 90 年代初，大宁村的企业以“三来一补”企业为主，有 20 余家，均为港商投资；“三资”企业 10 余家，其中 5 家为港商与村合资，5 家为台商投资，1 家为村与台商合资。企业产品比较单一，生产电器产品的厂家有 20 多家。到 1994 年，各类企业增加到 80 多家。

大宁村的劳动力一直都比较缺乏。随着“三来一补”企业的兴起，大宁村的劳动力迅速地转移到非农产业上来。大宁村通过“三来一补”企业，转移了劳动力，积累了启动资金，培养了管理和技术人才。这样，工厂从仓库、祠堂搬进了新盖的厂房中，进而在村外建立专门的工业区，工厂和公司也越来越多。由于此地严重缺

① 周大鸣．珠江三角洲外来劳动人口研究．社会学研究，1992（5）．

乏劳动力，因而吸纳了大量的外来劳动力。

在本地人中，仅有一些老年人仍耕田，以种菜为主。但是他们并不把耕田作为经济依靠，而是为了打发时间。他们有的会雇用民工或农忙时雇帮工。甚至，这些老人不愿意搬进新的楼房，而仍住在老屋里，因为老屋周围的人际关系好。本村的妇女变化最大。过去妇女既要干农活，又要承担家务劳动，还要抚育小孩。现在，村里办了幼儿园，因而18～50岁的妇女大都走出家门从事非农业工作。年轻女子在企业做管理人员或文员，42～50岁的在工厂做后勤工作，料理家务的多是退休后的妇女。在工厂做工，工资收入男女没有区别，同时还可以参与村的集体分配。

大宁村约有2.1万名外来工，主要在企业工作，此外就是从事农业、养殖业。外来工聚集的工业区已形成闹市。一条30米宽的大街把三个自然村和三个工业区连接起来。大街两旁是公寓，一楼是店铺，已形成了真正的商业大街。[①]

另以万丰村为例。万丰村1995年有570户，共1 936人，其中劳动力920人，占总人口的47.5%；外来人口5万多，是本地人口的25.8倍还多。1994年，万丰村村民人均收入达1.6万元，人均消费支出7 980.6元，人均节余8 000多元（纯收入）。这种富裕水平，当时不用说在珠江三角洲地区，就是在全国也是很高的。

据我们调查，1994年万丰村经济收入的90%以上来自工商业，万丰村全资企业和合作参股企业的总产值达7亿元，村财政收入达8 000万元。就企业发展和产品结构来看，万丰村有113家企业和2个工业区。在万丰村的企业中，机电、五金类生产企业所占比重最大，其次是电子、通信器材类生产企业，两项合计占38.8%。这类企业的科技含量较高，集约化生产程度高，大部分属于合作参股企业。除此之外，纸品、印刷、包装类生产企业也占有较大的比重。这类企业一般投资少，见效快，在整个珠江三角洲地区普遍存在。对万丰村来说，最重要的是商贸、地产和控股类企业。1994年，万丰村有这类企业12家，其中有9家是全资企业，并已成为万丰村的“核心公司”。

从工农业产值结构来看，自1984年以来，万丰村的农业产值在村经济产值中所占的比重越来越小。1979年，万丰村总产值才60万元，工业产值所占比重不足10%；经过10年的发展，万丰村工业产值所占比重已超过90%，而农业产值仅占2%左右。主要原因是工业发展迅速，而农业种植面积不断减少。到1994年，万丰村仅剩下800多亩耕地，其中菜地200亩，果园200多亩，荔枝树近千棵，鱼塘、水面400多亩，山林绿地近1平方千米。从农业生产管理来看，万丰村采取了企业化承包经营方式，即将相对集中的稻田、菜地、鱼塘等，由村民投标承包，价高者得，五年一期，承包款交给集体。承包者除了可以得到种植、养殖收益外，还可以从村集体那里分得红利。

万丰村的职业分化是在农村内部完成的。从万丰村村民的职业构成来看，其都市化水平已达到较高的水平。首先，根据我们的调查资料，万丰村村民依然从事农

① 周大鸣．论珠江三角洲的乡村都市化．开放时代，1995（3）．

业生产的只占12.3%。这部分人其实是经营农业的老板，主要负责管理，并不干具体的农活，农活则由外来工承担。除了家庭主妇外，其余村民都从事非农产业。也就是说，万丰人口的城市化水平达到了83%，远远高于珠江三角洲43.12%的城市化平均水平。其次，万丰村村民的职业分层明显，厂长、经理、工人、办公室文员、公关小姐、报关员、会计、出纳、保安等社会职业都占有一定比例。此外是自由职业者，包括个体户、小私营企业主、手工艺者等等。这一部分人也拥有万丰股票，属于万丰共有经济体的成员，从而能够享受万丰集体经济成果。①

万丰村的各种工作已主要由外来工来承担。外来劳动力可以分为这么几类：一是在“三来一补”企业和“三资”企业做工，约占90%；二是在建筑工地做工，负责挖土方、填方，或做其他小工，这些人普遍带家属，形成了简陋的棚户区；三是帮助土地承包者进行耕种，主要种植香蕉、甘蔗、蔬菜，通常以客家人（梅县）为多；四是种养专业户，主要承包鱼塘养鱼和放鸭；五是在餐饮、宾馆、商店等服务业做服务员。

如果从层次上来划分，那么外来人口可分为这么几类：一是厂长、经理，大部分来自香港地区；二是工程技术人员、文秘等白领阶层，大部分是来自内地的大学毕业生；三是在服务业工作的人，除普通服务员外，也有部门经理；四是企业、公司和村治安队的保安；五是各类企业中的工人；六是农业工人。

万丰村发展的时间并不长，直到20世纪70年代末80年代初，仍是贫穷地区。自1982年开始兴办“三来一补”企业，尤其是通过共有制集资办工业以来，该村迅速繁荣。万丰村工业化的结果是，不仅完成了本地劳动力的转移，吸引了规模庞大的外来人口，还实现了向都市生活的转化。

首先，在社区生活环境建设方面，在万丰村6.8平方千米的范围内，有2/3的地面修了路，盖了房，居住着近6万人，人口密度高达每平方千米8 000多人。为便于交通管理，万丰村加强村建规划，划分出15个管理小区，纵横20条干支街道。村里投入巨资用于道路交通建设，城市化面貌日新月异。其次，在村的市政管理方面，设立了村环卫管理处，配备了环卫车，负责全村街道的保洁工作。同时，还成立了消防队。最后，在医疗保健方面，投资兴办了万丰医院，拥有先进的医疗设备。此外，还建立了3个农贸市场，以满足村内的居民所需。同时，建立了公园，以丰富居民的休闲生活。

万丰村还像城市一样建立起公安与治安司法机构。公安局在万丰村设立了派出所，共有警员30多人。村办治安大队有100多人、企业保卫人员有600多人。这支队伍是维护万丰社会治安、打击流窜案犯、实行家村社会综合治理的基本力量。万丰村还设立了民事裁判处，这种裁判权是农村原有民事调解权的进一步完善，因而更具有权威性。万丰村民事裁判处主要处理、解决工业村内的各种劳资纠纷和村

① 郭正林，周大鸣．万丰家庭经济生活抽样调查//叶梅珂，林玉萍．共有制下的万丰村．北京：中国社会出版社，1996：107－125.

民的各种民事矛盾。1994 年，该处与劳动部门一起处理各种案件 100 多起，公平合理地解决了一些企业发生的劳资纠纷，维护了工人（主要是外来工）和厂商双方的合法权益。[①]

第四节　内陆移民与都市化进程

一、云南西双版纳的移民与都市发展

都市化与人口迁移密切相关，人口的流动带来了一系列生产技术、经济模式、文化习俗、社会关系的交融与互动，在这种人群和社会的联系不断加强的过程中，空间意义、经济意义和人文意义上的城市化得以塑造和生产。在中原文明和现代民族国家话语的建构下，内地移民作为权力和文化资源上的“优势者”迁入边缘地带，形成一种名义上是“外来迁移者”但实际上已“反客为主”的身份。这种特殊的移民流动行为，对边疆少数民族的现代性和边疆城市，尤其是边疆口岸型城市的经济文化扩散力度的影响是相当大的。因此，以西双版纳的城市化为例，将一个长时段的异质性移民的迁入和发展历程化约为地方社会空间和本地人的转型，使地方社会这个“空间”被整合进大的时间范畴内，能让我们更加清晰地看到移民对边疆城市化的内生推动力和作用机制。

（一）历史上西双版纳地区的移民

历史上的西双版纳由于社会发展程度的制约，长期地广人稀。傣历 542 年（公元 1180 年），傣族首领叭真以景洪为中心，建立了名为“景龙金殿圆”的勐泐地方政权，居住于此的主要是傣族、哈尼族、拉祜族等少数民族。清乾隆时期，以茶叶贸易为契机，大量的汉族商人进入易武、倚邦种植茶树、压制茶叶，并建立起自己的商号，将茶叶销往内地和印度等。民国时期，云南地方政府在思普延边（西双版纳）、腾龙延边（德宏）推行移民殖边活动。1913 年，思普延边总长柯树勋提出“招垦”政策，云南本省以及广西、贵州等地的汉族纷纷进入西双版纳等地开垦土地、经商、做工。相较于明代云南其他地方屯垦戍边的强制性移民，西双版纳的汉族移民多为分散型的自由流动者。他们主要是为了生存和利益而来，其分散、灵活、自主的特点使这些汉族移民的生产、生活嵌入当地少数民族的社会当中。他们将内地的日用百货、生产工具、生活副食品以及宗教用品黄蜡带入边疆地区，将揉制、紧茶、圆茶和铸犁技术传授给傣族人民，与当地傣族农民一起填挖泥塘、兴盖房屋、扩大街道，发展小集镇。可以说，西双版纳在新中国成立前就被打上了移民

① 周大鸣，郭正林．从村落到都市．万丰文讯，1996（4）．

文化的烙印。

（二）20 世纪五六十年代以来的汉族移民

大规模的汉族移民进入西双版纳始自 20 世纪五六十年代。自抗战时期在陕甘宁边区和其他敌后抗日根据地开展大生产运动以来，中国共产党在农垦事业上不断积累经验，并在全国各地试点建立国营农场，开垦荒地。为了发展天然橡胶事业，1951 年 9 月，云南农垦事业应运而生。西双版纳作为橡胶建设基地，迁入了大量来自全国各地的汉族移民。1955 年，1 679 名军队复员官兵到勐遮创建黎明农场，继而有 350 余名昆明支边青年、500 余名思茅妇女志愿垦荒队员到黎明农场落户；1958 年，省、地级机关下放干部和退伍军人、十三军转业军官共 1 501 人到勐龙创建国营农场；1959—1960 年，农场先后迁入湖南省醴陵、祁东两县支边移民 21 939 人。这一时期汉族移民的进入是在国家调动下、以开发边疆为目的的人口迁移，因此带有“屯垦戍边”的色彩以及强烈的时代和政治特征。由于国家垦边的长期性和稳定性要求，因此除了转业军人和少量志愿青年外，其余的支边人员均以家庭为单位进行异地迁移。以湖南移民为例，由醴陵县（现为醴陵市）迁往西双版纳的青壮年劳动力有 6 166 人，随迁家属 3 107 人，由祁东县迁往西双版纳的青壮年劳动力有6 959 人，随迁家属 5 581 人。在到达西双版纳之后，湖南移民依然按照以前所在的公社或生产队进行编制，所以基本上保持了湖南村社文化的整体迁移，给边疆增添了一抹浓重的湖湘文化色彩。这些移民在湖南老家基本上均从事农业生产和其他的小手工业，当来到西双版纳农场之后，虽然户口的性质仍为农业户口，但是相比老家和西双版纳当地的农民来说，他们是拿国家工资的正式工人，享受国营单位的物资供应和退休福利，这从客观上为湖南移民在边疆的扎根奠定了物质基础。至 1990 年第四次全国人口普查时，这些湖南支边移民及其后代占了全州人口的将近 18.54%。由于湖南人的吃苦耐劳精神和重视文化教育的传统，湖南移民的第二代、第三代已有相当数量的人成为全州建设的骨干力量，广泛分布于州内各行各业。他们中的一些已经成为州一级的领导干部，据统计，在西双版纳农垦分局机关担任职务的湖南人共有 21 人，他们对西双版纳的城市化建设和发展路径发挥了重要作用。

（三）20 世纪六七十年代及前后的移民高潮

20 世纪六七十年代全国性的知识青年上山下乡运动，带来了西双版纳外来移民的又一高峰。1958 年，47 名北京归国华侨学生中等补习学校学生和 182 名昆明知识青年到达勐养农场；1965 年 12 月，四川 516 名知识青年来到东风农场；1968 年 2 月，北京 55 名“老三届”知识青年自发组织并经周恩来总理批准来到景洪辖区的东风农场。从 1968 年至 1972 年，共有 10 批来自北京、上海、四川和昆明等地的知识青年——共计 61 218 人——来到西双版纳，他们大多被安置到农场和水利兵团。这一时期的人口迁移主要受到政治运动的影响，并且迁移者大多是 17～20 岁的青年。相比之前的支边移民，他们来源地更加多元，文化程度更高。知青来到西双版纳，与农场职工和地方群众一起进行生产劳动。新中国成立之初，西双版纳几乎没有汉语学校。傣族学龄儿童都被送进佛寺当和尚，学习傣文经书。自农场建立，为了方便职工子女读书，便建立了农垦学校。东风农场在1958年建场之初就办起了第一所农垦系统自办小学，同时开始动员招收少数民族学生。而知青的到来，为边疆的文化教育注入了新的力量。他们进入农场学校为职工子女和地方少数民族的孩子教授科学文化知识，传递现代性的观念，让原本闭塞的边疆地区开始跟上内地的步伐，大大提高了西双版纳地区人口的受教育程度（见表6－5）。许多老百姓直到今天仍然念念不忘当年与知青来往的故事。

表6－5　西双版纳1964年和1982年的人口文化程度对比

年份	小学		初中		高中		大学	
	人数	占总人口比	人数	占总人口比	人数	占总人口比	人数	占总人口比
1964年	52 975	14.64%	8 475	2.43%	2 370	0.65%	494	0.14%
1982年	190 727	29.5%	65 886	10.19%	20 695	3.2%	1 384	0.21%

农垦系统的建立和国家政治主导下的外来移民的进入，极大地改变了西双版纳的人口结构（见表6－6）。

表6－6　西双版纳1953—1982年各民族人口变化

年份	总人口	傣族		哈尼族		布朗族		汉族	
		人数	比例	人数	比例	人数	比例	人数	比例
1953年	227 893	123 427	54.2%	32 840	14.4%	12 440	5.5%	14 726	6.5%
1964年	361 912	147 637	40.8%	60 269	16.7%	19 763	5.5%	83 044	22.9%
1982年	646 445	225 488	34.9%	113 761	17.6%	27 621	4.3%	185 864	28.8%

如表6－6所示，在计划经济盛行的这30年间，西双版纳的人口数量呈现出前所未有的上升趋势，汉族移民的人数已经超越了很多本地少数民族，与主体民族傣族的人数不断趋近。移民人数的增加充实了边疆的劳动力，依托国营农场，大量的人力、物力、财力得以集中。生产队建到哪里，公路就通到哪里，电话线也架到哪里，解除了许多村寨的交通和信息闭塞之苦。农垦在兴修内部公用工程时，都尽量照顾到周围村寨的群众，例如，景洪农场在1991年使37个村寨共1.2万群众与农场职工一起用上了自来水。垦区修建闭路电视工程也使周围的群众受益，东风农场就有1.3万户群众进入农场闭路电视网。农垦卫生网络与地方医疗体系密切配合，彻底扭转了“瘴疠之乡”医疗卫生落后的局面。与此同时，农垦在许多方面支持地方政府兴办各类公共事业：1966年12月，勐腊农场抽调500余人支援地方修筑勐捧团结桥滚水坝，历时9个月；1970年，五团（农场）派出以知识青年为主力的施工队，参加勐海县宾房电站的修建。这极大地改善了西双版纳的基础设施建设。

虽然在20世纪70年代末知青大返城之后，西双版纳的汉族人口的数量减少了4万多，但是随着改革开放和户籍制度的松动，大批内地居民在市场经济的驱动下，以农场亲戚和湖南同乡为依托，来到西双版纳发展，形成了人口流动的新高潮。特别是20世纪80年代之后国门的开放、口岸边民互市的恢复以及20世纪90年代西双版纳旅游度假区的建立，吸引了众多的外地企业来到西双版纳进行旅游开发，如1998年广东东莞市信誉实业总公司投资了1.5亿元在景洪市勐罕镇建设“傣族园”项目，1999年浙江金洲集团投资8 200万元建设西双版纳原始公园。为打造休闲度假、避寒旅居的现代城市而建设的星级酒店和基础设施，使西双版纳的城市化进程得到飞速发展。传统的旅游商品如玉石珠宝、红木制品、民族工艺品、民族服装等继续增长，新的旅游商品增长点如普洱茶、石斛、老缅泰工艺品也红火发展，而源源不断的外来移民更是成为城市基本生活和开发建设的直接或间接参与者。

表6-7呈现了西双版纳在城市化过程中的人口变化，汉族的人数已经超过了本地主体民族傣族的人数，成为西双版纳人口中的重要组成部分。结合总人口与非户籍人口来看，外来汉族移民在流动人口中占据了很大比例，2010年非户籍汉族人口达到12.85万，在流动人口中占66.7%。相较于国家计划性移民所具有的农村农民、转业军人和知识青年等单一群体特点，市场经济驱使下的新移民拥有更多的身份、职业和文化程度，年龄跨度也比较大，从20岁的青年到50岁的中年，从卖猪肉的湖南小贩到经营连锁饭店的企业老板，从内地煤炭工厂的下岗工人到珠宝玉石的行业专家，不同人群对现实生活和人生理想的追求促使移民群体由生存型移民向发展型移民转变。同时，移民来源地也更加多元化，除了云南本省人、投奔农场亲戚的湖南人以及邻近的四川、重庆人之外，更增加了许多来自贵州、江西、浙江、广西、广东等地的新移民。他们通过对本地生态资源的利用和自身的经营传统，在西双版纳发展出自己的商业网络和特色行业。例如，湖南人主要从事宾馆业和农副产品经营，福建人和广东人主营建材和香蕉种植，四川人主营餐饮业，浙江人主营商品贸易，广西人主要从事运输和跨境交易，形成了基于亲属和同乡关系网络的移民聚合与行业聚集效应。

表6-7　西双版纳1990—2010年各民族人口变化

年份	常住总人口	傣族		哈尼族		汉族	
		人数	比例	人数	比例	人数	比例
1990年	796 382	270 521	33.97%	154 396	19.39%	201 417	25.29%
2010年	1 133 515	316 151	27.89%	215 434	19.01%	340 431	30.03%

（四）20世纪80年代以来的移民路径与地方社会变迁

自20世纪80年代农场体制改革和市场经济发展以来，职工的谋生路径开始向外扩展。他们兴办家庭农场，可长期承包国有土地；农场拥有的拖拉机、农具可由职工承包或租赁；同时，食堂、招待所等也承包给职工经营。在农场、分场与村寨交叉的地方，往往会形成一些习惯性的集市，人们逐渐在这些地方建房开铺。勐捧农场集贸市场的创建者说：“80年代我母亲就开起了我们这第一家餐馆，当时是租了农场商店旁的一间小屋子，主要是卖一些早点和家常小炒。”一些有经济意识的少数民族居民也开始利用橡胶收入作为生计转型的资本，在农场场部周围以及小城镇中心售卖傣味烧烤、傣味早点、边境小商品等。据1987年2月20日的《西双版纳报》报道，全州出现了33个农场集市。随着国营农场由服务型向经营型转变，招待所、商业大楼、餐馆、歌舞厅、电影院、药房等在当地首次出现，不仅完善了当地的生活功能分区，也带动了第三产业的发展，逐步实现了社区的城镇化转变。以东风农场为例，场部形成了包括商场、电影院、花园小区、医院、宾馆、农场博物馆等全套设施的聚居区，楼房建筑焕然一新，俨然是一个新型的小城镇。相较农场建立之前该地最为发达的勐龙镇，东风农场通过几十年的发展，一跃成为该地最完善、功能最齐全的生产生活区，并且成为城镇化建设的示范地。

20世纪90年代以来，西双版纳迈入旅游发展的黄金时期，城市的许多基础设施亟待建设，再加上边疆少数民族薄弱的商品意识和日益增长的物质需求，给内地人创造了极大的商机。以农场亲戚和同乡网络为迁移链条的外来移民不再聚集于农场周围，而是向城市周边的市场和村寨扩散。以西双版纳州集贸市场为例，自1995年以来聚集了一批湖南祁东县人，他们通过不断尝试，选择杀猪卖猪肉，并形成了自己的产业链条。随着集贸市场的饱和，源源不断的湖南新移民向周边村寨和寺庙周围的小市场扩散。他们的谋生方式也逐渐增多，从卖猪肉到经营日用百货和五金建材。新移民的分布范围越来越广，在城市的许多地方形成了新的移民聚居区，例如集贸市场、三叶社区、曼听公园附近的曼龙匡和曼景兰村寨。

许多外来移民开始就地进行投资。以曼景兰为例，1986—1990年，曼景兰中的傣族村民利用自家的竹楼办起了傣味餐厅，形成了一条极具民族特色的食品街。但是在2000年左右，村寨小道变成了柏油马路，道路两侧全部修建了6层高的私人建筑，其中大多是外来移民投资的宾馆，每个宾馆中热水、电话、电视等都配备齐全。在旅游热潮的推动下，城中村的宾馆和店铺每天都宾客不断。宾馆、酒店火爆的生意造成了一系列连锁效应，村民们开始盲目效仿，纷纷与外来移民签订协议修建出租屋——“你看他家宾馆生意那么好，住的人也多，我把我家房子也敲了，弄上个三四层、五六层出租，他家住不下客人，就来我家住”。在经济利益和从众攀比心理的刺激下，不仅房屋样式全部成了水泥砖墙的楼房建筑，曼景兰的傣族村民也都住进了与传统民居大相径庭的现代平顶楼房，内部是整齐划一的独立房间。

据2012年的调查统计，曼景兰城中村里有55家宾馆、5家网吧、12家电玩室、1家歌舞厅、11家药店、4家修理店、2个废旧收购点和130家各类商铺，暂住外来人口7 000多人。外来移民的自发迁入和扩散，将原本以傣家竹楼为主的村寨或以傣族村民为主的市场变成了移民聚居区。在移民的就地经营和本地人的共同作用下，村寨和市场成为城市空间的一部分。

内地移民的增多对于城市化建设和城市活力的增强起着重要的作用，尤其是增加了大量的就业岗位。随着城市化征地和2013年橡胶价格暴跌，少数民族的生计来源受到很大的影响，他们也开始纷纷外出谋生。外来移民投资和经营的餐馆、宾馆、珠宝玉石店、普洱茶店、商场、写字楼等成为少数民族就业的主要渠道。笔者调查的曼弄枫、曼迈、曼养广、南帕、南西等村寨中的18～40岁的中青年，很多人在景洪城里打工，例如在万达广场做服装销售，在珠宝玉石店做导购，在万达酒店区做保安、花匠，在大佛寺等景点做环卫工，在物流公司做快递员，等等。而散布在城市各个角落的大小超市、宾馆和住宅楼，更是吸纳了大量傣族、哈尼族人员做保安、服务员、收银员，还有很多勐海县的傣族居民在旅游度假区和城中村经营傣味烧烤。外来人口带来的资本、新兴产业和就业岗位，使本地经济在产业布局和行业创新上走向合理化与多元化，同时也带动了一部分少数民族居民从种植业转向服务业，甚至有很多傣族、哈尼族、布朗族居民开始自己经营傣味早点店和跨境贸易。从业人员的结构也发生了变化。全州不同民族从事不同产业的比例见表6-8。

表6-8 西双版纳州2000—2010年分民族、分产业的人口状况表（10%抽样）

民族	年份	年从业总人数	第一产业从业人员比例	第二产业从业人员比例	第三产业从业人员比例
汉族	2000年	16 211	48.0%	15.0%	37.0%
	2010年	16 747	50.1%	17.3%	32.6%
傣族	2000年	17 855	90.7%	1.4%	7.9%
	2010年	20 278	88.6%	2.6%	8.8%
哈尼族	2000年	10 484	88.2%	2.7%	9.1%
	2010年	13 003	86.9%	3.8%	9.3%

一些新的文化现象也产生了。过去，傣族、哈尼族等少数民族只有在小孩满月和周岁时才会邀请亲朋好友来庆祝，但是近些年来，“过生日”成了十分流行的活动，不论是小孩还是成年人，都很重视自己以及朋友的生日，并且会通过微信朋友圈进行现场展演。笔者访谈的一名傣族大姐说：“以前我们从来不过生日的，现在开始了，小的、大的、老的。今天我过生日，请去KTV，吃啊唱啊喝啊。今天你请，明天他请，后天另一个又过生日。在KTV唱啊喝啊发朋友圈，看都看不完。”随着消费观念的升级和西双版纳本身作为旅游地的影响，本地少数民族也开始将旅游作为日常生活的一部分，很多人有外出旅游的经历。他们常去的地方是北京、上海、昆明，这与现代国家建构和当年知青的影响不无关系。每家每户的客厅墙壁上都贴着外出旅游的纪念照，而且他们很乐意跟人分享自己的旅游经历。通过外出旅游，西双版纳的少数民族不再被地域空间束缚。在市场和消费理念的驱使下，他们也成为流动的人群，对外界的新事物有了更多的认识。对多元文化的认知是文化交流互动的基础，通过社会环境的熏陶和自身文化思想的拓展，本地人以更加开放、包容的心态来接纳源源不断的外来移民，双方在国家和市场的双重作用下，进行边疆多元城市文化的再生产。

相较于中国东部沿海等发达地区，边疆口岸城市的发展可能更加依靠外来移民作为经济文化辐射的媒介，城市的繁荣与活力是依靠不同文化背景的移民来实现的。而移民群体在移居地生存发展的过程中，通过直接或间接的作用，带动本地人进行经济转型和文化转型，从而使本地人逐步成为城市化的内生性动力。

二、西藏昌都地区的移民、社会整合与都市化

近年来，西藏昌都地区经济不断发展，与拉萨、林芝等周边区域的交往越来越密切。不同文化交往之下产生的地域性差异开始成为婚姻选择中的一个重要因素。在昌都生活过的人都知道，以前昌都人与拉萨人联系较少。这与昌都和拉萨距离遥远，在历史上关系并不密切有关，昌都属于边缘，而拉萨属于核心。近年来，因为交通便利，两个地区交往增多，不同文化系统之间出现碰撞。这对婚姻选择产生了一定的影响。

这种地域性观念在两个不同文化群体的交往过程中经常出现。随着村庄开放程度的不断提高，村庄的通婚范围会不断扩张，由村庄向公路沿线不断扩展。同样，随着汉藏之间的交往不断增加，彼此之间更加了解，汉藏通婚现象也会不断增加。特别是当内地汉族进入藏区经商之后，藏区城市社会产生了各方面的变化，社会整合得到加强。

（一）历史上的昌都及汉藏交往

昌都位于西藏自治区东部、澜沧江上游，东经 93°6′—99°2′，北纬 28°5′—32°6′，是西藏自治区的东大门。昌都东与四川省的德格、白玉、石渠、巴塘四县隔江相望，东南与云南省的德钦县接壤，西南与林芝市毗邻，西北与那曲市相连，北与青海省的玉树交界，总面积为 11 万平方千米。昌都市地处横断山脉西北部，青藏高原东南部的边缘地带，地形呈北高南低，最高海拔 5 460 米，最低海拔 3 100 米，主要地形分为高山、高原、谷底平坝和山坡台地。昌都是藏语的音译，又译为察木多、羌木多、羌都等。昌都种植多种名贵药材，如虫草、贝母、鹿茸、麝香、雪莲、当归、黄连等，这些药材已经成为目前昌都经济发展中的重要交易物品，吸引着来自甘肃、四川、湖南等地的回族、汉族商人到此经商。

昌都因其特殊的地理位置，自古以来就是重要的交通要道和兵家必争之地。由于地处横断山区，自然环境险恶，怒江、金沙江、澜沧江等河流切割而成的深沟峡谷成为族群迁徙的天然通道。乾隆十七年（公元 1752 年），蜀人李其昌指出："察木多东达西益，南扼南诏，西控三藏，北跨青海，称雄镇焉。国家边防威肃，例遣大员统领官兵，分置台站。一以慑夷人之胆，一以递内外文折，使之声息相闻。"由四川进西藏的大道，经巴塘、理塘、昌都、恩达、硕板多，再由丹达、拉里、江达，到达拉萨，为历史上的川藏大路。清末时期，川边大臣赵尔丰曾为平定西藏内乱，驻守昌都指挥战役。两次康藏纠纷、1932 年巴塘事件、红军长征进入康区等都是重要的历史事件。在长期的历史过程中，族群的频繁交往、文化的交融叠加就成为该地区的重要特点，表现在具体的社会事实上就是大批内地汉族、回族等进入昌都，从事各种行业，汉藏回之间的交流一直延续不断，孝义会、白拉提、三圣

会、孙膑会等民间组织的存在和发展就是最好的例证。同时在宗教教派、寺庙道观、绘画艺术、音乐舞蹈等方面所体现出来的多元文化成分也说明该地区自古以来就是多元文化交流的场域。昌都的地形、气候决定了该地区农牧结合的经济形态，即便是生活在河谷地带的村民，家中也饲养了一些牛羊。“与这种经济相适应的是多样性的社会组织”，“这里依然保存着既有呼图克图政教合一、自成一体的地方政权势力，又有非政教合一的世俗部落、土司统治的领地，既有西藏地方政府管辖的宗一级地方政权机构，又有所谓‘无官无法’，以父系血缘纽带组成的‘帕措’等宗族势力控制的地区”[①]，这些因素直接影响昌都地区封建割据地的形成。所以，在这样一个复杂多样的历史区域内，社会整合应该是多种力量共同缔结完成的，其方式与效果也可能是多元的。

（二）改革开放之后的移民与城市发展

经济活动辐射范围的广度直接影响了城市经济的整体水平。随着改革开放和户籍制度的松动，许多人开始到异地求学和工作，当下社会已然变成了一个流动性极强并且由陌生的异质群体相互交融而成的社会网络。特别是在全球化浪潮的席卷下，城市经济的主体除了本地人之外，更多地融入了外来经营者。经济商品的来源和销售也不断向外扩展，市场化的运作以及对市场的管理已逐渐形成规制，自上而下和自下而上经营管理正走向一体。藏区城市也不例外。随着昌都城的扩大以及国家政策的倾斜，越来越多的藏族本地人和内地的汉族、回族、白族人在此地发展自己的生意。虽然他们来自不同的地域，有着不同的文化传统和宗教信仰，但是在共同经济利益的导向之下，不同族群各自经营着自己的生意，以满足自我和他者的生活需求，也影响着不同族群的文化观念。同时，来自政府管理层的力量，也在社会整合中扮演着重要角色。

进入 21 世纪以后，昌都大力发展城市建设，随处可见正在拆迁的平房和一幢幢拔地而起的高楼，整个城市以一个冲劲十足的状态迎接新的发展。2012 年，昌都原农贸市场大楼拆迁，里面的从业人员被统一安置在昌庆街。昌庆街原本是一条步行街，只有街道两边的店面正常从事商业活动。政府将农贸市场的商户统一规划搬迁至此后，在街道中央搭建了许多临时商棚。这里最初只有 260 户商家，后来，本地藏族居民开零售店铺的意愿不断加强，从内地来的其他民族人员也逐渐增多。到 2014 年 7 月，昌庆街从事零售和服务业的户数增至 437 户（工商管理统计在册）。现在，这里已经变成了昌都城中最热闹也最接地气的经济活动中心。每天上午 9 点左右，店铺陆续开张，一直营业到晚上 7 点左右。在这段时间内，不断有顾客来此地购买小商品，有些人即使不买东西，也会来逛一逛。因此，昌庆街不仅仅是一个商业中心，更成为人们社交的公共空间。

---

① 土呷．康区昌都历史文化的特点及其成因//土呷．西藏昌都历史文化研究文集．北京：中国藏学出版社，2010：63，46.

昌庆街内所经营的货品种类繁多，我们统计了昌庆街中央店铺的商品种类及经营者的大致情况（见表 6－9，两边及巷子内的未计在内）：

表 6－9　商品种类与店铺户数

商品种类/经营者的民族成分	藏族	汉族	回族	白族
服装鞋帽（包括藏式服装、汉式服装、首饰等）	77	78	0	1
日用百货	10	16	0	0
小家电	5	16	0	0
宗教用品	2	0	0	0
食品（蔬菜、干果、糖果、饼干等）	14	3	0	0
牛肉、酥油	11	7（受雇者）	0	0
毯子及床上用品	0	0	1	0
虫草、天珠	0	0	1	0

从表 6－9 我们可以看出，昌庆街中服装鞋帽店的比例最高，其次就是日用百货店，商品种类基本上覆盖了普通百姓的所有需求。而且，商品种类与经营者的民族成分有一定的关系，例如，卖藏式服装和饰品的全部是藏族人，而卖汉式服装和小家电的基本上都是汉族人，只有几个藏族人。在卖食品、宗教用品、牛肉、酥油的人中，藏族人占有绝对优势。在经营者的民族成分与商品种类的关系上，除了日用百货的分布较为平均之外，其余商品都根据资源配置的多寡以及可获得商品渠道的不同表现出明显的民族差异。所以，我们可以看到，从业者都很理性地经营自己的生意，相互之间更多的是互补关系而非竞争关系，这从客观上为城市经济的整合奠定了基础。除此之外，这些商品的来源也很多样。酥油基本上都是当地藏族居民自己制作的，牛肉也来源于当地藏族；蔬菜除了本地大棚产出之外，大部分是从成都运来的；藏式服装、宗教用品基本都是从拉萨运来的；小家电、日用百货是从成都运来的；白族人经营的首饰是从云南带来的；回族人经营的毯子、毛织品则是从甘肃等地运来的；汉式服装和鞋子的进货渠道更多，主要与经营者的来源地相同。甚至连同一家商铺中的货品也可能来源于全国各地。例如，我们访谈了一家经营藏服、藏刀、首饰的店铺，店主是一名 50 多岁的藏族大叔，他告诉我们藏服是从拉萨运来的，红珊瑚是从兰州运来的，绿松石是从湖南、湖北运来的，其他的首饰是他自己去各地收购金银后拿去请工匠打造的，进货通常需要自己亲自到各地，实在太远的地方，就请人发货过来。可见在这个信息传播迅速、物品和人口流动频繁的时代，各个地方都已经被卷入了现代市场经济的潮流中，并且经济联手的强度、辐射面的广度以及从业人员的多元化都是传统时期所不可比拟的。同时，顾客的流动性和多样性也很强，除了本地的藏族百姓和少数汉族人之外，还有外出寺院的僧人，他们主要购置一些佛事用品或者藏靴。每当学校放假前，会有许多学生来给家里人买衣物。平日里，还有许多农村百姓进城来买蔬菜、衣服、粮油等，或是仅仅来这里闲逛。

在诸如昌庆街这样一个由不同民族、不同来源地、不同语言的人所组成的相对自由的空间里，经营者们受到固定摊位和经济动机的影响，形成了各自的小圈子，特别是依托亲戚或同乡建立了各自的社交网络。我们可以看到，汉族人基本上只与汉族人交往，而且只与邻近商铺的汉族人或是自己的老乡交流。例如，我们访谈了一名26岁的已婚女性，她是甘肃天水人，因为她的公公婆婆此前在这里卖服装，所以结婚之后和老公过来接手，公公婆婆回老家照顾孙子。她在这里认识了很多甘肃老乡，并且称他们为“叔叔”，平常交流也很多。虽然她在买卖过程中学会了简单的藏语，但是她从不和藏族商户交往。这里一半的汉族人不会说藏语，碰到来买东西的藏族人，通常用汉语交流，或比画手势。而藏族商户除了与藏族人交往之外，少数在拉萨待过、眼界比较开阔的藏族人会主动与邻近商铺的汉族人交往，而且做生意的藏族人基本上都会说汉语。昌庆街中的一名经营藏服和日化用品的38岁藏族大姐很乐意与我们聊天，她平日里也会主动与旁边的汉族人交往。由于她此前在拉萨做小商品生意，因此她的穿着、言谈都很汉化。她认为大家来到这里都是做生意的，相互之间没有什么区别，也不存在竞争关系，所以关系比较和谐。

不论是固定的店铺还是流动的商贩，大部分是从原先的农贸市场搬迁过来的。并且，新的商户不断加入。他们通过各自原有的社交网络（如亲戚朋友或是老乡），逐渐融入这一个新的共同体。虽然这众多的商户形成了一个相互协调、搭配合理的场域，但实际上不同族群之间的交往比较少，最多也只与邻近商铺的人沟通交流，同一族群的交往也仅限于同乡之间。他们的目的很单纯，就是做自己的生意，而没有太多诸如相互竞争或结成联盟来扩大生意的意识。同时我们发现，在这样一个完全开放的空间中，经营主体与参与者之间的经济动机可能并不对等，表面上的经营活动实则已经超出了经济交往的范围，变成了一种社会交往的工具。许多藏族青年通过逛市场、围观交易、聚众打牌来打发时间，原本毫无关联的不同族群通过买与卖相互联系。行为主体即便都有着各自的动机和需求，也能够在这样一个共同的经济空间内实现各自的目的，并形成聚合效应，达成一种稳定的结构，不致造成社会的混乱。

（三）昌都的现代消费观念变迁及汉族移民

行走在昌都的大街上，映入眼帘的是一家又一家商铺以及零散分布在街边的小摊贩，而其中绝大部分的从业者是汉族人，他们卖建材、灯饰、服装、水果副食、河南馒头、婴儿用品、床上用品、DVD等等。其中开餐馆的最多，从餐馆名称上可以看出主要以四川菜、湖南菜和甘肃菜为主，例如邛崃一绝、成都串串香、绵阳米粉、川味餐馆、湘菜楼、兰州拉面等。而藏族人以经营流动性的小摊为主，多卖一些本地出产的野山菌、酥油等农副产品。所以，从某种程度上说，昌都的经济基本上是靠内地从商人员带动起来的，他们的经济贡献远大于本地藏族人。

内地汉族人在昌都的经营种类是非常多元化的，从饮食、服饰到服务。汉族人将现代化的商品和现代性的观念引入藏区，直接影响了本地居民对商品和经济的看法，激发了他们加入现代市场经济的意愿，同时拓宽了他们的视野，使他们认识到世界的多样性。在昌都从事服装生意的汉族人数量较多，仅就昌庆街来看，经营汉族服装鞋帽的店铺就已经超过100家，来买服装的人也很多。由于商品的需求量比较大，而且长距离运输成本较高，因此昌都的货品价格比内地要高出许多。

在这样一种环境的影响下，昌都大街上身穿汉族服饰的藏族人越来越多，去汉族餐厅吃饭的藏族人也不在少数，他们对内地商品和内地汉族经营者也逐渐认可。我们在昌庆街内访谈的藏族顾客都说自己很喜欢这些以前从没见过的商品，它们用起来很方便。四川商会的会长告诉我们："以前的老百姓，你看他身上戴的东西就知道，他以前是不存钱的，他的钱都在身上带着呢，头上戴着呢，然后就是修房子。他就没有消费这个观念，它就是传承。现在他们慢慢就知道消费了，（在昌庆街）前面买商铺了，商铺也租（给汉族）了，现在很多人有这个观念了。"由此可见，相比传统时期，本地藏族人开始逐渐有了现代消费意识和投资意识，对品牌消费的需求也在逐步上升。

随着内地汉族人将多样化的商品引进藏区，藏族人的消费需求也在不断增加。虽然他们主动消费的意识和主体的认知并未达到成熟的标准，但其市场观念、卫生观念、消费观念正在逐渐向现代性、理性方向靠拢，这有利于促进不同族群相互理解和沟通的能力，客观上为多元城市的整合奠定了文化基础。

内地汉族人的进入，无疑充实了昌都的经济实力，也为本地藏族劳动力的转移提供了大量机会，这主要体现在服务行业和建筑工程行业。除了一些受过高等教育的藏族人进入政府机构或事业单位工作外，其他藏族百姓由于文化水平和技能有限，只能从事一些服务性的或体力性的工作，例如做餐厅服务员、开车跑运输或者去工地上搬砖。昌都正在进行大规模的城市建设，包括修路、修房、修桥。内地大量的工程建筑队进入此地，带来了许多工作机会。一些农村的年轻劳动力陆续进城，在工地上谋得一份搬砖、拉水泥的工作。但是他们由于没有受过专门的技能训练，因此也只能做一些体力活，一旦工程完工，他们就又要寻找下一份工作，所以流动性还是比较大的。而较为稳定的职业是在餐馆或者商场做服务员，目前在昌都的商场、餐馆、酒店都可以看到藏族服务员，而且以女性为主。

例如服务员小梅，藏族，21岁，小学三年级文化，昌都江达县人。她在餐馆工作，收入为每月1 703元。她平常的工作就是上菜、打扫卫生，因为不会在前台记账开发票，所以她的工资比汉族服务员的工资要少（汉族服务员的工资是每月2 000元）。她在昌都与姐姐、姐夫还有他们的两个小孩住在一起，租的房子有大概50平方米，位置较偏僻，但租金便宜。她此前换过两份工作，也都是在餐馆当服务员，因为她喜欢这样的工作，而且可以在工作之余用手机上网。她还曾经去工地上做过饭，一个月工资3 000元，但是因为环境不好又很辛苦，所以她更愿意来做服务员。她在找工作的时候，因为会说汉语，也会写几个汉字，所以比较有优势。她一周七天都要工作，每天下午两点半到五点是自由时间。平时如果有急事，她也可以向汉族老板请假，并不会被扣工资，所以在她看来，汉族老板是很好的，她自己也愿意在这里工作。但是每年4月初，她江达老家的人要上山挖虫草，她便会辞去工作回家帮忙挖虫草，这也是她频繁换工作的原因。她平常的爱好就是用手机上网或者听音乐，偶尔也会和姐姐出去逛街。但是她很少跟在同一餐馆工作的汉族大姐们交往，这可能是因为年龄差距和文化差异比较大。她在昌都仅有的几个朋友也都是老乡。

小梅的经历可以代表大部分藏族打工女性的生活：文化程度普遍不高，依靠亲戚在城市里安身，工作流动性极高，以工地和餐馆服务为主，即使来到城市打工，也依然与乡村社会保持紧密联系，在城乡之间来回移动；平日里没有太多娱乐和社交活动，主要依靠手机（上网、听歌）来打发时间，社交网络以亲戚和老乡为主，很少和汉族人打交道。可见，虽然越来越多的藏族人成为城市经济体的一员并且与汉族人成为市场经济的共同主体，但二者也仅仅是被共同的经济需求捆绑在一起，并没有形成主动的交往意愿和良性的互动圈子，文化和社交的隔阂依然存在。并且，受乡村原有的亲属网络和经济网络的约束，藏族从业者时常来回移动于城市与乡村之间，无法真正融入城市的工作群体，这客观上制约了他们的城市职业发展。因为一旦脱离了共同的经济链条，藏族从业者和汉族经商者就又会回到相互独立的两个社群中。

（四）汉藏互动及多元化关系

在商会会长看来，内地汉族人的到来对昌都的经济发展和生活水平提高做出了巨大贡献，特别是引导了藏族消费和投资观念的形成；并且在这一过程中，不同族群的互动关系是一种平等和谐的状态。这与大部分做小本生意的汉族人的看法存在差异。虽然大家同为异地经商者，但是由于立足点和利益覆盖面不同，他们在行为动机和对他者的认知上也就不同。族群关系本身就是相对的、情境性的，也是在互动中形成的。不同的经济主体在实际交往中有不同的目的，也受到自身文化和视野的影响，汉藏族群关系因此呈现出多元化的状态。

不同民族的经济交流是历史舞台上的重要一幕。早期的游牧民族与农业民族形成之后，经常性的交流和贸易就持续存在，游牧民族“在游牧经济中不能定居，他们所需的粮食、纺织品、金属工具盒、茶及酒等饮料，除了他们在大小绿洲里建立一些农业基地和手工业据点外，主要是取给于农区……农区在耕种及运输上需要大量的畜力，军队里需要马匹，这些绝不能由农区自给。同时农民也需牛羊肉食和皮毛原料”①。“绢马互市”“茶马互市”正是民间贸易的重要体现。特别是以茶马互市为契机而发展起来的沿线贸易聚集地，不仅仅充实了各地的物资，更促进了西藏城镇的形成。例如昌都的发展：藏东大寺强巴林寺建立之后，康熙政府正式册封其为“帕巴拉呼图克图”，附寺而居的人越来越多；雍正年间修建土城，随后向四周扩展；随着中央政府官员出入藏区，内地汉人来此经商，昌都出现各种汉人寺庙、墓

① 费孝通，等．中华民族多元一体格局．北京：中央民族学院出版社，1989：11.

地、公共建筑等，最终形成近代的昌都城。[①] 所以，经济交流和贸易在藏区城市的发展和人群的融合中发挥了重要的作用。

首先，经济贸易将不同民族、不同背景、不同地域、不同语言、不同文化的人联系在一起，并且置于同一个经济链条上。经营主体通过各自的社会关系网络采购和销售专品，在商品布局上形成互补关系。不同于内地市场竞争激烈，昌都的经济大环境相对来说比较稳定，经济主体的竞争意识还不明显，诚信度比较高。所以，即便是在同一个空间里，经营高同质性商品的店主，也仍然会保持稳定的经济秩序。虽然现代市场管理制度并不完善，但是经营者和买者都能遵循一套传统的交易规则和价值体系。与此同时，经济交往还延伸出了社会交往的功能，没有固定工作的人群通过闲逛和围观交易来寻求自我满足和自我存在感，减少了社会的潜在不稳定因素。因此，在不同的经济动机和社会动机之下，每一个群体都可以在经济链条中找到自己的位置，环环相扣，形成一个相对稳定的结构，保证了异质性的城市社会能够正常运作。

其次，经济交往促进了文化观念的渗透融合。在这个人口流动频繁、信息交换迅速的全球化时代，每一个地方都或多或少地被卷入市场中，西藏的虫草、藏药在他者对西藏异域的想象中被看作神奇的天然药材，进而出口海外、广受青睐，成为当地藏族民众与中间商、国内外消费者之间的中介[②]。随着越来越多的内地汉族、回族人进入昌都从事商品经营和服务行业，整个城市的经济被带动起来。尤其是服务业和建筑业的蓬勃发展，吸收了大量本地和农村的藏族劳动力，将更大范围的乡村社会也纳入城市经济的发展轨道中。现代化的商品和服务开始深入藏族人的生活，随之而来的是现代商品观念、消费和投资意识。从传统的满足型到如今的主动型，藏族民众加入经济行列的意愿正在被激发出来。他们不断将自己融入市场经济和现代化的生活，在此过程中，不同族群也得到了更多的交往契机。

最后，来自政府的主导力量有效地平衡和调节着社会各方的利益。特别是在昌都这样一个发展中的城市，第三产业肩负着地方经济发展的重任，而市场主体自身能力的不足以及区域经济基础的薄弱使得政府的宏观调控成为必不可少的要素。自上而下的行政力量从全局出发，改善市场秩序，兼顾社会公平，从而维持经济的良性发展和社会的稳定。

经济交流使昌都自古以来就一直是一个多元的社会，汉、藏、回等民族在经济交往的过程中，依托原有的亲属关系在城市中立足发展，又通过亲戚、同乡来扩大和建构新的社交网络，而族际关系在不同主体的行为动机之下也形成了多元化的格局。大多数内地汉族人是通过亲戚朋友的介绍来到昌都的，其社交圈子也是以同乡、同行为基点的，并且同一个圈子里的人对整个社会和他者的认知会互相影响。虽然藏族人依靠亲属关系进入城市，但是他们与原有的乡村社会网络依然保持紧密

---

① 王川．藏区城市昌都的近代变迁．四川师范大学学报（社会科学版），2004（2）．

② 梁雅茜．虫草、藏药与西藏的全球化．文化纵横，2012（2）．

关系，并且更倾向于与藏族人交往，这直接导致他们身份与职业的二元性，从而无法与城市经济体形成稳定的关系。所以，不同族群之间的整合实际上是以共同的经济活动为纽带的，在经济链条上处于不同位置的人群所呈现出来的族群关系是不相同的。小型经营者通常只专注于自己的利益，并没有将过多精力放在族群关系的互动上；而有实力、社会声誉高的大型企业在关注经济效益的同时，还会致力于对潜在对象群体的挖掘和经济环境的改善，以扩大自己的事业。所以，二者对藏族的认知以及对族群关系的态度是存在差异的，这正是经济一体下的多元化社会关系的表现。正如费孝通先生所提出的“中华民族多元一体格局”。费先生认为：“经过各民族流动、混杂、分合的过程，汉族形成了特大的核心，但还是主要聚居在平原和盆地等适宜发展农业的地区。同时汉族通过屯垦移民和通商在各非汉民族地区形成一个点线结合的网络，把东亚这一片土地上的各民族串联在一起，形成了中华民族自在的民族实体，并取得大一统的格局。”在这一格局的形成过程中，不仅北方民族如女真人、契丹人、蒙古人在王朝更替、经济往来中融入汉族群体，壮大了汉族的人口力量，汉族也同样在移民戍边、逃亡边疆的过程中与其他少数民族融合，充实了少数民族的人口。而昌都城市经济的发展实则是本地藏族和内地汉族、白族等各民族经过长期的历史交流所共同努力建构的，现代昌都的社会经济状况正是多元一体格局的体现。

三、深圳少数民族的文化适应——凯棠苗族的个案①

自改革开放以来，东南沿海的经济发达地区，成为人口流动的主要输入地。1990—2000年的10年间，少数民族外来人口大量涌入，其数量也在不断飙升，所占比例也由极不显眼的一小部分，迅速变成一个显眼的比例。其中，上海、江苏、浙江和广东4省市的增幅都在50%以上。尤其是广东省，1990—2000年这10年间，少数民族人口增长了246.19%，差不多翻了两番。1987—2003年的16年里，广东的少数民族人口从24万发展到135万，增加了111万。在1982年的第三次全国人口普查中，深圳有少数民族12个，人口仅372人；1990年增至1.18万，占总人口的0.71%；到2000年第五次全国人口普查时，少数民族已达到54个，人口飙升为22.46万人，少数民族人口占了总人口的3.2%。深圳的少数民族人口几乎全部是改革开放以后移入的。②

少数民族流动人口具有特殊的“双重身份”。他们既是外出务工流动人口的一部分，又带有“少数民族”这一身份印记。作为流动人口中的亚群体，少数民族在都市里的群体行为还涉及族群融合、文化冲突、传统代续、民族关系等相对抽象的

---

① 本部分参考：王琛．漂移的时空：当代中国少数民族的经济生活．北京：社会科学文献出版社，2012.

② 数据来自深圳市民族宗教事务局。

深层问题，因而不同于一般的人口流动，需要另加关注。那么，对于流动的少数民族人口而言，他们的民族文化是如何作为文化策略，在市场化过程中给予他们帮助，使他们融入城市的呢？在都市空间中从事经济活动的少数民族群体的族群认同会发生怎样的变迁？凯棠苗族外出群体作为一个以女性为主的群体，她们的外出会给家庭和家乡带来怎样的文化社会变迁？本部分内容以来自贵州黔东南偏僻山区的苗族人群在深圳的适应过程为例，来对这一过程进行说明。

（一）凯棠镇的自然和社会经济概况

凯棠镇位于贵州黔东南苗族侗族自治州首府凯里的东北部，距离市区 42 千米，是凯里境内的偏远地区，在当地有“凯里里的西藏”之称。过去，这里交通不便，凯棠对外交通的唯一通道是经旁海到凯里的公路，1965 年修通，由于路多半在山间盘绕，又比较狭窄，加上常有暴雨等恶劣天气，有的地段比较危险，容易出事故。2004 年，台江县台盘镇通往凯棠的公路修通，规划全长 11 千米，宽 6.5 米，是按重丘山岭 4 级公路标准修建的。2019 年 4 月，当地又开启了这条公路的扩建工程，计划完工之后，自凯棠到台盘的距离，将由过去的一个小时，缩短到 30 分钟。由于本部分的田野调查完成于 2004 年，因此在田野调查之时，外出对当地人而言仍然是较为不便的。

凯棠是 11 个苗族村落的统称，名称来自苗语音译，意为“集会场”，下辖凯棠、芦笙、火香、梅香、大坪、凯哨、养小、白水、龙塘、新村、南江等 11 个行政村，44 个自然寨。2001 年年末实有耕地面积 13 095 亩，其中田 10 935 亩。人均耕地面积 0.68 亩。2001 年年末，凯棠全乡有 3 527 户，人口 17 959 人，99.97%的人口是苗族。其中，以顾、杨、张、王为主要姓氏。500 余年来，顾、杨、张、王等各姓之间相互通婚、共同生息，形成了一个紧密的通婚圈和文化圈。

历史上，在黔东南广大的苗族农村社会中，商品经济非常微弱，许多地区在方圆几十里甚至上百里的地方连一个小商店都没有。一些边远地区，基本上依靠以物易物。这使得苗族地区普遍缺乏商品经济观念和经济效益意识。然而，在改革开放初期，凯棠苗族人就走上了流动经商的道路。这与凯棠的自然生态环境密切相关。

凯棠属于中亚热带常绿阔叶林植被带，凯棠苗族人擅长稻作，世代以种植水稻为主要的生计，通常将山地辟为梯田，一块块一层层明镜似的嵌在山间，同时也因为水田多分布在山间甚至山顶，现代化的机械难以派上用场，所以时至今日，仍然沿用传统的农耕技术，靠人力和畜力来耕作。尽管如此，由于境内水资源缺乏，又处于云贵高原东部斜坡、冷暖气流经常相持过渡的地区，气候不稳定，灾害性天气较多，因此对农业生产的危害尤为严重。例如，当地初夏受暴雨、冰雹等恶劣天气影响，盛夏也可能有少雨、无雨的情形出现；秋季又经常出现连晴或秋旱，影响秋收秋种。较为恶劣的生态环境成为凯棠人“外生型”生计形成的原因之一。

在旱灾严重时，不少凯棠人外出乞讨。听村主任介绍，在 20 世纪，间歇性的旱灾导致了乞讨人群增加，而乞讨人群在返乡时挑着大米挤火车，铁路部门不得已在怀化专门调度了一列火车运送贵州的乞讨人群。根据访问，凯棠人乞讨的地域流向很广，除湖南外，广西、云南、四川甚至越南都有人去过。旱灾、外出乞讨、扒火车也成了凯棠苗族人20世纪70年代的历史记忆。凯棠苗族人自20世纪70年代开始从事小生意，一个说法是最初期卖假大洋，之后卖戒指，再往后卖项链。因此，苗族人做生意的历史也已经有几十年。

根据2004年的户访统计，在凯棠村300户中，90%以上的家庭外出做过生意，也有一些年轻人外出进厂工作。"农业＋特定小商业"的模式几乎遍及当地每一个小农家庭。根据访谈得知，凯棠人在外从事的职业有下面几种：

（1）做小商品生意，人数最多，且以女性尤其是中老年女性为主，也有一些男人从事。

（2）擦皮鞋，人数较多，以男人为主，也有女人从事。

（3）进厂，以年轻人为主。到都市谋生的年轻人主要在家私厂、手袋厂、印刷厂等从事以体力为主的工作，并经常换厂。

（4）从事建筑行业、磨象（加工木雕大象）、卖水果、做保安等，人数较少。

（5）卖民族服装、制品，兼做小生意，人数较少。

（6）还有个别家庭外出乞讨，根据户访调查，乞讨的家庭只有几户。

凯棠的苗族人最终经历了由乞讨的"流民"向小生意人的身份转变。

（二）经济生活与向深圳的迁移

深圳是苗乡生意人的一个主要聚集地。比起其他城市，深圳的特殊之处在于由于毗邻香港，位置较为特殊，出入不容易。苗族人出入深圳特区，只有极个别人办过边境通行证[①]。通行证使得外来务工人员被区隔开来，并被作为城市发展的对立面来看待。但是，凯棠人最终选择将深圳作为固定的落脚点。

当被问及为什么喜欢深圳时，他们说了以下几点：深圳气候条件好，不冷；深圳人有钱，心很好、大方；深圳年轻人多，年轻人喜欢这些小饰品；甚至深圳的小偷也不找他们麻烦（"小偷看不上我们的东西，他们不偷我们的。北方的小偷会抢我们的东西"）。地域关系比较近的邻里之间相互影响也是一个因素，阿木乃就告诉我们："凯棠镇羊别寨（包括2、3、4组）的人全在深圳做。"人们总是喜欢住在自

---

① 1980年深圳经济特区正式成立后，国务院于1983年批准在特区与内地之间设立具有相应管理设施的陆地管理线，即二线关。所谓二线关，是相对于香港、澳门地区的一线关而言的。一线关是指可以出境到香港、澳门、海外的出入境口岸，如罗湖口岸、皇岗口岸等。深圳经济特区管理线，于1985年建成使用，是一条全长84.6千米的实物性的界线，由3米高的铁丝网和配套的巡逻公路构成。沿线开设了布吉联检站等9个检查站和多个便于当地农民出入的耕作口，由武警边防人员驻守。1986年2月，广东省第六届人大常委会第十八次会议批准制定《广东省深圳经济特区与内地之间人员往来管理规定》，规定内地人士前往深圳，必须持有《中华人民共和国边境管理区通行证》。1997年香港回归之后，二线关以及通行证的政策仍然继续执行。2008年1月1日，使用了22年的通行证正式停止办理。2015年6月，深圳16个二线关关口综合改善工程正式启动，二线关渐渐淡出历史舞台。2018年，政府正式发布了《国务院关于同意撤销深圳经济特区管理线的批复》，至此，二线关和通行证这些深圳改革开放快速发展的见证者，正式退出历史舞台。

己熟悉的地方，所以当跑惯了一个地方时，“除非实在没生意了，否则就不想换地方”。

苗家妇女做生意使用的是“货郎担”，她们简单称其为“架子”，用苗语说就是“dou huo”；它竹制、轻巧、实用，是她们走南闯北须臾不离手的亲密伙伴。架子的设计非常巧妙，别具特色。用一根1米左右中等粗细的竹竿做主干，下端劈裂，用两个细长竹片交叉撑住，这样，架子就可以平稳地站立在地上。在竹竿上等距离地削几个榫眼，然后将三四根细竹竿横卡在榫眼上，再用绳子绑结实，这样小竹竿就被固定在主干上，很牢固，不会摇晃。这些细竹竿上被密密地挂满各种小玩意儿，她们还用一根松紧绳绑住杆的两头，这样小玩意儿就不会在忙乱的时候脱落。货架上的小饰品看似零碎，实则摆放有序，整个货架有分类、有规划。小饰品有的是从批发商那里直接进货来的，例如，戴在手腕上的珠串、仿玉制的手镯、小挂件、项链、时下流行的手机套、感应器等；另有一些就是她们手工编织的织物，例如小香包、绳手链、挂件及各种装饰物。她们从家里带线，或者从批发市场上买线，再利用闲暇时间编织。

在深圳的生意也并非一直乐观，不少凯棠人表示生意逐渐难以为继。在他们看来，有三个原因。第一个原因是受到遍地开花的“2元店”的冲击。在深圳南山的杨平分析：“现在到处都是‘2元店’。以前广州只有一家做批发，布吉没有批发店，谁想要也不知道，现在布吉有了，东莞都有批发店，东西跟广州的一样。所以很多人卖我们卖的东西，以前卖2元钱，现在卖1元钱，只赚5毛钱也卖。现在哪里都有人做，我们这个生意是要不行了。”第二个原因是生意老套，不吸引人。跟生意的早期不一样，如今其消费者主要是社会底层，例如打工妹，又或者是一些不挣钱的小学生。打工妹和小学生对价格比较敏感，很难有多少赚头，同时凯棠的生意人又很难提供多少新花样来吸引这些喜欢追逐时尚潮流的年轻一族。第三个原因是竞争者，尤其是同乡的增多。在龙华市场，每隔几米就有一个同乡摆放的货架，做的人多了，利润薄或零利润是肯定的。因此，如何应对市场饱和也就成为凯棠人在深圳发展的另一个现实问题。

对凯棠苗家人而言，在适应城市生活的过程中，语言是一道障碍。他们大多没有读过书、不识字，作为“母语不是汉语”的第一代苗族外出者，他们学汉语的过程是与学做生意的过程同时开始进行的。这也是都市“继续社会化”的重要内容。苗家人的外出和居住都是集体性的，都是借助于集体的力量达到个人在都市中的适应。同行同住的老乡交往圈使得语言的学习变得相对容易。交流主要在圈子内部，他们并不需要面临“必须尽快掌握这门语言”的压力，从简单的对话开始学，能做生意就可以了。一般而言，他们通过同乡互相教习，首先学一些基本的称呼用语和简单的生意用语，在经过一段时间的学习和实践以后，日常的听和说就都没什么问题了。由于长期外出的需要，因而他们对语言的学习逐渐变成自觉的行为。在家乡看电视、学流行歌曲成为他们学习语言的渠道。苗族女子爱唱，她们也会唱很多汉语歌曲——有的是跟电视或VCD学的，有的是跟在学校读书的小孩学的。总体而言，学会说汉语，在主流社会中有很大的便利。

（三）女性的角色与家庭生活的调适

在凯棠苗家，外出做生意的大多是不会说普通话的女性，而读过书、有文化的男性则留守家中种田、做饭、照顾孩子，这与很多其他社会的情形相反。凯棠的家庭外出人口结构统计与分析如下，大致可分为五类：

第一类，妻子以前出去，现在年纪大了，不出去了，有 43 户。

第二类，妻子现在还出去，有 109 户。

第三类，妻子没有出去过（丈夫也没出去过），有 62 户。

第四类，现在夫妻一同出去（包括年轻的分家户，以及家庭中是未婚的女儿外出的），有 77 户。

第五类，丈夫外出（妻子不出去），有 9 户。

因此，在 300 户家庭中，以前外出过的、现在正在外出的以及与丈夫一起外出的占了 76%。有 71 户家庭的妻子没有外出过，占 24%。经访问得知，妻子没有外出的家庭（包括“家中没人外出”和“丈夫出去妻子留守”这两种情况）有下面几种原因：丧偶，不能外出；生病；丈夫是干部或教师；孩子比较多；家里有生意可做，比如丈夫是水泥工、木匠等；不会外出；责任田多；年龄大；等等。在 300 户家庭中，丈夫外出而妻子不外出的只有 9 户家庭。在这 9 户中，有 4 户是孩子多、年龄小，妻子在家带孩子、做家务，丈夫外出；有 3 户是丧妻，丈夫自己或儿子外出；有 1 户是妻子生病，丈夫外出；有 1 户是妻子嫌丈夫有精神病于是跑了，家里只有儿子外出。这些家庭经济状况都不好，是村里的下等家庭，甚至吃救济。这表明，在凯棠村的家庭外出决策中，选择女性外出是比较普遍的趋向。

关于凯棠村女性外出，而男性留在家中，当地人的解释有两个：其一，“女人做这个有优势，她们穿民族服装、戴帽子，人家一看——少数民族的东西，是真的。生意好做一点”。其二，“城管见我们是少数民族，会给我们优惠”。在第一点中，女性作为民族传统服饰的拥有者和民族身份的外显者，自然而然地成为外出的主体。因此，凯棠人的外出呈现鲜明的女性化特点。女子们有意识地穿着民族服装，以外在直观的民族符号为市场策略，并且在很长一段时间里取得了很好的市场效益。关于第二点，严格来说，在城市中游走贩卖、随处摆摊、无照经营是一种不合法的经商活动，或者说，是违反现行制度法规的非法职业活动，经常会受到城市管理、工商部门的清理。但是，我国政府在 20 世纪 50 年代以来实行了针对少数民族的优惠政策，其目标是通过优惠与扶持政策逐步缩小各族群之间在经济发展水平上的差距，从而达到各民族平等。所以，在人们的观念里，少数民族是国家照顾的对象，许多城市管理人员见他们是少数民族，会顾虑他们的民族身份，态度不至于特别强硬。这样，她们就在制度的交叉地带具有了一些汉族游贩所没有的宽松环境和便利之处，能得到制度执行者更多的同情和宽容。

在深圳擦皮鞋已很久的顾 YJ 也说：“我们那边只有凯里、台江等几个县的苗族穿这种衣服，大概有两三万人。政府对少数民族优惠，所以她们能到城里走来走去卖东西。而我们男人就没有这个条件了。”因为男性没有外在民族标识，无法被认出是少数民族，所以就留守家中，种田看孩子。

总体来看，多年的都市经历使得苗家人的族群认同呈现出非常复杂多元的格局。凯棠苗家人在将民族符号资本化、转化为市场利益的过程中，对民族身份和民族文化的认同得到了一定的加强。但是，这并不是一种真实的自我民族认同的加强。他们介入市场的文化策略，即对民族身份的利用，主要建立在国家对少数民族的优惠政策以及社会公众对少数民族的一般性认识的基础之上。他们通过策略性地运用“民族服装”等外在符号来唤醒社会对少数民族的“想象”，以此获得市场利润。所以，与其说他们强化了对本民族的认同，不如说他们强化了与主体汉民族相对应的对“少数民族”整体性的认同更加准确。

本章结论

人口迁移的原因是多种多样的。迁移者不仅可能因为受到自然与生态环境的压力而被迫迁移，也可能因为社会与国家的压力而远走他乡，更有可能为了改善生活而背井离乡。迁移是一种人们主动或被迫改变自身生活区域的行为，往往具有集体性的特征，并展现出不同的影响。迁移对迁移者的影响主要表现为生活环境的改变，这里的生活环境是包括物质、社会、文化、经济等要素的复合结果。而人口迁移是工业化和现代化的必然过程。人口迁移会同时对迁入地和原住地产生影响，对迁入地的影响主要表现在经济、社会、文化等部分，对原住地的影响主要表现在经济、社会、生态等部分。迁移者在迁入地要解决的最重要的问题是适应问题。人口变化是都市化的一个重要指标，由农村向城市的移民对于都市化的推进具有不可替代的作用。如今，发达国家的都市化进程已基本稳定，目前世界范围内正处在都市化进程中的，主要是发展中国家。中国的都市化进程主要分为沿海的都市化与内陆的都市化两部分。沿海地区由于改革开放政策的推动，移民大量涌入，都市化进程很快。内陆地区由于具有丰富的自然与人文差异，都市化进程各有特色。但总体来看，不管是沿海还是内陆，最终走向都市化这一方向都是明确的。

第七章
中国的都市化

关于中国的都市化历程已有许多论著讨论过，在这里，笔者仅讨论中国的乡村都市化、中国少数民族地区发展与都市化这两方面的问题。

第一节　中国的乡村都市化

一、与乡村都市化相关的两个问题

乡村都市化自被提出以后，学术界已有很多讨论，笔者在此不再重复。我们仅指出与乡村都市化相关的两个问题。

（一）乡村都市化是在中国特有的城乡分割的二元体系中提出的命题

首先，笔者认为乡村都市化的命题是中国所特有的。因为都市化本来就要涉及城乡关系问题，又何谓乡村都市化呢？这与中国特有的文化生态相关。具体来说，就是城乡分割的二元结构存在的现实与消灭三大差别（工农差别、城乡差别、体力劳动与脑力劳动的差别）的城乡协调发展的理想之间的矛盾。由于这一问题涉及的面太大，因此不在此展开，而仅谈与都市化相关的问题。

中国固有文化中的一个特色就是“差序格局”。每一个人或团体在这一格局中都有一定的位置，而这一位置主要是固有的、继承的而非依靠竞争获得的。中国的城市正是这一格局的集中体现。纵观中国的城市发展史，城市的政治功能一直得以强化，而其他的功能被忽视，各级城市成为中央集权政治控制网络中的据点，城市的政治地位的高低决定了其自身的规模。鸦片战争以后，殖民帝国在通商口岸发展起一批城市，打破了原有的格局。但很快这些城市又被纳入中央集权的政治网络之中。所以，中国的城市从来没有像欧洲的城市那样有相对的自治权，而是与国家政治体系紧密结合在一起。也因此，城市的发展完全取决于国家的政治导向。①

---

① MURPHE R. The city as a center of change：west Europe and China//WAGNER P L，MIKESELL M W. Readings in cultural geography. Chicago：University of Chicago Press，1962：330－341.

1949年，中华人民共和国成立。它并没有改变传统，而是把城市更为紧密地纳入国家的政治体系中，建立了更为完备的城市等级制。其特征就是行政机构的分级设置与集中体制下非均衡的注入式投资相结合。城市的行政级别愈高，得到的投资就愈多，其经济与社会规模的发展也就愈快。而在这种差序格局中，乡村的地位最低。许多县无论是人口规模还是经济实力都超过坐落于本地的市，可是在行政上却要隶属于市，县自然成为市的输血库。

除了这种城市优于乡村的差序格局之外，我国还建立起了一整套城乡分割的政策，这些政策成为城市与乡村之间的壁垒。这些政策非但未能消灭城乡差别，促进城乡协调发展，反而扩大了城乡差别，延缓了城市和乡村的发展，也成为中国都市化长期停滞不前的根本原因。①

城市经济发展方向的误导使得城市虽有优先的政策，却优先发展不起来。首先是过分强调工业尤其是重工业的发展，而抑制了第三产业的发展。它错误地认为第三产业没有创造真正的财富，不是真正的生产，甚至认为服务业、商业是“资产阶级的”而将其砍掉。这样便造成城市的交通、能源、通信，以及水、气供应的落后；金融业、商业等服务业萎缩，使得城市成了不流通的死水。仅就解决就业方面来讲，重工业的有机构成高，投资成本大，而就业率低，加上城市服务业的压缩减少了大量就业机会。所以，尽管城市居民节衣缩食领取最低限度的工资，让国家能够积累更多的资金投资工业，但是工业的增长和就业机会的增长，还是赶不上城市人口的自然增长。这样，城市连本身的劳动人口都难以吸收，更不要说吸收乡村剩余劳动力了。

而乡村呢？长期以来的观念认为“农村是广阔天地”，是可以容纳各类人口的，不会有失业的问题。所以，每当城市面临人口就业等压力时，就把城市人口往乡村迁移。加上人口政策的失误，农村本身的人口增长很快，人均占有耕地面积越来越少。在集体化时代，由于非生产性的劳动很多（搞农田基本建设，搞政治运动），加上不讲效率，因此尽管人多地少，但还是一年忙到头。农民自身没有经营权，种什么不种什么都不能自主，且经济作物种植受到限制。在这种情况下，乡村变得极为贫困，许多人辛苦劳动一年，连口粮都拿不回来，一天的工值仅几分钱。

在1979年实行联产承包责任制以后，农民的温饱问题很快得以解决。但随着生产效益的提高，隐蔽性失业的问题就暴露出来了。农村剩余劳动力的规模有多大呢？据有关调查，平均剩余率为40%，按当时5.5亿社会总劳动力来算，剩余量为2.2亿。在农用地减少、农业就业岗位减少和人口增加的双重压力下，农村非农产业发展、农村工业向集镇相对集中、居民聚居以节约土地就成为一种趋势，这种趋势必然形成乡村都市化的推力。一方面，这种推力大大超过了大中城市有限的吸纳能力；另一方面，乡村中存在着都市化的拉力，这就是乡村工业的发展、商品经济

① 郭书田，刘纯彬，等．失衡的中国．石家庄：河北人民出版社，1990：214-215.

的活跃，以及对市场、信息、交通的需求。用一句话说，就是需要良好的投资环境和生活环境。在拉力和推力的作用下，“乡村都市化”也就应运而生了。

（二）乡村都市化概念与都市化概念

有关乡村都市化的讨论，首先是概念问题。概念不同，乡村都市化的内容和道路的选择也就不同。费孝通先生说过：“我国农村当前正在发生的重大变化本质上是一个工业化的过程。把工厂办到农村里去的另一面就是乡村的城市化，也可以说城市扩散到乡村去。这可能是中国工业化的一个特点。我们不走把农民集中到城市里去发展工业的路子，而是让农民把工业引进乡村来脱贫致富。这是在一定具体历史条件下做出的选择。这个选择也就决定了农民必须和已有的城市相结合，而产生了我国当前新型的城乡关系。”① 费先生的中心观点就是“工业下乡”（这在他其他的著作中也提到过），使农村剩余劳动力能够就地转移，而转移的地点就是小城镇。

有的人仅从字面上来理解，说中国的乡村都市化，就是将现有的广大农村社区变成城市；然后根据这种误解来批判一通，说这仅仅是一种“乌托邦”，在现阶段是不可能实现的②。

有的学者把世界的城市化历史分成两个阶段。第一个阶段是牺牲农业发展与使农村经济萎缩相并行的工业化和农村人口向大城市聚集的城市化过程。而乡村都市化是城市化发展的第二个阶段，是城市化的深化和总体城市化的完成。这个阶段与第一个阶段不同的是，作为主导的不是农村生产要素向城市转移，而是城市和工业的先进生产要素转向农村、城市关系向农村渗透，这包括大城市过度集中的工业、人口向农村扩散，推动农村工业化、农业现代化，并在此基础上实现乡村都市化，形成城乡一体和城乡融合的大中小级市镇的现代化城市体系。发达国家的城市化是分两阶段走的，而中国则两阶段并作一步走。“不是在完成工业化、城市化之后再实现乡村都市化，而应该选择在工业化、城市化的同时，有计划地积极发展小城镇并逐步使其发挥城市功能。”③

与上一种意见不同，有人认为，乡村都市化就是农村工业向城市聚集，从农业转向非农产业的农民移民城市，原有城市不断扩大和在农村社区建设新的城市的动态发展过程。该观点亦反对把乡镇企业、小城镇模式作为中国农村工业化、城市化最佳目标模式的理论，并认为这种理论导致了“农村病”的产生。④

笔者认为，上述对乡村都市化的看法都是不够全面的，之所以会这样，根本

---

① 周尔鎏，张雨林，等．城乡协调发展研究．南京：江苏人民出版社，1991：322.

② 刘福垣．关于农村城市化的几个认识问题．农业经济问题，1988（9）.

③ 江苏省：农村城市道路研究报告//郭书田，刘纯彬，等．失衡的中国．石家庄：河北人民出版社，1990：214－215.

④ 顾益康，黄祖辉，徐加．对乡镇企业—小城镇道路的历史评判：兼论中国农村城市化道路问题．农业经济问题，1989（3）.

上是因为对于都市化概念的片面理解。在我国，有关都市化的概念受地理学家、经济学家和人口学家的影响比较大。地理学家强调农村向都市转化过程的空间结构和城市体系。经济学家强调从农业向非农业经济结构的变化。人口学家则强调乡村人口向都市集聚的程度。比较有影响的定义是：都市化是居住在城镇地区的人口比例增长的过程，更确切地讲，是农业人口向非农业人口转化在城市集中的过程[①]。

正如前面所述，大多数人把都市化视为人口向城市或城市地带的集中，即农业人口向非农业人口、乡村人口向城镇人口的集中。这种集中过程既表现为城镇数目的增加，也表现为城镇人口规模的不断扩充。城市化的标志是城镇人口占总人口的比重。在这一概念的指导下，乡村都市化的道路就以人口集聚为中心了。只不过有的主张发展小城镇，人口向镇集中；有的主张发展县城，把县城建设为城市规模；还有的主张发展大中城市。总之，他们都认为乡村人口向城镇的集中是必经之路。实际上，这一思想既影响着城市规划者，亦影响着城市决策者。目前都市化过程中所产生的种种问题与这种思路不无关系。

笔者认为，这种认为人口向城镇集中即为城市化的观点是片面的。其一，它不能适应中国的实际；其二，它与当今世界城市发展的方向背道而驰；其三，许多第三世界国家的都市化已有这方面的教训。

首先，谈谈中国的实际情况。

（1）就中国的实际而言，不存在人口向城镇自然集中的社会环境。换言之，在现代化过程中的今天，虽然中国存在着人口向城市移动或集中的现象，但这种现象受到社会制度和政策的控制与限制，因而呈现出一种非自然的状况。这也就是前面所说的户籍、土地、福利制度的制约。所以，虽然城市的就业机会相应增多并且农村有大量剩余劳动力存在，但原有的大中小城市都严格地限制人口增长，吸纳不了多少乡村人口。近些年来实行的暂住证、务工证等措施，使进入城市的劳工队伍更加有组织性。可这些措施，无非规定了他们都是匆匆过客，而不是城市中的永久居民。这些政策也无法在短期内发生根本改变。正因为有这些具体的国情，中国的城市化过程注定采取多样化的途径。然而，把城市化定义为人口向城镇的集中，是无法理解和解释这种多样化的现象及其本质的，同时也无法去概括中国的实际情况，因而无法去指导中国城市化的实践。

（2）城市化的过程涉及城市与乡村。然而强调人口向城市的集中，往往忽略了乡村。中国自 1949 年以来实行的优先发展城市的“二步异化”模式，实际上已被证明并不很成功。城市化应该是城市与乡村同步发展，相互协调。所以说，在中国虽然存在着人口向城市转移与集中的现象，但这并不是城市化的全部。城市化还有另一半，即它还应包括乡村的城市化。但是，从人口向城市集中的定义中，只能推导出人口向城市集中导致原有城市扩大的结果，而无法推导出乡村的城市化。上述

---

① 刘铮．人口学辞典．北京：人民出版社，1986：367.

定义最致命的地方就在于，它只看到了城市化的一部分，并人为地把城市与乡村对立起来。在这种思路指导下的政策，难免不走到城乡分离的老路上去。

（3）除了上述制度限制外，客观条件也不允许将现有的农村剩余劳动力全部转移到城镇。正是在此前提下，有些学者提出了发展小城镇的思路，试图以此把农业剩余人口集中于小城镇。当然，小城镇的建立，不失为一种城市化的途径，也有可能因此带动其周边的乡村逐渐城市化。但是，小城镇的发展并非唯一途径，而且，就目前中国的情况看，小城镇所能容纳的农业剩余劳动力还是很有限的，无法完全消化掉农村的剩余劳动力。

其次，让我们看一下西方当代都市化的发展趋势。许多都市学家把城市分为三类，即前工业城市、工业城市和后工业城市。工业城市是伴随工业革命而来的，人口运动表现为农村人口向城市的集聚。这种人口的集聚非常迅速，大部分西方国家很快就实现了城市人口超过乡村人口，成为所谓的都市化国家。乡村人口向城市集中的定义大致概括了这一时期的都市化特征。随着交通、通信、计算机技术的发展，开始进入后工业城市时期。后工业城市时期的人口运动与前一时期是反向的，即人口从都市中心向四郊扩散。许多大城市（如纽约、费城、伦敦等）的人口逐渐减少，越来越多的人居住在郊区和小城镇。

最后，谈谈第三世界国家都市化发展的教训。第三世界国家的都市化面临着许多困难，主要是人口毫无限制地从农村集聚到都市，使得都市急剧膨胀。迅速的都市化给这些国家带来大量的社会问题。失业、贫困、犯罪、环境污染与这些城市相连。这些国家往往城乡差别特别大，因而乡村的推力很大，把乡村人口推向城市。像墨西哥城、加尔各答等大都市，在城市的边缘分布着大量的贫民窟。从第三世界国家城市发展的过程来看，片面地发展城市、人口增长过快、人口过分集中都是值得吸取的教训。

由此可见，把都市化定义为农村人口向城镇的集中，是片面理解都市化的现象，而且没有把握住都市化这一现象的本质，因此，不仅无法在实践上用它来指导中国城市化的进程，也无法用它来解决中国城市化进程中所产生的问题。所以，对乡村都市化必须有新的视野和新的思路。

二、乡村都市化新的视野

今天，随着都市化内容的变化，都市化的概念亦发生了变化。人类学家认为："都市化并非简单地指越来越多的人居住在城市和城镇，而应该是指社会中城市与非城市地区之间的来往和相互联系日益增多这一过程。"[①] 此即城市与乡村的相互影响。在乡村文化与城市文化互相接触融合后，产生了一种整合的社会理想，即既含有乡村文明的成分，又含有城市文明的成分，这种现象就是"乡村都市化"。随乡

① GULDIN G E. Urbanizing China. Westport：Greenwood Press，1992.

村都市化而来的是城乡差别的缩小，农村的生产力结构、生产经营方式、收入水平及结构、生活方式、思维观念等逐渐与城市接近、趋向同一。我们认为，都市化从人口来看，一方面是居住在都市中的人增加，另一方面是享有都市生活方式的人增加；从空间来看，一方面是原有都市的扩展，另一方面是乡村的就地都市化；从过程来看，经历着村落的集镇化、集镇的市镇化、县城和小城市的大都市化，以及大中城市的国际化这么几个阶段。

现在，许多外国学者开始检讨西方都市化的理论。如地理学家麦基认为西方都市化的理论不适合发展中国家的都市化实际，并提出了与乡村都市化类似的理论。他观察到在过去30年里，亚洲许多国家发生了急剧的社会文化变迁，尤其在大都市中心之间及其边缘地区更为明显，如农业生产活动的日益多样化和商品化，外资输入的增长，以及基础设施，特别是交通和通信设施的改善。这些变化使得城市与乡村的联系更为紧密，城市与乡村的传统差别逐渐模糊。在地域组织和空间结构上，出现了一类有特色的地域类型，即以农业活动和非农业活动并存并且进一步融合为特征。这样的地域既非城市，亦非农村，同时又表现出城乡两个方面的特点。麦基将这种地域称为“desakota”（这是印尼语，其中“desa”意为乡村，“kota”意为城市，笔者将其译为“乡村城镇化”）。

这种城乡融合区，由这么几种类型区组成：（1）一个或多个增长的城市中心；（2）一个以通勤方式与城市保持一定距离的不断扩展的城乡接合带；（3）一个沿着交通干线形成的走廊地带，以及农业和非农业活动混合的扩展地区。按照麦基的说法，在亚洲有三种类型的城乡融合区。第一种类型是，国家拥有强有力的政府，可以颁布有效的土地和农业保护政策。在这些国家里，主要是农村人口向城镇转移，而农业用地保持不变，如日本东京—大阪地区和韩国首尔—釜山地区就是这种类型的典型例子。第二种类型多见于人口稠密的大都市周围地区，表现为从农业向非农业的转变。其特征是，工业化迅速增长，农业人口比例下降，以及作为农业生产的主要部分的粮食种植减少。与此同时，家庭收入增加，运输能力增强，基础设施改善。这类例子有中国台湾的台北—高雄走廊、泰国的曼谷—中心平原地区、印度的加尔各答地区、印度尼西亚的雅加达地区和中国大陆的四个主要沿海地区（珠江三角洲、长江三角洲、京津唐和辽东地区）。第三种类型产生于经济增长缓慢，而人口密度很高的地区。这种类型有这么几个特征：人口持续高速增长、劳动力过剩、收入下降、农业和非农业部门的生产力水平低下。中国的四川盆地（成都—重庆地区）就是一例，那里在过去几十年里总人口增长了一倍，而非农业部门的就业量却几乎没有什么变化，劳动力结构变化太慢。类似这样的例子还有印度尼西亚的日惹（Jogjakarta）地区、南印度的喀拉拉邦和孟加拉国。

城乡融合区形成的条件和过程有这样几个：

第一，亚洲城乡融合区的特征是人口密度高，种植业以小农经营为主，精耕细作的水稻种植占优势。一方面，大范围内人口密度高；另一方面，水稻的种植对劳动力的需求却随季节而变动。这样，在农闲时就有大量的剩余劳动力去寻找非农业的就业岗位。亚洲城市的发展几乎都与原有的人口聚居地在地理上统一，城市居民与乡村居民有着各种各样的亲缘关系，这就必然引起农业和非农业活动的高度混杂以及城市与乡村的密切联系。这与欧美地区形成鲜明的对照。

第二，亚洲的城乡融合区是由于原城市中心的工业再分配或分散布局以及农村地区本身的非农业的增长而逐步形成的，而西方大都会带的形成以市中心居民不断外迁为主因。在日本、中国、韩国等一些国家，引导产业离心化的政策和出口加工区的建立为大城市周围的农村剩余劳动力提供了就业机会。这些国家还通过提高农产品产量、实行价格保护、鼓励经济作物种植和多种经营、发展乡村工业等措施来增加农村的收入。因此，在城乡融合区内，过去以农业经济为主，而后变为非农业活动占主导。这些区域的乡村和集镇居民的生活基础不再是农业，他们有了其他形式的收入来源，包括商业、运输业、工业和其他的非农业活动。家庭内成员的职业开始分化，有的做工，有的务农，有的经商，等等。这样，整个区域内部的经济联系与区域内城市间的经济联系具有同样重要的地位。

第三，亚洲的城乡融合区的土地利用形式是由农业区、家庭手工业区、工业区、郊区以及其他类型的用地高度混合组成的。这样的混合式土地利用有正反两面的效果：积极方面是形成一个现成的市场，消极方面则是工业废物会污染和破坏农用地。相比之下，美国的大都会中间地带散布的是一些居住地，这些地带空气清新，环境舒适，因此成为中产阶级居住的首选之地。

第四，从事非农业活动的妇女增多，这是由于劳动力密集程度高的工业对女性劳动力有较大的需求。①

麦基的理论与我们的一些想法不谋而合。在麦基理论给予我们的启示的基础上，我们通过综合调查研究，把乡村都市化归纳为生活方式转变的过程，即从乡村生活向都市生活转变的过程。笔者在调查中为了操作方便，把都市化归结为五个方面：一是人口结构的分化，从事非农业的人增多；二是经济结构的多元化，第二、第三产业的比重逐渐增加，农业经营方式从传统农业向外向型、商品化、现代化农业转变；三是生活方式的都市化，人们的衣食住行和休闲生活都向都市生活转变；四是大众传播的普及化，随着乡村生活水平的提高，大众传播日益渗透到乡村社会，成为乡村社会变迁的动力之一；五是思想观念的现代化，人们的思想观念从保守、落后、守旧转为开放、先进和进取，人们的文化水平和总体素质都有所提高。

从珠江三角洲的集镇和乡村来看，这五个方面的变化在 20 世纪 90 年代都已发生，只是程度不同而已（见表 7-1）。

---

① MCGEE T G. The emergence of desakota regions on Asia：expanding a hypothesis//GINSBURG N S，KOPPEL B，MCGEE T G. The extended metropolis：settlement transition in Asia. Honolulu：University of Hawaii Press，1991.

表 7-1　六个村（管理区）的主要指标比较

	大宁	龙眼	南栅	下埠	南基	道悦
总人口	1 970	1 850	3 400	3 621	4 080	2 577
非农业劳动力占总劳动力的比例（%）	90	90	95	66	97	80
工农业总产值（万元）	3 052	83 679	4 337	975	64 000	620
工业总产值（万元）	2 320	3 377	3 339	585	3 800	545.6
工业总产值占工农业总产值的比例（%）	76	4	78	60	6	88
人均收入（元）	1 800	1 720	2 200	1 112	4 200	1 182
工缴费（万港元）	3 200	1 718	3 700	600		

注：下埠为 1989 年统计数据，其余为 1990 年统计数据；南基的工业总产值部分是用利息和租金折算的。

乡村都市化并不是都市化的终结，而是都市化的起点。从珠江三角洲的都市化进程可以看到这么几种形式：村落的集镇化，集镇的市镇化，县城和小城市的大都市化，大中城市的国际化。笔者认为前二者可以被划为乡村都市化的范畴。随着经济的发展，当一个地方变富以后，集镇化和市镇化的脚步就开始了。村落变得更像集镇，集镇变得更像市镇，县城和小城市变得更像大都市，大中城市变得更为国际化。

一是村落的集镇化，即村落的各种设施逐渐配套，不再依赖原有的镇，自身已具有镇的职能，村民的生活向都市化转变。我们调查的几个村都发生了集镇化的现象。以大宁为例。大宁在 1978 年以前既没有村办企业也没有商店，交通也不方便，村民购物要到太平镇。现在这里建了三个工业区，以村头的工业区为最大。村头是一片山地，过去人都不敢在那里独自居住，现在那里已成为一片闹市，各类人总数已超过 1.2 万。工业区宿舍的前面形成了一条商业街，商店以经营服装、食品和日用杂货为主，另有几家发廊、照相馆。店铺的门面是管理区建好后招租的，店主不仅有本地人、潮州人，也有部分外省人。这些外省人以前是在这里打工的，积累了钱以后就来开店当老板。一到晚上更热闹，除了放电影、录像之外，还有很多人来摆地摊，形成了夜市。

大宁除了在工业区建厂房和搞“三通一平”外，还兴建了自来水设施、灯光球场、文化康乐中心和连接主干公路的水泥路。这些都是在统一规划下进行的。随着集体经济的不断壮大，福利事业的内容和实惠也就增多了，个人的收入也不断增多。过去人们愿意去城市，向往城市户口，现在反过来了，已迁居城市的人又想迁回来，修高速公路征地时分配了一些城市户口指标，没有人愿意要，最后要去进行动员才有人要。尽管大宁管理区还不是城市，但大宁人认为这里很快就要变为城市。管理区已注意到村的服务业档次还不够高，村民们、外商、其他客户都选择到太平镇（今虎门镇）去消费。于是，新的工业区开始兴建，新标准的酒楼、花园也逐渐建立起来。大宁的集镇化的速度非常快。

二是集镇的市镇化，即随着过去的乡镇镇区人口的增长、城市基础设施的完善、娱乐和文化设施的增加，人们的生活水准日益提高。虎门可以说是乡村集镇、市镇化的典型。虎门镇隶属东莞市，熟悉近代史的人，一定都知道虎门。笔者曾于

1979年到虎门（当时还叫太平镇），那时那里才三两条狭窄破烂的街道，与其他乡村小镇没什么两样。在20世纪90年代，那里就已完全变了样，其街道的繁华、商店的装饰可与省城广州相比。那里的经济增长速度更是惊人。

20世纪90年代的虎门在发展经济的同时，亦注重对投资环境的改善，把一个乡村集镇建设成为多功能的都市：(1) 加快城区基础设施建设，使城镇的各种功能逐步配套完善。共投资1.5亿元改造旧城区，使旧城区面积从1.2平方千米扩大到4.8平方千米。城区原仅有4～5条2千米左右的小街道，现有9条9千米的水泥路。修通镇与外界的通道，将广深主干道加宽到45米，建成了长620米、宽12.5米的威远大桥。(2) 改造虎门太平港，过去仅有五六座停泊100吨位以下船只的泊位码头，到90年代，已设置了大小码头30座、泊位40多个，建好1 000～3 000吨集装箱码头1座。(3) 能源、通信等城市基础设施日益完善，全镇开通程控电话6 000多门，形成了城乡一体的通信网络，可直拨154个国家和地区；太平水厂日供水能力达到14万立方升；建起了11万伏的虎门变电站。(4) 加快农村道路建设，全镇农村共铺了60千米的水泥村道，宽7～12米，可以承受50吨货柜车的压力，实现了全镇城乡道路水泥路化。

市镇的重要功能是综合服务功能。虎门镇在20世纪90年代发展第一、第二产业的同时注意发展第三产业，并且形成了国营、集体、个体一起上，多层次、多方位共同发展的模式。1990年国营财贸部门商品销售总额达3亿多元，仍然是市场的主体。镇一级集体商业发展较快。全镇有九大商业总公司，下辖几十家企业，不仅是虎门第三产业的支柱，也是虎门经济的一个重要组成部分。虎门镇还有个体户3 000多户，近1万人。设立了8个个体商场和综合农贸市场，占地面积达3.2万平方米，还设有灯光夜市。此外，旅游、服务、交通设施逐渐完善。虎门镇每天的流动人口超过2万人次，开往各地的客车300多班，机动车辆5 700多车次，船舶300多艘，还有客、货船直通香港。

三是县城和小城市的大都市化，即县城（包括大的建制镇）和小城市的规模扩大，城市的辐射力增强，其居民的生活方式向大都市看齐。"县改市"和小城市（县级市）升级的普遍化，正是"大都市化"的具体表现。珠江三角洲原有的县，已全部申请改为市；改市以后，随着综合实力的增强，县级市升为地级市又成为趋势。

四是大中城市的国际化，即城市的物质建设和文化建设参照国际化的标准规划。进入20世纪90年代，珠江三角洲的大中城市不约而同地提出"建设国际化都市"的口号。尽管不是每一个城市都具有国际化的条件，但这反映了经济的市场化对城市的职能提出了更高的要求，那就是，随着经济走向世界，必然需要与国际接轨的各种服务业和适合从事国际活动的场所。在乡村都市化发展的同时，原有城市亦有比较大的发展，县级市的出现更是乡村都市化的直接结果。在1978年，珠江三角洲区域仅有广州、佛山、江门、珠海、肇庆、惠州及香港和澳门等城市。1979年增设深圳市。1982年将中山县和东莞县设为市（区域与县相同）。进入20世纪

90 年代，县纷纷改为市，相继有顺德、南海、台山、新会、开平、三水、番禺、花县、增城由县改为市（地域均与县相同）。宝安和斗门两县则分别被划为深圳和珠海市区。这样，1987 年划定的“珠江三角洲经济开发区”所包括的 21 县，仅剩 10 县的建制，而且其中一些县亦正在申请县改市。一些具有较强的经济实力和人口规模较大的建制镇升格为小城市亦指日可待。①

珠江三角洲的都市化过程，是乡村都市化带动整个社会的都市化。这样，乡村与都市的关系较为紧密和协调。从珠江三角洲也许可以看到中国的都市化之路。

第二节　20 世纪 80—90 年代中国少数民族地区发展与都市化

我国是一个以汉族为主体的多民族国家，民族地区的都市化过程与汉族地区有不同的模式。在汉族地区的城市中，亦没有单一民族的城市。少数民族在这些城市中怎样适应、怎样共处呢?

少数民族主要居住在 5 个自治区及云、贵、青等 8 省区中。据 1988 年统计，民族地区的 8 省区共有 72 个市，其中地级市 19 个、县级市 53 个，平均每个省区 9 个市；镇 1 059 个，平均每个省区 132 个。城镇人口 5 827 万人，占 8 省区总人口的 37.8%。② 如果按城市人口占总人口比重计算，那么民族地区都市化水平高于全国平均水平。下面分类描述。

一、边疆城市的都市化——瑞丽

费孝通先生曾提出全国一盘棋的说法，而沿边开放和沿海开放就是一盘棋中的“两个眼”；“眼”做成了，整盘棋也就活了③。20 世纪 80 年代以来，在我国沿边开放了许多口岸。口岸的开放不仅促进了边疆地区经济的发展，而且推进了口岸地区的都市化。笔者对云南瑞丽的考察④，可说明这一点。

瑞丽市是以傣族为主体的少数民族地区，人口 10 余万，除傣族以外就是景颇族和汉族，实行三语制（傣、汉、景颇语），最流行的是傣语和汉语。但一般人都可以讲双语，陪同我们访问的司机是傣族人，汉语讲得很好；而另一位干部是汉族人，也可用傣语交流。据说，随着边贸开放，汉语越来越流行。我们到了几个村

---

① 周大鸣．论珠江三角洲的乡村都市化．开放时代，1995（3）.

② 国家统计局．中国统计年鉴 1990．北京：中国统计出版社，1990.

③ 费孝通．边区开发四题．杭州：浙江人民出版社，1987.

④ 参加瑞丽、峨山调查的除笔者以外，还有顾定国、马京，特此鸣谢！

子，村民们都能讲汉语。瑞丽虽面积仅 1 020 平方千米，但有 169.8 千米长的国境线，与缅甸一江之隔，有些混合区是“一个村子两个国家”。两国的边民许多有亲戚关系，所以来往比较多。过去缅甸的生活比瑞丽好，所以从瑞丽到缅甸去的人很多。在实行改革开放政策后，宗教信仰得到恢复。傣族人信奉佛教，过去每个男子都要出家一段时间。“文革”中毁了很多庙宇，大和尚们都跑到缅甸那边去了。现在村村建寺庙（当地叫臧房，Zong Fang），有的村有 2～3 座寺庙。庙里除了主持的大佛爷以外，还有许许多多的大小和尚；和尚们除了学习经典以外，每天还要从事耕种等劳动。由于村民生活水平提高，奉献给寺庙的财物增多，因此新的寺庙越建越高大，装修也越来越豪华。庙内有电视机、音响、录像机、冰箱，和尚们的生活想来过得不错。

傣族大都住在坝子上。瑞丽的坝子面积有 300 多平方千米，周围是山，景颇族人住山上，汉族人住城里。瑞丽独特的热带植物和宗教建筑、别致的民居，加上傣族人能歌善舞，构成了瑞丽最重要的旅游资源。在边界开放以后，每天的国内外游客非常多，尤其是泼水节前后或夏天，每一家旅馆都爆满。从昆明到瑞丽的公路，由于车太多，正在扩建；从昆明到芒市（德宏傣族景颇族自治州首府）每天有多班飞机。从芒市到瑞丽约 90 千米，需要一个多小时。瑞丽的旅行团的游客不少是讲粤语的，其中一个团来自广东佛山。

边界开放以后，瑞丽建立了两个通商口岸，在姐告建立了一条“中缅街”。瑞丽的口号是把瑞丽建成第二个深圳。缅甸政府也很配合，将边界城市立为特区，在中缅街已建成了缅甸式的建筑一条街，许多商店已经开业；铁路已延伸到边界，这样边界与缅甸的重要城市仰光就被连接起来。原来缅甸边界遍地是穿军服的士兵，使游客畏而却步；后来缅甸已把军队后撤几十千米，只有很少的边防军了。只要办一个特别通行证就可以通过边检到缅甸的边城去旅游。边民们可以随便来往。边城离边检站仅 1.5 千米，乘三轮车就可以进入。我们正遇上边城赶集，人来人往，除了穿着不同以外，没什么其他区别。货物都是中国货。“健力宝”“强力”啤酒都有，另外最多的就是服装和金银首饰。一些店主可以讲汉语，用人民币付钱畅通无阻，店主也特别欢迎顾客使用人民币。边城另有几个旅游点，都是寺庙，规模比较大。边贸开放，给缅甸边民带来很多实惠。许多院落里停着各种小汽车，都是销往中国的。汽车上都有人民币价码，而且标明包上牌照。

瑞丽，主要靠优惠政策，吸引了内地各省市以及香港的商人来投资。投资的重点是第三产业，包括宾馆、酒楼、交通、能源等方面。目前，以广东的投资最多，其次为四川。大量的投资者和经商者，加上大量的旅游者，使瑞丽成了一座特别繁忙的城市。服务业发展最快，旅馆、餐馆最多，一条长一里路的商业街，从早到深夜都挤满了人。商品种类很齐全，从金银首饰、日用百货到电器产品；有许多舶来品，如洋酒、香水、化妆品等。交通工具各种各样，如三轮车、出租车、中巴，还有各类旅行车。

这里不仅有许多外省民工，也有许多“外国民工”来打工。初分一下有两类：

一类是经商的，卖金银首饰、玉器和兑换货币；另一类是做工的，以从事建筑业为主。这些人主要来自缅甸和巴基斯坦（与本地人相比，他们肤色很黑，脸型不同，服饰不同，一眼就可分辨出来）。

瑞丽人的生活水平提高很快。姑娘们穿着打扮很艳丽。消费指数上涨也快。那些餐饮、旅店服务业的价格比起广州来不相上下（以同样品质来比较），比昆明要贵。由于收入增加，因此一般人的家庭生活条件得到改善。

瑞丽的起步依靠的是边贸开放和旅游业。农业以种植水稻为主，还种植了许多热带水果，如柠檬、香蕉、芒果。稻米的质量非常好，价格也较高。傣族的妇女很能干，既可下田耕种，亦会刺绣、操持家务和经商。邻近的勐卯镇有两个办事处，每个办事处有四个村。东边的办事处与瑞丽相连，土地用来建设商品房和其他城市建筑，大部分的劳动力从事服务业和运输业，多余的房间或出租或办旅馆，生活比城里人还好。西边的办事处，约有三分之一的人还从事农业，其他人则到城市经商或从事服务业或运输业。农业以蔬菜种植为主，兼种水稻。这个镇以前以农业为主，后来农业成了副业，乡村都市化的进程很快。村民们的新楼虽是砖建的，但风格还保持傣楼的形式，建筑四面都有窗，楼下做客厅和厨房，楼上用来睡觉，上楼就要脱鞋，席地而坐。家中都有佛龛用于崇拜，在佛龛旁边摆着电视机。原来旧的竹楼被用来饲养牛、猪或家禽。傣族人非常讲卫生，村里、屋内都很清洁。村里也新建了寺庙，说明了宗教生活的重要性。

二、少数民族地区的都市化——峨山

峨山在玉溪南约 50 千米，平均海拔约 1 200 米，汽车行走一个半小时可到县城。峨山总人口 10 余万，总面积约 1 800 平方千米，以彝族为主，其次为哈尼族和汉族、回族。[①] 由于是自治县，因此不用上缴税利，并且国家每年有一定的财政拨款。县里有两个镇，一个是县城，一个是小街镇。县城建设得很规整，商店很多。一到晚上，城里就很热闹，电影院、录像室和商店都营业，在街上也有卡拉 OK。最热闹的是饮食街，一直营业到深夜一两点。县城是昆明通往西双版纳和其他地方的必经之路，来来往往的车辆很多，主要是货车。县城里也以旅店和餐馆为主，有个新建的集市，有许多经营山货的贸易公司。县城的企业并不多，主要是政府机关和服务行业及学校。县城的邮局、书店相当大，另设有民族中学。县城内政府的干部喜欢系领带、穿西服，即使不穿西服也系领带。其他人的穿着与昆明人差别不太大。那些进城来的乡下人，男子喜欢戴军帽，女子则穿着本民族的服装。大部分人会讲汉语（昆明话），但更多的是讲彝语。本地人告诉我们，峨山最穷的是汉族和哈尼族，而最富裕的是回族，地位最高的是彝族。县里从上到下各级机关一把手都是彝族人，回族人善于经商，哈尼族人居住在最偏远的山上。峨山过去非常穷，

① 峨山彝族自治县人口普查办公室．云南省峨山彝族自治县 1990 年人口普查资料．1991.

1979 年以后，随着商贸业的大发展开始富裕起来。

我们主要调查了峨山小街镇的文明办事处和高平乡。文明办事处管两个回族村，是 1991 年才成立的。村里回族人占大多数，总人口 1 400 多。有两个清真寺分属不同的教派：一个分属什叶派。这里 90%的回民属于什叶派，其清真寺规模很大；还有学阿拉伯语的学校，是 1985 年重修的。另一个清真寺刚刚完工不久，据说属于这个教派的只有十几户人家，可是他们也合资兴建了清真寺。这个寺占地不大，寺里殿堂的规模仅略小于另一个清真寺，而且建筑更为考究，门窗全部使用铝合金和茶色玻璃。村里人估计其建设费起码要 50 万元。仅此就可想象这个村的富足。村内的大部分建筑是两层楼房，并都有院墙，建筑风格和装饰是伊斯兰式的。回族人爱清洁，院落内都打扫得很干净。每家的住宅面积都很大，通常都是大家庭住在一起。女人一般都不外出工作，仅操持家务，而男人则大部分时间在外从事商贸活动。这个办事处的主要经济产业是运输业和贸易。回族人有经商的传统，这个村的男人在 1949 年以前许多在马帮搞贩运，从云南昆明到缅甸、泰国，贩运各种货物。从 1978 年开始，许多人又重操旧业，进行长途贩运和跑运输。回族人既齐心又大胆，什么生意都敢做，资金积累很快。他们在有了资金以后就购买拖拉机、货车专门跑运输。现在 70%的家庭有汽车，有的家庭甚至有两三辆，并成立了“文明车队”。峨山县的运输几乎被他们垄断了。也有人开中巴和出租车。这个村在 1978 年以前还是农业村，现在种田的人已经很少，大多数人把田让给邻近的一个汉人村或者村里的其他人耕种。这里在 1991 年全部被划入城镇，成了街道办事处。这个村电视机已经普及，但村里没有其他娱乐场所。宗教是居民生活中最重要的部分，男人们只要在家就都会去寺里朝拜（只有男人可以进寺），听人念经。他们家中都有古兰经，挂历都是伊斯兰教日历。村中也每年有人去麦加（沙特）朝圣，朝圣的费用都要自理。但由于有名额限制，因而想去的人都要排队等候。

走进邻近的汉人村，你会觉得进了另一个世界。村民的房子全部是土筑的或土砖砌的。土砖房子比较新，说明是新盖的。村里没有水泥路，比较脏乱。在村北面是新区，都是用土砖盖的两层楼房。这个村过去是农业村，专种水稻，后来开始种烤烟才逐渐发展起来。烟种子和技术都由玉溪卷烟厂提供，该厂也包收购。但种烤烟需要经验，当烟叶收回来以后，烧烤烟叶更需要技术。我们访问了司机的舅舅，他是一名成功的烟农，他种的烟的长势比周围的都要好，因此盖起了新房。他是从农业技术学校毕业的。而村里大部分人种烟不大成功，因为该村传统的种烟方法与新技术不同，他们又不愿意接受新技术。

高平乡在县城西南约 30 千米处，是 1985 年新成立的一个乡，是由其他两个乡各割几村合成的。按乡书记的话说，别人不要的村都扔给了他。这个乡是全县海拔最高的，有几个村的海拔高度在 1 800～2 000 米，总人口 3 000 多，辖 5 个村。高平乡的行政楼就在公路不远处，围绕着该中心已有一所中心小学、一家卫生院、一两家小食店和杂货店。乡书记说，他计划把行政楼前面的一块地全部填平，沿着公路发展一条商业街。现在高平乡的工业主要是采石和采矿。农业过去单靠种苞谷

（玉米），现在则是多种经营。高平乡办了茶场，是他组织开垦出来的，已经种上了茶树。由于这里海拔高，过去不能种烤烟，现在发明的新品种可以在 1 200～1 400 米的坡地上种植，因此各村都在大力推广种烟，已成了高平乡的主要财源。1992 年，烟草业上交给乡政府的钱就有 20 多万元，乡政府以此购买了一部上海产的桑塔纳小汽车。他们对这辆汽车很珍惜，只有到县城、玉溪市去时才用，用过以后都要洗，然后用防雨布盖起来。下村都是开吉普车，山路难行，从乡政府到最偏远的哈尼族村要花 3 个多小时。

深果村辖 3 个自然村，其中 2 个是彝族村，1 个是哈尼族村。哈尼族村有 300 多人，村落依山而建，全部是土筑房屋，屋顶是平的，可以作为晒谷场；室内又黑又小，但都有阁楼，阁楼是睡觉的地方。这个村没有任何工业，在山冲里有 100 来亩地，种苞谷和稻子，在山坡上也开辟了一些耕地种苞谷，但产量很低。村里小孩很多，但大多穿着又脏又破的衣服。养的猪就在村道上行走。在山冲里有一块平地是小学校，立有一个篮球架。正值产蘑菇的季节，村民们都上山去采蘑菇。有一个小伙子骑着摩托车从县城来村里收购蘑菇，收购的山货全部装在手扶拖拉机车厢里。有些村民觉得小伙子出价太低，要赶到县城出售，据说爬山路到县城只要 3 个小时就够了，比汽车、拖拉机还快。

总果村在哈尼族村的另一个方向，从乡政府到总果村约两个小时。总果村海拔约 2 000 米，汽车在山背上行驶起伏并不太大，比起去深果村的旅程算是舒服多了。总果村比较大，从外表看村容也比较好。一条水泥大道横贯村中，村中有太阳能的浴室和卫星收视天线，有电视的家庭亦多些。村中有不少人在县城工作，还有一批人去了深圳民俗村工作。房屋虽然仍是传统彝族式的，但建筑材料有变化。各家用水管把山泉引进院里——成了自来水。虽说是夏天，但由于下雨，堂屋中生了火以御寒。家庭的食物中有糖包子（这是汉族人的食品），他们 10 点钟才吃早餐，仍保持着两餐制的习惯。主人解释说，因为彝寨的田地离住地较远，都在山脚处或山坡上，劳动都早出晚归，就只吃两餐了。这个村的主要经济来源是种烟草，其余是种苞谷，农闲时就出去打猎，所以家家都有几杆猎枪。村里人的穿着比哈尼族村人好多了。下雨天有人打着各种花伞，也有穿传统棕衣的。据说大部分村民会讲汉语，是个汉化程度较高的寨子。

三、藏区的都市化——堆龙德庆①

西藏，地广人稀，经济生活独特，都市化的程度相对较低。其聚落的发展与寺庙和行政中心的设立相关。自改革开放以来，西藏自治区的发展战略之一就是走小城镇发展的道路。但小城镇发展的动力主要是外援，是一种“注入式”的都市化。

① 本部分主要参考：格勒，李涛．中国藏区乡村都市化趋势//周大鸣，郭正林，等．中国乡村都市化．广州：广东人民出版社，1996.

西藏能否通过自身的发展走向都市化之路呢？从堆龙德庆区的发展可以获得这方面的启示。

堆龙德庆区位于西藏自治区首府拉萨市西郊，距市中心仅 14 千米。全区绝大部分处在雅鲁藏布江流域、拉萨河南拐弯处及其支流堆龙河两岸。区西北连接藏北草原，东南与藏南河谷构成一体。最高海拔 5 500 米，最低海拔 3 640 米，高差约 1 860 米。堆龙德庆，藏语为“上部极乐”之意。这里具有悠久的历史，早在松赞干布时，即已成为吐蕃王朝社会经济开创地区之一，成为逻些（今拉萨，吐蕃之都）的“粮仓”。后来，堆龙德庆一直以农业种植为主，兼有一定的畜牧业。1992 年，全区面积 2 600 多平方千米，下辖 12 个乡“镇”、90 个行政村。全区总人口 6 500 户，33 581 人；其中农业人口有 6 128 户，31 181 人，分别占总户数、总人口的 94.28%、92.85%；藏族占总人口的 90%左右，其他民族几乎都集中在县城。[①] 从堆龙德庆的变化我们可以看到西藏都市化的进程。

（一）生产、经营方式的变化

自改革开放以来，农村不但出现了民族手工业、交通运输业、建筑业、餐饮服务业等，传统的农牧业生产方式也发生了很大的变化。

据统计，在 20 世纪 90 年代，堆龙德庆共有乡镇企业 28 家。从经营范围看，既有水泥厂、矿泉水有限公司、综合福利服务公司，又有哈达厂、粉条厂、糌粑加工厂等；从乡镇企业的资金来源看，除县、乡投资和群众个人集资外，还走出县门、区门，展开横向联合，充分调动一切可以利用的资金，如东嘎联营水泥厂，是由东嘎镇与甘肃省乡镇企业局经济开发公司共同投资筹建的。总之，堆龙德庆的乡镇企业的崛起和迅速发展，对改变农村生产结构起到重要的作用。

多种经营的兴起，给堆龙德庆的农村经济带来的变化更大。该地的多种经营重点以拉萨为依托，因地制宜，发展各种行业，主要项目有运输、加工、采集、建筑业、商业、饮食业、服务业等。据堆龙德庆政府统计，到 1993 年 9 月止，本地多种经营从业人员已达 4 291 人，占本地农业劳动力的 25%。农民拥有汽车 329 辆（其中出租车有 34 辆），大中型拖拉机 159 辆，手扶拖拉机 610 辆，主要集中在东嘎、羊达、乃琼和加热这些距拉萨较近的乡镇。仅东嘎一镇就拥有汽车 103 辆，夏冲村几乎平均每户都有一辆拖拉机（包括手扶拖拉机）或汽车。农民不仅使用汽车、拖拉机及时把农副产品运出去，把农用生产资料和日用商品运进来，而且用它们为附近的国家厂矿或一些乡镇企业跑运输，甚至去格尔木、樟木口岸拉货物。一些农民则买了大小客车，从事客运，既跑拉萨，又跑泽当、日喀则等地，既增加了自己的收入，又方便了群众出行，加强了城乡联系。现在从拉萨到堆龙德庆，人们随时可以搭乘上农民的“招手停”。

---

① 拉萨市情调查组．中国国情丛书：百县市经济社会调查：拉萨卷．北京：中国大百科全书出版社，1995.

（二）劳动力结构的改变

在20世纪80年代以前，堆龙德庆与西藏其他地区一样，农村劳动力绝大部分从事农牧业，仅极个别兼营副业，劳动力结构单一。但现在，农牧民不仅从事农业、牧业，还从事工业、建筑业、交通运输业、商业、餐饮服务业、金融保险业和文教卫生业等。

在各行业中，农牧业劳动力逐年减少，从1984年到1992年，农牧业劳动力在总劳动力中的比例下降了近10个百分点；相反，从事其他行业的人员几乎都在不断地增加，特别是从事交通运输业、邮电业的劳动力和外出劳动力，他们在总劳动力中所占的比重分别从1984年的2.49%和4.54%上升到1992年的5.60%和8.39%；商业、餐饮服务业劳动力增长速度也较快，1984年只有139人，到1992年增加到218人。1984—1992年的工业劳动力不但占比小，而且在大幅度下降，这主要是因为20世纪80年代中期，堆龙德庆与内地联营建立起来的各种县办、乡办、村办工厂和加工厂，由于管理不善及资源缺乏，纷纷倒闭，所存无几。1992年建筑业劳动力比1988年有所减少，这是由于20世纪80年代后期拉萨大规模的“四十三项工程”造成当时农村建筑业劳动力猛增，但从总的趋势来说，建筑业劳动力仍在不断增加。

至于外出劳动力，不但数量大，而且增长速度最快。据我们的调查，堆龙德庆外出劳动力实际人数远远大于统计数字，特别是那些靠近城市、交通方便的地方，在农闲季节，几乎50%～60%的人外出做工，其中去拉萨打工的占90%以上，5%的劳动力流向西藏第一大城市日喀则（距拉萨只需乘坐几个小时的汽车），其余的则流向樟木、亚东、格尔木和内地，还有为数不多的人去了尼泊尔、印度。乡村外出人员既有跑运输、搞建筑的，也有做买卖、当木匠画匠石匠、制青稞酒、打杂工的，他们是一支不可忽视的、逐渐壮大的劳动力队伍。

（三）生活方式的变化

经济结构的改变，劳动力的分化，使生活方式发生了变化。

1. 食

长期以来，藏区农村饮食结构单一，主食仅糌粑、牛羊肉，很少人吃蔬菜，而且蔬菜品种较少，只有萝卜、土豆、白菜等；在灾荒年，人们常以野菜充饥。而现在，由于与城市联系增多，受都市饮食习惯的影响，其饮食方式也逐渐复杂、多样化起来。例如，我们曾对堆龙德庆乃琼三村二队八珠家就一日三餐问题进行采访，主妇边巴卓嘎说：“早上我们一般吃馒头，喝酥油茶，偶尔也吃点糌粑；中午常常吃面条；晚上吃米饭、炒菜，有时也吃面条。炒菜？可多了，有粉条、花菜、黄瓜……和城里人吃的差不多。”据了解，馒头、面条、米饭和炒菜，已成为乃琼甚至其他藏区大多数农民家庭的日常饮食。总的来说，藏区农村饮食变化表现在四个方面：

（1）主食结构有所改变，副食品种更加丰富。过去藏区农村以糌粑为主食，但现在农民越来越喜欢吃面条、米饭，在靠近城市的一些乡村，如堆龙德庆的乃琼、柳梧等地，面粉、大米成为主食，糌粑反倒成为偶尔品尝的食品。副食种类越来越多，农民过去极少吃的蔬菜、水果也已频频出现在其餐桌上。当然，农民在副食上的开支也越来越大，据农村抽样调查队统计，1985年堆龙德庆农民在主食消费上年支出81.56元，副食支出68.05元，到1992年时，主食支出145.04元，副食支出179.74元，副食支出明显超过了主食支出。1985—1992年间，牛羊肉等藏族传统食品的消费量在下降，而水果等类型的食品的消费量却成倍增加。

（2）炊饮方式更加丰富。由于农村与外界的联系加强，从外面（主要是城市）传入了不少新的炊事方法，炊事用具的更新、燃料的改变也为之提供了条件，而乡村加工业的兴起，又进一步加速了炊饮方式的丰富化。如在乃琼出现的十几个面条加工作坊，彻底取代了当地农民手工做面。作坊加工的面条，不但味道好，而且形状有宽有细、有块有片。

（3）农民外出就餐现象越来越多。据农村抽样调查队统计，1985年堆龙德庆农民在外饮食开支人均2.62元，到1992年，其开支已增加到人均8.17元，增长了2倍多。

（4）在农民消费的食品中，购买食品增多。堆龙德庆农民从1985年到1992年，除牛羊肉一项外，其余所有食品无论是在重量上，还是在现金支出上都大幅增加。购买食品量增长，首先说明了农村经济的发展，农民已具有了一定的购买力；其次说明了我国藏区农村社会分工更加明确，农村经济自给自足的状态被彻底打破，农村与城市的经济联系更加密切；最后，市场经济的繁荣也为这种现象提供了条件。在乡村，既有星罗棋布的小卖部，又有零散的农贸集市。乃琼的农民不必去县城、拉萨，在本乡就能买到临近的包工队或厂矿职工家属叫卖的蔬菜，所以这个乡的农民仅夏天种点蔬菜食用，冬天大都以买菜为主。

2. 穿

过去藏区农村大部分地方靠自己捻毛织布，农闲时，请人到家里去做氆氇藏装。堆龙德庆的农民也一样，不过好的藏装还得从山南购买或定做。那时不管男女老少，绝大多数人穿藏装。后来，在劳动生产中，人们渐渐发现厚重的氆氇藏装不如汉装方便，个别思想开放的人率先穿上了汉装。现在在农村，特别是靠近城市的农村，已很难见到穿藏装的年轻人，藏装仅成为老人或年节时人们的一种装饰。年轻妇女在藏历初一穿过藏装后还会感到腰痛，因为她们已不习惯长裙重坠的沉甸。在我们调查过的一些乡村，人们甚至已形成了一种观念：穿藏装“土气”。走亲戚或进城穿藏装会使他们感到害羞。不仅乡村着装的样式在变化，乡村人对着装面料的选择、服装的制作方法等也同样发生了变化。人们已很少使用氆氇，即使做藏装，也宁愿去商店购买棉、化纤、呢绒、丝绸等布料，而且不再请人到家中缝做衣服，而是将布料送进各种裁缝铺。更值得注意的是，藏区农民越来越喜欢购买成衣制品。

3. 住

随着农村经济的发展，农民的居住条件也在不断改善。从 20 世纪 80 年代以来，农民纷纷修建新房，到 1990 年前，堆龙德庆已有 70%的农户搬入了新房。农民的人均住房面积急速增长，从 1985 年到 1992 年，堆龙德庆农民人均使用房屋面积增加了 1.75 平方米，人均使用房屋价值增加了 813.09 元。20 世纪 80 年代农村建筑的房屋，一改过去的简陋，修建得精细漂亮，而且在用料上引进了现代建筑材料，如钢筋、水泥等，使乡村农居无论是外观还是内部结构都与城市居民住宅相差无几。另外，在生活设施上，农村也发生了很大变化，卫生讲究的厕所代替了随地大小便的现象，燃料从牛羊粪、草料逐步向木柴、太阳能、电等过渡，甚至液化燃料已出现在农户家中。经常外出的农民，当然不会忘记买上几件自己在城里见到的新鲜玩意儿带回家，所以许多农民家庭的陈设日新月异。在我们调查过的农户中，发现他们与城市居民在室内装饰上越来越接近。

4. 用

据农村抽样调查队对堆龙德庆农民的家庭用品的抽样调查，1992 年农民人均家庭用品消费比 1985 年增长了 147.85%，而且家庭用品的内部结构发生了明显的变化，文娱用品和书报杂志费用越来越高。农民家庭拥有现代化家电及用品的越来越多。在 20 世纪 80 年代初，堆龙德庆的大多数农民从未见过电视机，一些偏远地区的乡民甚至不知电视机为何物，而到 1992 年，拥有电视机的农民家庭已为数不少，特别是那些靠近拉萨的乡村，如柳梧乡夏冲村的农民，有 70%的家庭已购买了彩色电视机。黑白电视机逐步被淘汰。一些传统用具也被改进了的现代用品替代，如电动搅拌机出现在一些农户家中，代替了千百年来藏民打制酥油必不可少的用具——酥油桶。

各种家庭用品的现代化和更新，无疑会直接影响农民生活方式的变化。

5. 休闲娱乐活动

过去村民们在干完农活家务后，常爱集中在一起唱歌跳舞、喝青稞酒或者打藏牌、掷骰子等，不过那时农村的文化娱乐方式较单调。随着改革开放，藏区农村生活发生变化，其文化娱乐方式也日渐丰富多彩：有看电视、录像和听录音机的，有打台球、玩电子游戏机的，有唱卡拉 OK、进舞厅跳交际舞的，有坐甜茶馆打麻将的……城市居民的所有娱乐方式几乎都已在农村出现。

城市化改变了农民的衣、食、住、行，给我国藏区乡村输入了一种全新的生活方式，打破了长期以来藏区农村封闭落后的氛围，彻底结束了农村自给自足的状态，出现了农业依赖工业、依赖外界、依赖城市的现象。

（四）文化素质的提高和价值观念的转变

人是所有社会变革的主体，而人的文化素质的提高和价值观念的更新又是社会变迁的重要表现。随着我国藏区乡村社会经济的发展，农牧民自身也发生了很大的变化，主要表现为：

1. 农牧民文化水平普遍提高

在西藏和平解放前，文化知识是属于领主和僧侣阶层的特权。在和平解放后，党和政府在藏区推行义务教育和扫盲教育，使农牧民的文化水平得到了很大提高。但20世纪六七十年代的多数农牧民对农村教育缺乏主动性，属强行灌输型。而到八九十年代，由于生产、经济的现代化和与外界的频繁接触，广大农牧民逐步认识到文化知识的重要性，对农村教育的态度由被动转为主动。他们主动接受扫盲教育，1993年，堆龙德庆扫盲人数达5 000多人；他们积极参加各种技术培训班，如农业技术培训班、蔬菜技术培训班和养猪技术短训班等；学语言已成为藏区农牧民们的一种新潮流。一名三四十岁的村民告诉我们："过去不懂汉语，与内地老板做生意多多地吃亏了。"

如今的农牧民不仅注重自身文化知识的补习，而且相当重视下一代的教育。在改革开放初期，刚实行土地、牲畜归户时，大多数农村家庭更愿意将学龄儿童留在家里照看更小的孩子或放牧牲畜。尽管那时学校已实行义务教育，老师也采取"读一天书发给学生一天补助"的办法来吸引孩子读书，但入学率仍很低。到20世纪80年代末90年代初，现代化的生产、生活使农牧民认识到文化的重要性，这时他们不但积极主动地送孩子上学，而且尽可能地为孩子选择好学校以接受更好的教育。如乃琼的一些"万元户"将自己的子女送往邻近厂矿子弟学校就读，甚至花高价送去拉萨学习。而且，在国家教育经费紧缺时，农牧民们便自己捐款或出力修建、维修校园，为学校购买新的教学设备。据统计，从1988年到1990年，堆龙德庆依靠群众为改建26所民办小学集资和投工献料共折合人民币达26万元，同期国家补贴仅7万元。

2. 婚姻观的变化

20世纪六七十年代，由于城乡生活条件的巨大差异，农村姑娘们在选择对象时，梦寐以求的是能嫁给一位吃"皇粮"、有"铁饭碗"的国家干部，期冀有朝一日能"跃龙（农）门"，农转非，成为"城里人"。当然，极少出门的农村姑娘要找到一个城里人当对象是不容易的，所以那些从农村参军入伍的军人们便倍受姑娘们的青睐，因为只要他们提干升级，转业后就会有一份好工作，成为非农业人口。但到了20世纪80年代，由于城乡差别缩小，农村人的择偶标准发生了很大变化，城里人的吸引力在逐步减弱，而农村那些兴农养猪"专业户"、经商能人等成为人们择偶的优先对象，"有钱哪里找不到媳妇"似乎也成为农村小伙子们勤劳致富的动力。

3. 宗教信仰上的变化

在刚改革开放时，农村出现了"宗教热"。农牧民一有空闲就去寺院或去转经、煨桑，为了参加一些宗教活动甚至会放下手里的农活；家庭收入除留下家人全年的生活必需外，全部捐献给寺院；有人生病、去世或结婚，其家人都得请喇嘛念经、打卦。近年来，藏区农村的宗教信仰正在悄悄地发生变化。尽管随着农村家庭经济收入的增加，家庭平均宗教开支不减从前，甚至超过过去，但更多的资金却被用于家庭扩大再生产；在婚礼、葬礼上，同样会请喇嘛念经，而且排场、阵势超过以往，但这似乎已仅仅是家家户户赛富的一种象征、一种习惯性的做法，宗教虔诚在逐渐减弱；有人生疮害病，首先会被送往医院，如不能治愈，再去寺院请喇嘛打卦念经。

4. 大众传播的普及和信息交流的加强

以寺院、村落、亲属为核心的社会关系圈长期以来存在于藏区农村，随着改革开放，农村的生产、生活方式发生改变，农民与外界联系加强，封闭、保守的固有社会关系圈被开放、现代的新型社会关系圈取代。就农村内部看，“族”与“部落”的界限被打破，人们不再只以血亲、姓氏划分群体，而更多地根据经济利益形成集团。一个聚居区内户与户之间的交往、联系也发生了变化。例如，电视机出现在少数家庭，这些家庭便成为全村男女老少闲暇时的聚集点。当更多的家庭拥有电视机和录像机后，便出现了全村老人集中于一家一起看藏语片的景象。此外，近年来甜茶馆逐渐成为农村人活动的中心。这里既有年轻人，又有老年人；既有男性，又有女性（几年前，女性进甜茶馆还会被人取笑）。人们既来这里休息、谈情说爱，又在这里洽谈生意、交流信息。甜茶馆已成为乡村人娱乐、联络之地。

就农牧民与城市居民的联系来看，20 世纪 80 年代，随着城市第三产业的发展，一些人将他们的农村亲友接到城市并帮助他们从事各种买卖活动。这些人一个月所得的收入一般超过国家干部的工资，于是常常反过来接济、帮助城市的亲戚。我们在拉萨市八廓街调查时，发现许多从农村来的个体户是靠城市亲戚帮助租房或投资开铺才跻身城市个体户行业的。当然，他们一旦立足于城市，就又会带来更多农村亲戚。而且，他们与城市居民的关系也越来越密切，也就是说，农牧民的社会关系圈在不断扩展，不但农牧民内部的交往方式发生了变化，内部联系更加频繁，而且加深了农牧民与城市居民的关系。

与外界联系的加强，各种信息传播媒体如电视机、录像机和藏汉文版的《西藏日报》《西藏科技报》等报刊的出现，使农牧民对外面的信息了解得越来越多。

5. 商品意识的形成

在自给自足、封闭落后的农村，长期以来人们的商品意识都较为薄弱。但在 20 世纪 80 年代末 90 年代初，农村生产经营方式的变革，促进了农牧民价值观念的改变。经常外出干活的农民，不得不雇请他人来帮忙干自己承包地里的农活，或者将自己的承包地暗中出租给他人（国家政策规定土地不能转让）。但不管采取哪种办法，实质上最后都得以商品交换形式实现。另据我们调查，在 20 世纪 90 年代初，堆龙德庆拥有车辆的农民，一般是通过外出打工等积攒一笔资金，先买一辆旧式东风卡车，雇请一名会开车的司机，每天支付七八元的工钱（提供食、宿），然后自己跟车学习，一年后辞退司机，自己驾驶。待赚到更多的钱后，再卖掉旧车买新车。也有一些人，先去有车的人家“打工”，帮司机干活，不但一天能赚到四五元钱，还能学习驾驶技术，到技术熟练后再自己买车。不管是买车、换车，还是雇请司机、打工学艺，无不体现出堆龙德庆农民日臻成熟的经商意识。当然，农牧民商品意识的形成，是农村进入商品社会必不可少的条件。

四、结论

从峨山高平乡和文明办事处来看，两者发展的道路是不同的。峨山高平乡以烟草种植为主，成了玉溪卷烟厂的原料生产地，此外兼种茶叶和山货，粮食只能自给。工矿业比较成功的是开矿和水泥厂，这是本地资源。高平乡虽然交通不便，没有什么工业，但是人少，山地面积大，现在大部分的山地已绿化，封山育林，林木成材以后将会成为重要的产业支柱。目前商业的网络已渗透到乡村，每个村都办了学校（初小），乡有中心学校（高小和初中），教育已普及山村，教师都是专科或本科毕业生。学校的经费主要由国家财政拨款，但一部分靠乡政府支付，以保证教师的收入不低于县城人的平均收入。

峨山文明办事处走的则是另一条路。它以商贸起步，发展运输业，很快就完全取代农业，完成了乡村都市化的进程。它成功的原因在于回族人重商的文化传统，因而起步早，发展快，率先富裕起来。

峨山县城也是在商业服务业发展起来以后，生活水平才有了大的提高。现在县里的集市，方圆几百里的人都来赶集，昆明许多单位和公司都来拉运山货。一个山区县城，有3万～5万人来赶集，反映了商业的繁荣。

西藏的堆龙德庆，发展的道路颇为复杂。20世纪80年代在发展小城镇、发展乡镇工业的政策指引下，与内地联合办了村、镇、县级企业。但由于堆龙德庆既无工业原料，又缺能源，同时还缺管理和技术人才，因此几乎所有的企业都倒闭了，银行的贷款亦无法收回。最后，它只能选择依靠自身资源来发展的道路。其第一个资源是农业，就是把单一的粮食种植改为多种经营，如种植蔬菜等。其第二个资源就是临近首府拉萨。拉萨在旅游业兴起后，服务业发展很快，大规模的基础设施建设需要大量劳动力，堆龙德庆人就输出劳动力，从事建筑业和服务业。虽然大部分人是兼业型的，即农忙时务农，农闲时做工，但劳务输出已成为其收入的重要部分。其第三个资源是地处交通要道，拉萨通往尼泊尔的国防公路从堆龙德庆经过，因此其发展交通运输业，包括客运和货运。尽管非农业劳动力仅占18%（没有统计兼业者），城市人口占的比重还不是很多，但商业思想已深植入藏族人的脑中。

两个民族省区发展的一致的地方，就是都市化的进程与汉化的进程是同一的。首先，从语言上看，过去政府强行推广汉语，效果不是很理想，但是随着商业的发展，要做生意就必须与汉族人打交道，就只能学习汉语。堆龙德庆现在许多人通过电视来学习汉语，汉语的普及在云南和西藏是一致的。其次，从生活方式的转变来看，衣、食都在变化，除了傣族还保持本民族服装（主要是妇女）外，彝族和藏族的服饰逐渐汉化；饮食结构，尤其是餐馆中的服务方式汉化程度更高。再次，从经济结构来看，无论是农业还是服务业，经济结构的转化、农产品的商品化程度都越来越高，少数民族地区与汉族地区的经济联系越来越紧密。最后，观念意识也发生了变化，如一些藏族人觉得穿藏装工作起来不方便，就是一例。但云南的瑞丽，除了语言上的汉化以外，其他方面还保持着强烈的民族风格，无论是建筑设计还是餐饮服务业，都保持着傣族的风格，因为瑞丽人认为民族的风格和民族的文化是吸引旅游者的最重要的因素之一。

另一个共同之处，就是这几个地方都保持着虔诚的宗教信仰。文明办事处的回族人信奉伊斯兰教，彝族人信奉民间信仰，瑞丽人信奉小乘佛教，堆龙德庆人信奉藏传佛教。宗教生活不仅成为他们日常生活的一部分，也成为保持民族认同的重要因素。在商品经济发展的今天，宗教节日和宗教建筑又成为吸引游客的重要资源。

少数民族地区与沿海地区走的是不同的乡村都市化之路。沿海是以乡镇企业起步，带动第三产业和小城镇的发展，乡村工业在沿海地区扮演着重要的角色。而在少数民族地区，大多有过办工业失败的教训。笔者认为，选择的道路不同是因为自然条件和人文条件不同。沿海地区自然资源缺乏，人口密度大，因此就业的压力比少数民族地区大；同时，沿海地区有比较好的商业传统和工业基础，选择工业来发展的实践已被证明是正确的。而少数民族地区人多地广，资源比较丰富，既有自然资源，又有旅游资源，就业的压力不大，又缺乏办工业的基础，实际上办工业很可能导致对旅游资源的破坏。从少数民族地区的发展来看，乡村都市化并不一定需要乡村工业来启动，商业贸易和旅游业的发展所带来的财富并不亚于工业。相比之下，在沿海，由于片面强调办工业，因此一些原有的旅游资源已被破坏。所以，因地制宜地选择自己的发展之路才是上策。

第三节　中国大都会区的发展

大都会区的发展是改革开放之后，我国都市发展的一个重要现象。在快速的城市化进程中，人口迅速向城市转移，形成了超级城市的景观。那么，大都会区的发展是如何快速实现的？在从农业社会向工业社会转型的过程中，城市移民又充当着怎样的角色？

一、21 世纪初泛珠三角地区的发展

自改革开放以来，珠江三角洲的经济取得了飞跃的发展。伴随着工业化、信息化的进程，城市化在不断前进。在珠江三角洲都市化进程中，由于城乡二元分割政策，都市化分成了两块：原来的都市与迅速崛起的都市本身的发展和广大乡村的都市化。尽管两者是紧密相连的，但政策的不同导致两者在发展过程中存在不同的特征。原来的都市如广州、佛山等地，迅速崛起的都市如深圳、珠海、东莞、中山、

顺德等地，在都市化过程中享受着城市的待遇；除了享受都市政策的地区之外，广大乡村地区在户籍制度、社会保障制度、土地制度与城市不同的情况下走上了一条乡村都市化的道路。

从珠江三角洲的都市化进程可以看到这么几种形式：村落的集镇化，集镇的市镇化，县城和小城市的大都市化，大中城市的国际化。笔者认为前二者可以被划为乡村都市化的范畴。随着经济的发展，当一个地方变富以后，集镇化和市镇化的脚步就开始了。村落变得更像集镇，集镇变得更像市镇，县城和小城市变得更像大都市，大中城市变得更为国际化。

根据笔者的初步研究，整个珠江三角洲的乡村都市化可以分为起步阶段和成熟阶段：1978—1995 年为起步阶段，1995 年至今为成熟阶段。乡村都市化并不是都市化的终结，而是都市化的起步。乡村都市化之后的珠江三角洲往何处去？究竟是往大都市带的方向发展还是朝其他的方向发展？对于珠江三角洲将来的发展模式的预测构成了研究的焦点。

（一）珠江三角洲城市化发展的特征

早期（1978—1995 年）的珠江三角洲，的确可以用外向型城市化（exo-urbanization）进行解释。薛凤旋对外向型城市化做过精辟的研究，他总结出珠江三角洲城市化的特点：

（1）城市化的动力不是来自区内大城市中心的经济发展，因而导致向边沿农村分散，或吸引农村人口向大城市向心式通勤。

（2）以劳动密集型的制造业为主的外资导致产业结构的迅速改变，社会由农业社会向工业化社会转变。

（3）短期内外资的大量流入推动了城市化的迅速发展。

（4）乡村都市化地区与大城市间并不存在大量的通勤流，而两者间的经济关系并不很密切。

（5）港澳地区投资的导向效应以及由“贸易创造型”外资投入所引发的大量的跨地区进出口的人流、物流导致城市化跨境特征。

（6）规模较小、档次较低、技术成分不高的制造业投资因低收入成本因素而形成的小城镇及县倾向，推动了小城镇乃至农村地区的工业化和城镇化。

（7）这类外资创造了大量的低技术劳工需求，导致大量区外农村富余劳动力的迁入。

（8）这种外向型城市化突出了其城市化动力的外部因素作用，同时也正是通过外部因素，尤其是港澳地区投资的牵引作用，珠江三角洲内的乡村都市化地区，和各级城镇一样直接（不经省会广州）与世界经济结构重组，进行国际劳动力分工以及与世界城市体系联系起来。

薛凤旋的观点主要是依据 1995 年前的数据和研究成果得出的。近些年来，珠江三角洲的企业结构、产业结构、中心城市的功能以及整个都市化特征正在发生静悄悄的革命。

首先，从企业结构来看，一是“三来一补”企业向中外合资企业或外商独资企业方向演变。方式主要包括外商将当地提供的厂房和土地的使用权买断，一些新来的外商干脆自己负责对土地和厂房的投资，企业的全部投资逐渐由外商独自承担，企业性质向独资方向发展；珠江三角洲当地政府在原有土地、厂房投资的基础上增加新的投资，折成股份，将原“三来一补”企业改为合资企业，将提取公缴费制度改造为利润分成制度；直接引进外商独资或中外合资企业。深圳是珠江三角洲“三来一补”企业最典型的地区。以深圳为例，2000 年宝安、龙岗两区 18 个镇引进“三来一补”企业 700 多家，其中三资企业 170 家左右，比重达 25%，初步改变了 20 世纪 80 年代末 90 年代初的单纯的“三来一补”企业的局面。“三来一补”企业向三资企业转型，为这种劳动密集型产业在当地扎根，并向资本密集型产业转变创造了条件。

二是民营企业队伍的不断壮大。珠江三角洲的农村地区经过 20 多年的发展，造就了一支民营企业家队伍。这支队伍日益成长，成为珠江三角洲农村地区经济中的内生变量。民营企业来自两个方向：一部分是本地居民在经济实力增长以后投资办企业；另一部分是从内地前来投资的企业家，或由原打工阶层成长起来的企业家，在珠江三角洲农村地区投资办企业。民营企业的经营领域也不断拓宽，已由原来的商贸业、建筑业、制造业扩展到通信、科技咨询、法律服务、教育文艺、生物工程、电脑等十多个领域。此外，电力、煤气、地质勘探、综合科研等新兴行业均有民营企业涉入。以深圳市宝安区为例，从 2000 年开始，民营企业出口额已占据全区一般贸易出口额的“半壁江山”。2001 年第一季度，全区民营经济提供的国税收入达 8 500 多万元，占全区国税收入总量的近 1/6，比 2000 年同期增长一倍多。

三是国有大中型企业顺利改造，转型复苏。这一方面得益于良好的经济大环境，另一方面与政策的倾斜有关。大多数国有大中型企业初步建立起现代企业制度，一批龙头企业——特别是省重点抓的 50 家工业龙头企业——在改革中做大做强，主导作用突出。国有中小型企业进一步放开搞活，煤炭、制糖、纺织等三个行业得到重组和改造，“五小”工业关停并转和省属国有劣势企业退出市场进展顺利，全省国有中小企业的转制率已达 85%。

其次，从产业结构来看，珠江三角洲在传统产品和电子信息产品方面强大制造力的基础上，优化产业结构，以信息化带动工业化，加强工业企业的技术改造，一大批传统工业焕发青春活力，一批新的支柱产业迅速发展，以电子信息、电器机械、石油化工等为代表的九大产业投资占全部工业投资的近五成。1999 年以来，广东重工业增速稳定地高于轻工业增速几个百分点，重工化趋势得到进一步强化。2001 年，全省重工业占规模以上工业的比重上升到 46.7%，取得了与轻工业平起平坐的地位，珠江三角洲的重工业也相应得到发展。高新技术产业迅速崛起，成为珠江三角洲新的经济增长点。从广东省来看，高新技术产业占工业总产值的比重由 1997 年的 9%上升到 2001 年的 18.6%。第三产业发展提速，教育、文化、体育、广告、咨询、社区服务业发展较快。以“公司＋基地＋农户”为主要特征的农业产业化进程加快。第一、第二、第三产业增加值的比重由1997年的13.5∶49.9∶36.6转变为2001年的9.6∶50.2∶40.2，第三产业增加值的比重提高较快。

再次，广州、深圳等中心城市的功能越来越突出，农村地区发展面临两大新机遇。从经济实力来看，2001年，广州的人均GDP、人均可支配收入、人均年通信费支出等方面，均在全国十大城市中居首位；广州以全国5‰的人口，积聚了全国近5%的存款。2002年年初，在一项有关中国24个城市综合竞争和分项竞争力的排序调查中，深圳在综合排名中名列第二，并被评为开放竞争能力最强城市。除“三来一补”转型外，香港、深圳和广州的产业结构转型给珠江三角洲的农村地区发展带来了新的机遇：一是农村地区成为高新技术产业的生产基地和加工区；二是农村地区为高新技术产业和大企业的发展提供配套服务。香港的产业第二次向以广东为主的周边地区转移，除了周边地区经济发展实力和市场容量的原因外，还同这些地区所具备的产业配套能力有关。高新技术产业的发展带来技术密集型大工业的发展。大工业的发展需要很多的中小企业为之配套，生产各种零部件。近几年，配套企业成为珠江三角洲和其他地区乡镇企业的又一发展机会。产值突破百亿大关的珠海格力电器股份有限公司，产品有超过60%是依靠外部协助配套完成的。自20世纪90年代以来，一大批来自内地的中小企业家，在珠江三角洲投资建厂，专门为大企业生产各种类型的配套产品。发展配套企业成为珠江三角洲农村地区经济发展的又一新的机遇，同时也影响着都市化的未来发展。

最后，在都市化特征上，相应出现了以下转变：(1) 城市化的动力最初不是来自区内大城市中心的经济发展，但是经过多年的发展，区内大城市中心的带动作用越来越明显。广州、深圳成为珠江三角洲及广东的经济社会发展的龙头中心城市。(2) 由以劳动密集型的制造业为主向技术密集型、资金密集型与劳动密集型并举发展。(3) 资金的流入多元化，外资、区域内的各类资金、外省的资金流入共同推动城市化的进一步发展。(4) 乡村都市化地区由于发展配套企业而与大城市间的经济关系越来越密切。(5) 出口市场多元化，除了港澳台地区和东南亚等传统市场，还不断拓展美国、欧盟、日本、东欧、俄罗斯、大洋洲、非洲、南美洲及中东等市场，国内市场也不断扩大。(6) 集聚小城镇及县城的规模较小、档次较低、技术成分不高的制造业逐步升级。(7) 在大量区外农村富余劳动力迁入的同时，从全国吸收了大批受过高等教育的优秀人才。(8) 在乡村都市化之后，城市化的动力更多从外部因素作用转向重点依靠机制和体制的内含因素推动。(9) 在土地利用景观上，农村到处交通纵横，楼房林立，俨如城市。

(二) 政策背景下的城市化及趋势

在中国的城市化进程中，政府始终发挥着导向的作用。政府的决策对城市化的发展具有很大的影响。在中国城市化长期滞后于工业化的情况下，近年来政府更加重视城市化的发展，政策和环境都相当有利。珠江三角洲的城市化同样面临着极好的机遇。从广东的政策背景看，2002年广东省提出了“再经过10年的不懈努力，珠江三角洲地区将率先实现社会主义现代化的目标，在经济发展、社会进步、生态环境和人民生活等方面，基本达到现代化的标准，其中人均国内生产总值超过7 000美元，赶上中等发达国家的水平”的目标。在区域的城市布局上，广东省的政策倾向是特大城市、大城市、中小城市齐头并进，现在较大的城镇将来朝着中小城市的方向发展，中小城市向大城市的方向发展，大城市向特大城市迈进。

以深圳为例。《深圳市卫星新城发展规划》已制定完成。8个卫星新城是按照充分结合高新技术产业和现代物业的空间发展布局等原则来确定的：西部工业组团的沙井新城、宝安中心组团的新安新城、中部高新产业组团的公明新城、中部服务组团的龙华新城和布吉新城、东部物流组团的横岗新城、龙岗中心组团的龙岗新城、东部工业组团的坪山新城、东部生态旅游组团的葵涌新城。卫星新城不是各自孤立发展的，而是在整体协调的系统内共同发展：以现代化交通联系卫星新城，以信息网络促进新城发展。在现代化交通方面，深圳构筑以轨道交通为主的公共交通系统，并整合与协调各类交通系统，以减少相互干扰，提高组团间的联系效率。在信息网络方面，卫星新城则形成发达的信息网络，以支撑高新技术产业、现代物流业和现代服务业的长足发展。特区与卫星新城之间、卫星新城与卫星新城之间则通过高容量、高效率的信息网络进行联系。

按照《深圳市卫星新城发展规划》，2003年深圳在8个卫星新城中率先启动宝安中心组团的新安新城、中部服务组团的龙华新城和龙岗中心组团的龙岗新城，主要以大型公共设施、基础建设和第三产业等城市型功能发展为主导。第二步在优先发展新安、龙华、龙岗3个新城的基础上，建设8个卫星新城。新安、龙华、龙岗新城的目标是建设成为大城市，剩下的5个卫星新城的目标则是建设成中小城市。

现在珠江三角洲地区已经进入工业化的成熟阶段，城市化和国际化程度不断提高，市场经济体制日趋完善，人民的生活达到宽裕的小康水平，广大乡村地区达到都市化的成熟阶段，城乡一体化基本实现。尽管广东省的户口政策已经做了一定的调整，但由于城市和乡村地区基层政权的组织方式、居民的社会福利和医疗保险、土地政策很难在短期内完全趋同，尤其是居民的受教育程度很难在短期内趋同，因此尽管从土地景观上看都市和乡村的区别已经不大，但是内涵的区别在近期内仍将存在。

在许多乡村，随着集体经济的不断壮大，福利事业的内容和实惠也在增多，很多乡村居民的分红收入加上个人的收入比城市居民要多得多。尤其是很多农村居民的传统意识还比较浓厚，城中村的农村居民不太情愿把村委会改为居委会，从农村居民的户口改为城市居民的户口。如前所述，过去，人们愿意去城市，向往城市户口，现在反过来了，已迁居城市的人又想迁回来。一些农村因修高速公路征地而被分配了一些城市户口指标，但没有人愿意要，最后要政府进行动员才有人要。东莞大宁人认为尽管大宁管理区名义上不是城市，但这里跟城市没有什么区别，新的工业区、新标准的酒楼、花园都有。

由于中国的区域经济发展很不平衡，因此珠江三角洲成为全国外来人口富集的地区。据《南方日报》2002 年 10 月 7 日报道，中国“流动人口已经超过 1.2 亿人，从流入的地区看，流入广东（绝大部分在珠江三角洲）的占 35.5%”。加上本地人，珠江三角洲的平均人口密度达每平方千米 836 人。在珠江三角洲人地关系比较饱和、没有开发的土地较少的情况下，尽管在大城市的郊区有不少像“碧桂园”“南国奥林匹克花园”“华景新城”“祈福苑”的文明小区房地产开发项目，并且这些小区环境优美宁静，远离市中心，与美国城市郊区化时的情况有些类似，但由于中心城市强大的政治吸引力和主导产业集中在中心城市，以及土地的限制，因而像美国那样的城市郊区化倾向不会在珠江三角洲出现。

（三）“泛都市区”概念的提出

随着乡村都市化的成熟，在政策的引导下，乡村都市化将会逐步终结，城乡彻底实现一体化，新的都市形态正在塑造和成长之中。外向型城市化也正在实现自己的转型。乡村都市化和外向型城市化究竟向哪个方向发展呢？

香港大学薛凤旋于 1995 年从城市化的角度说明了珠江三角洲的城市地域空间格局既不同于发达国家的大都市带，也不同于麦基的“乡村城镇化”模式，他称其为外向型城市化空间地域。本书同意薛凤旋的“珠江三角洲的城市地域空间格局既不同于发达国家的大都市带，也不同于麦基的‘乡村城镇化’模式”的论点，所以对大都市带的理论和“乡村城镇化”模式与珠江三角洲内涵不符的分析在此不再赘述。许学强教授和阎小培教授对珠江三角洲地区（含港澳）的研究也是在大都市带的概念下进行的，本书对他们的理论也不做深入的分析。但现在珠江三角洲的发展已经超出了外向型都市化的内涵。本书前面已经分析过珠江三角洲发展的新特点，“三来一补”产业对带动珠江三角洲地区的经济起飞功不可没，珠江三角洲农村地区在利用“三来一补”产业完成经济起飞过程之后，利用发展“三来一补”产业所形成的资本原始积累，积极发展自营产业，产业转型和经济结构调整的效果已经比较明显，所以外向型城市化已经不能解释城市化的新特点。

珠江三角洲的城市化，虽然从土地景观的角度分析，已经看不到“乡村”了，但是从政策的层面分析，在今后一段相当长的时间内，很难将广大的乡村都市化地区的村委会改成居委会，将农民变成严格意义上的城市居民。“外表”的都市化后面，是特殊国情和特殊社会实际情况下的泛都市区（extensive-metropolitan region）趋向。

泛都市区有四个特点：一是整个地区的都市化从土地景观的意义上讲，已经是很广泛的都市区。二是从都市的内涵而言，区域内成熟的乡村都市化地区还不是严格意义上的都市。像深圳市，即使等到卫星城市全部发展起来，也很难把所有的村委会都变为居委会。三是“常住人口”与“户籍人口”存在巨大差异。政策的门槛高使得 1 000 多万在珠江三角洲的外来工不管在珠江三角洲工作多久都很难成为“户籍人口”，且由于珠江三角洲制造业的繁荣和对劳动力的巨大吸引力，外来工有增无减。政策使得在珠江三角洲工作和生活的外来工对珠江三角洲并没有太多的认同，也就是说珠江三角洲“实际人口”中一半的人对它没有认同，这是珠江三角洲城市化区别于大都市带的一个重要因素。四是当泛都市区的核心区成熟以后，还有不断向周边地区扩展的趋势，扩展的非珠江三角洲地区也逐渐与珠江三角洲地区融为一体。广东省的政策取向是希望珠江三角洲地区辐射带动作用日益提升，在全省的龙头地位显著增强。随着珠江三角洲对周边地区的影响和带动，泛都市区会不断扩大。

这种泛都市区的兴起原因是多样的：一是在珠江三角洲地区缺乏跨行政区域（能够真正实施的）的规划，基本上是市、镇甚至村一级各自规划而发展起来的。因此，造成区域之间的交通联结、环境保护设施、供水电、有线电视、网络等都缺乏有机的联系。二是房地产公司与周边社区缺乏统一规划和协调，房地产建设成为“插花式”建设。房地产公司只把住宅小区的内部环境建设得很好，而小区以外就无人管理，小区之间的地方成为环境、卫生、治安治理的死角。三是户籍制度的限制，使得常住人口不能成为户籍人口，而户籍人口比常住人口在福利、收入上更为优越，这也造成居住区域上的差异。城乡接合部是外来人的集聚地。四是各级政府都将注意力集中在对都市中心的改造上，即注重所谓的“面子工程”。都市中心的环境建设非常好，由绿化、清洁的广场、道路、步行街道、雄伟的体育设施构成的标志性建筑成为都市新的景观，可是走出都市中心就是另外一种景观。

泛都市区的发展面临许多问题：一是行政分割对治理环境不利，因为废气、废水、废料、垃圾的处理，以及水资源保护需要从大的区域来考虑才能做好；二是资金太集中在都市中心的“面子工程”上，而对一般社区建设投入太少；三是户籍制度所造成的一系列不平等，庞大的外来人口聚居区与都市风景极不协调；四是老城区改造和“城中村”改造难的问题；五是城市交通问题。

要使泛都市区成为有机的整体，必须解决以下问题：一是打破行政区划的界线，建立跨市县的组织来协调整个珠江三角洲的规划、水资源保护、环境治理等；二是推进户籍制度的改革，逐步废除地方保护和歧视外来人的政策；三是将资金用于改善居民的生活质量，如加强社区物质与文化建设，改善贫困人口的居住环境，提高社会保障能力；四是通过经济和产业的合理布局使都市区良性发展。

在实现乡村都市化以后，珠江三角洲的城市化发展将走上一条从量的积累到质的飞跃的道路。泛都市区形成以后，在政策的制定和城市化的发展过程中，要打破原有的城市行政区划的限制，从更科学的角度去合理设计整个珠江三角洲的城市结构和功能定位，合理配置各种资源，使泛都市区成为有机的一体，真正提高泛都市区的经济竞争力和居民的文化教育程度、生活素质，使城市化的质量不断提高。

（四）广州 20 年来的变迁

广州自 20 世纪 80 年代至 21 世纪初城市发生的巨大变化，可以说明珠江三角洲的泛都市区发展趋势。广州市本身的城市化也经历了一个类似滚雪球的过程，从核心的都市不断向四周扩散和渗透，广州十个区基本上连成了都市区。

广州的变迁经历了三个阶段：一是20世纪80年代旧城基础设施改造阶段。这个时期主要是在原有基础上，完善城市的功能以满足经济迅猛发展的需要，实现向现代城市的转变。在交通方面，主要包括拓宽道路，建设高架路，增修跨江大桥。在能源基础设施方面，包括水、电扩容。在通信方面，电话得到普及，从单位进入家庭，进入个人手中。这一时期缺乏长远规划，是典型的“头痛医头，脚痛医脚”的改造模式，没有对城市的各项职能进行系统性规划，没有长远眼光。许多改造完的工程很快就过时，经常为了铺设各种管道对道路“开膛破肚”，“拉链路”现象普遍。环境保护工作跟不上，污染严重。二是20世纪90年代城市的扩展。广州和珠江三角洲经济的迅速发展，使得广州以前的市区已经满足不了客观的需要。广州市从四个老区，扩展至新区，尤其是东移，天河区、黄埔区一时成为经济、科技、金融的重心。房地产业迅速兴起，电子信息业、建筑业、汽车工业、商贸业、金融业发展迅速。这一阶段的城市扩展虽然没有打破行政界限，但规划较成熟，以“小变—中变—大变”为主线的调整，使基础设施、交通路网、城市标志性建筑、城市景观得到改善。广州作为华南地区中心城市的吸引力、辐射力和综合服务能力在不断增强。三是21世纪初，大广州规划开始。2000年6月，花都与番禺成为市区，城市中心向南移。交通、水污染治理等开始打破行政界限，房地产业趋于成熟。

二、都市社区与邻里关系变迁——基于F市邻里关系的个案分析

随着中国城市化进程的加快，城市规模不断扩大。在商业开发的带动下，一大批新建商品房小区在城市中心和周边迅速崛起，形成一个个新型的城市商品房社区。在单位制时期，国家通过“国家—单位—个人”的体制实现对基层社会的有效控制，人们彼此之间有着较强的联系。单位制瓦解以后，商品房住宅区基本上由经济水平相近的人群构成，传统邻里在空间的丰富性与人员构成上的认知性缺失，使得邻里关系在居民的日常生活中变得日益重要。而我国目前又正处于社会转型期，市场经济带来了经济领域的大变革，同时也给人们的生活方式（包括邻里交往）带来冲击。人际交往的感情因素更多地被理性因素替代，成本—收益分析使既不属于血缘范畴又不属于业缘范畴的邻里关系处于尴尬境地。邻里交往是社区共同体存在的基础，社会舆论与既往研究大多集中在对都市现代化背景下邻里关系的表面化、浅层次问题的探析；然而，在现实的邻里交往中，所谓“老死不相往来”“人情淡漠”并非绝对的。面对那些原是陌生人，但由于居住上地缘接近，经过一段时间的接触成为无所不谈的朋友，从而生活互助、邻里互惠的群体，我们又该如何解释呢？

针对上述现象，有学者以F市某商品房楼盘为田野，选取该社区的一个“师

奶”群体作为主要观察对象，探究每一个由防盗门窗区隔的家庭单元如何在全新的社区环境中建构各自的关系网络和生活交际圈，从而直观地展现出社区居民日常的交往图式，以及邻里关系的冲突与互助、消解与建构。最后，在社会网的分析维度下，回应关于现代都市“社区消解”、邻里人情淡漠的观点。

研究者选定F市某商品房社区，通过“师奶”们的日常生活（饮食、打牌、购物、聊天）、社区公共事务（体育设施的管理、业主委员会的建立）等方面来分析都市社区中邻里生活的状态。首先，从“师奶”们本身的社会网络来说，她们在形成较大的关系网络之前，已经通过同学、老乡的方式同某几位“师奶”建立起密切的交往。之后，“师奶”们由于相同的生活方式而形成一定的小圈子。在此基础上，她们在闲暇时一起逛街、购物、享受美食等，这会进一步加强彼此之间的联系。其次，对“师奶”们的家庭成员来说，由于“师奶”们的关系互动，她们的家庭成员也被卷入，如彼此的丈夫、孩子等都被整合在这种关系网络中。最后，由“师奶”们组成的圈子在社区公共事务中也扮演了关键角色，如小区球桌的安置与处理、业主委员会的成立、垃圾的倾倒等。

当代的都市研究大多认为中国城市正朝着西方城市匿名、冷漠、异质化的方向大步发展，在摆脱单位制熟人社区束缚的同时，也陷入了另一个邻里关系淡化的困境。“师奶”们在社区的往来却呈现了崭新的一面，她们用社区生活证明了社区情感、邻里信任依然存在，社区不仅仅是共享的区域，更是一种共享的社会生活。

本章结论

中国的乡村都市化的过程，主要表现为人口的非农化，第二、第三产业比重增加，生活方式的都市化，大众传播的普及化，思想观念的现代化这五个方面。少数民族地区与沿海地区走的是不同的乡村都市化之路。沿海是以乡镇企业起步，带动起第三产业和小城镇的发展，乡村工业在沿海地区扮演着重要的角色。而在少数民族地区，主要的乡村都市化方式是对外开放与发展旅游业，强调第三产业在发展中的重要作用。随着乡村都市化的成熟，在政策的引导下，乡村都市化将会逐步终结，城乡将彻底实现一体化，新的都市形态将会呈现为泛都市区与城市群的形态。在未来，粤港澳大湾区、长三角一体化城市群、京津冀城市群将会作为中国的三大城市群协调发展，成为中国乃至世界的核心城市区。

第八章

都市与都市问题

虽然从农业文明向都市文明的迈进，被视为人类历史上的一场革命，使人类社会的生活变得更加丰富多彩，但城市的产生也给人类带来了许许多多前所未有的问题。这些问题阻碍着城市本身的发展，甚至威胁着人类和地球的生存，使得人类必须重新审视自己，调整自己，协调人与人、人与自然的关系。

第一节　都市问题

都市问题是多种多样的，不同的地方存在不同的问题。通常可以把都市问题分成两类，一类是社会问题，另一类是物质环境问题。一般来说，民众较为关注社会问题，因为大众传媒比较多地报道这些问题；而政府比较多地关注物质环境问题，因为抓社会问题短期内难以见成效，而抓物质环境问题则见效快。

一、都市社会问题

在人们的心目中，一提起都市，就会联想到都市的许多社会问题。社会问题包括高犯罪率，酗酒、吸毒、嫖娼、凶杀、抢劫等行为，以及青少年犯罪，等等。都市中还有一些其他的一般社会服务性问题，如公共交通、通信、医疗、邮政的缺乏等等（见表 8－1）。一个现象成为公共的社会问题，必须具备两个条件：一是某些社会现象或情形客观地普遍存在，并且大多数人感觉得到和认为是社会问题。二是大部分人或者社会上的一些重要人物相信这个问题可以通过社会行动加以解决。可见，社会问题包括客观条件与人们的主观认识两个方面。后者是很重要的，因为许多社会问题无法解决，是由于社会中的成员对某些客观存在的现象做出了不同的评价。

表 8－1　都市社会问题

社会问题	个人现象	青少年犯罪、妇女问题、犯罪、吸毒、卖淫、自杀、老年问题、独生子女问题	
	社会现象	家庭	离婚、单亲家庭、离家出走
		工作单位	失业、贫困、倒闭、罢工
		区域	贫民窟、棚户区、公害、交通
		信仰	迷信、邪教
		国际	战争、政治斗争
		偏颇集团	游民、黑社会组织、乞丐集团

资料来源：叽村英一．城市问题百科全书．哈尔滨：黑龙江人民出版社，1988：512.

二、世界都市的主要问题

对于社会问题的研究非常多，因而理论也多（详见下节）。但如何治理这些社会问题，则因各城市的特定环境的不同而不同。目前，世界上的都市也存在一些共同的问题，这些问题大致如下：

（1）规模过度发展。包括城市人口和地域规模的过度发展，不仅本身成为问题，同时也引发了其他问题。

（2）过度拥挤。规模过度发展导致人口过度稠密，过多的人拥挤在有限的空间中，竞争有限的职位和工作，这在发展中国家尤为严重。

（3）都市服务短缺。城市中的人口太多导致城市无法提供满足所有居民的各种服务，如住房短缺，城市基础设施（煤气、自来水、垃圾处理、电话）短缺，教育、卫生、娱乐设施不足，等等。

（4）棚户区与非法居住区。在发展中国家的城市中，这一问题尤为严重。由于大量乡村人口涌向城市，尤其是大城市，因而许多移民就在城市的外围或边缘地带建立起简陋的住所。这些区域，由于居住环境恶劣，人口庞杂，因此往往成为城市的病源。

（5）交通拥挤。在今天，由于人口过密和机动车过多，交通拥挤成为城市中极普遍的问题。

（6）缺乏社会责任心。由于城市过度拥挤，因此人们必须竞争有限的空间、服务、财富，这造成了社会责任心的缺乏。

（7）失业和低就业率。城市人口的增长（包括自然增长和机械增长）造成就业困难。同时，企业竞争激烈，裁减工作人员是其经常用的方法，造成了大量的失业现象。

（8）种族与社会争端。城市集中了各种各样的人群，既有不同的种族和民族，也有不同的族群和团体。这些不同的群体聚集在一起，常常会因相互的误解、竞争而引起冲突。

（9）环境恶化。城市中存在着多样的污染源，如空气污染、水污染以及噪声污染，造成都市环境的恶化。

（10）都市扩张与农用地减少。都市的扩展必须以牺牲土地为代价，因此如何合理地使用土地、保障提供食物的土地的存在是难以解决的问题。

（11）行政组织问题。都市的情况特别复杂，如行政层级多、行政部门多、条条块块的分割多等，使得行政组织难以集中统一管理，对行政组织的监督也不容易。

（12）难民和难民营。一些政治难民以及因战争、环境恶化而产生的难民给城市带来了新的难题。

（13）停滞与负增长。许多国家的经济发展处于停滞状态，使得就业和失业问题严重。也有些国家，虽然有较快的增长，但这些增长是以通过借贷扩大投入或者是以破坏资源和生态为前提的，实质上是一种负增长。①

三、都市与犯罪

有关犯罪的研究表明，城市的犯罪率远比乡村高。其原因可以从两个方面来分析。一是城市的生活方式的变化：（1）城市人口流动的频率增加，人口的流动不仅发生在城市与城市、城市与乡村之间，还发生在城市内部。（2）城市的经济、人口和文化的多元化发展，使得城市居民形成了不同的价值观和生活方式。（3）通信技术和大众传播的发展使人们获得信息的来源增多，人际交往的方式发生变化。生活方式的变化使得人与人之间产生距离感和疏离感。二是城市空间结构的管理和利用的变化。随着城市化的发展，城市人口猛增，土地价格飞涨，城市空间的高度利用，使得城市空间的立体化、高层化、密集化日益明显。高层的公寓取代了住宅相连的邻里；为了保护私人的空间，每一套房都成为相互隔离的“鸟笼”。这种建筑方式阻碍了居民之间的交往。现代城市虽然物质生活水平提高了，但也失去了过去城市中的那种邻里关系密切、居民责任心强、社区归属感强的氛围。

从犯罪学角度看，城市犯罪率高，主要有下列三个方面的原因：（1）具有造成犯罪分子、犯罪动机、犯罪手段的地理环境，如犯罪分子高度集中，居民相互之间关系冷淡，传媒提供了许多犯罪的示范，等等。（2）具有孕育犯罪客体的地理环境，如引诱犯罪的财富高度集中，居民单独的夜间活动增多，地理环境复杂，等等。（3）具有提供犯罪场所和机会的地理环境，如公共设施管理不严，高层建筑阻碍人们的视线，居民对犯罪熟视无睹、姑息放任，居民们互不关心，单位与单位之间互不干涉，等等。②

第二节 都市与负性反应的研究

上面谈到了城市所存在的大量问题，因而有许多学者研究了都市与负性反应之间的关联。

---

① HALL P. The world cities. New York：McGraw-Hill Book Company，1966：7－9.

② 伊藤滋．城市与犯罪．北京：群众出版社，1988.

一、有关高人口密度与拥挤的理论研究

高人口密度与拥挤是都市社会的特征之一。有人早就推测人口密度过高可能产生负效应，如马尔萨斯（Thomas Robert Malthus）在18世纪就提出人口过剩是贫困的主要原因，邓哈姆在1937年就提出人口的高密度会引起犯罪和精神病。卡尔霍恩（Calhoun）检验了马尔萨斯的假说，认为过剩的人口会造成社会的病态，不过他的实验对象不是人而是老鼠。对这一现象与其负性作用的研究，直到20世纪60年代才引起学术界的重视。如格里维奇（Klevansky）和爱里奇（Ehelich）于1971年进行了“炎热和拥挤：人口密度和温度对个人间感情行为的影响”的研究；加勒（Galle）、古夫（Gove）和麦克贝尔森（McPherson）于1972年进行了“人口密度和社会病态：与人相关的是什么?”的研究。尽管实验的方式不同，但这些研究的结论是一致的，就是高人口密度会给人类带来负性作用。

有关高人口密度与拥挤会带来社会病态的理论大致可以分为六种。

第一种理论是“物质论”或“经济论”，认为空间是一种消费品，在一定的空间范围内，人口多则空间的供给量相对减少，因而造成分配与价格上的干扰和不均衡的问题，这是不良竞争与混乱的根源。这种观点是经济学的需要理论的推广。

第二种理论是“本能论”，认为人有一种空间需求的本能。一旦个人的空间领域被侵占，就会有暴力、自毁等病态行为出现，这是因为其本能的需求遭到侵害。都市中的少年帮派争夺地盘的现象就是一例。

第三种理论为“生理论”，认为高人口密度与拥挤会给人一种生理上的过度刺激，其结果是导致人的生理状态减弱、腺体膨胀、免疫力衰退，产生妇女流产率高等现象。这种理论与本能论极为相似。不过人是社会动物，要受到文化体系的影响。人对空间需求与拥挤现象的看法会因文化背景的不同而不同。这种理论的缺陷在于忽视了人与动物的差别。

第四种理论为“心理论”，认为高人口密度与拥挤会引起对个人心理与社群的压力，因为人有对个人的社会空间的需求。这种社会空间并非天生的（与本能论不同），而是在社会化过程中通过学习而获得的。一旦个人在社会空间上的隐私被侵害，其影响和反应就是强烈的。当陌生人过分亲近时，个人常会产生一种压迫感。如在拥挤的电梯中，因为彼此陌生，所以一般人的反应是凝视电梯顶。

第五种理论是人类学、社会学的理论，强调个人对环境的适应性，以及个人所需要的空间因社会文化体系的不同而不同。换句话说，两个来自不同文化背景的人对于同样的空间，其主观看法就不同，可以说，高人口密度和拥挤的概念是具有相对性的。如在香港和上海成长的居民对高人口密度与拥挤的情形，有较强的适应能力，并没有因此产生特别多的社会病态行为。

第六种理论是价值论，认为社会的变革和急剧的文化变迁，使得主要的社会价值观和这种价值观影响下的行为对社会全体成员来说是难以适应的。在社会急剧变

革时期，人们的行动比社会稳定时期更有可能背离他们文化的价值标准。阿诺德·罗斯（Arnold Rose）认为这种假设有三种理由：（1）有时，原有的价值标准已无助于指导人们如何去适应已变化了的情况；（2）个人在儿童时期已在内心中形成一套意识和价值观，而在成年后不得不形成另一套；（3）在社会变革时期，人们相互之间的交往可能减少，而交往有助于修正各自的意识和价值，以适应变化了的情况。当价值的约束力微弱，甚至不起作用时，社会角色和交往模式就会发生混乱，这种混乱往往导致社会的混乱。更确切地说，当社会制度的某一特殊方面未能使集团和个人都充分地实现自己的价值观所确立的社会目标时，社会混乱就发生了。社会问题就是在这种情况下产生的。[①]

二、有关高人口密度与拥挤的实证研究

高人口密度与拥挤是否如上述理论所言，会带来各种社会病态的后果呢？要回答这一问题并不容易，尽管做了大量的实证研究，但仍然不足以证明。关于此方面的实证研究可以分为三类。

第一类是对动物的研究，如上述的卡尔霍恩的研究[②]。但是，社会科学家一般对拿动物做实验并将研究结果推论到人类社会的做法持怀疑的态度。这是显然的，因为人是社会化的动物。

第二类属于实验室研究方法：招募志愿参与实验者，在人为设计的高人口密度与拥挤的环境中来测试志愿参与实验者的各种反应[③]。这种方法的好处是容易控制各种变量，但其缺陷在于：（1）志愿参与实验者不是一般的人（如大部分是大学生）。（2）志愿参与实验者知道自己是被研究者，其反应不一定是真实的反应（表演）。（3）实验室研究无法做长时间的观察。

第三类是在自然状态下研究高人口密度与拥挤对人类行为的影响，如上述加勒等人的研究。以下以爱德华兹（Edwards）等人在1982年的研究为例，来看关于高人口密度与拥挤对社会行为、个人行为的影响的研究结果。他们一共访问了560户家庭，这些家庭为加拿大多伦多市的居民。他们以居住的种类来衡量人口密度与拥挤：（1）独户住宅，这是人口密度最低、最不拥挤的居住环境；（2）两家、四家一栋住宅，人口密度与拥挤程度为中等；（3）公寓式住宅，这是人口密度最高、最拥挤的居住环境。社会病态包括：精神损害和缺乏隐私、夫妻争执、离家威胁、性交频率降低等。他们分别研究了夫妻双方受这些环境影响的程度。研究的结果是：在妻子方面，住公寓的妻子的离家次数比住其他两类住宅的妻子多；住公寓的妻子与丈夫性交

---

① 蔡勇美，郭文雄．都市社会学．台北：巨流图书公司，1984：210－224.

② CALHOUN J N. Population density and social pathology. Scientific America，1962，206.

③ FREEDMAN J，KLEVANSKY S，EHELICH P. The effort of crowding on human task performance. Journal of applied social psychology，1971：1－25.

的频率比住独户住宅的妻子低。在丈夫方面，住公寓的丈夫的精神损害程度高，与妻子吵架的次数要多得多。[①] 这一研究表明，高人口密度与拥挤对个人的行为有影响，尤其是对丈夫的精神健康的影响显著。这说明不同的人对空间的适应是有差异的[②]。

第三节　城市与人类健康[③]

都市性与人类健康的关系如何？人类的体质是怎样适应城市生活的？人类特征的形成大约经过了 500 万年或更长的时间，大约在城市产生之前 5 万年，现代人种就已经形成了。在整个人类的进化史上，从第一个人出现到智人产生，在社会和物质环境方面，从来没有经历过都市环境这么大的影响。确实，人类在地球上的 99% 的时间是生活在规模小、技术简单的狩猎和采集的群落中的。我们早期体质适应的环境与今日现代人的都市环境是极为不同的。

一、人类过去的聚落和健康

（一）向定居的村落生活转变

了解都市对健康的影响的一种方法，就是审视在永久性定居以前的人类社会。在那时，人类生活在规模小、组织化程度低的群体和部落之中。狩猎采集群体的规模是很小的，通常不会超过 50 人，群体之间的交往也不频繁。他们过着流动的生活，以多变的动植物和食盐为食谱。在那样的社会中，资源（食物、隐蔽所、工具等）的分配是平等的，仅有的家养动物是狗。

随着村落生活（这是都市化的最早形式）出现，大部分情形开始变化：农业生产逐渐取代了狩猎和采集，使定居的生活成为可能；人口规模稍有增长，食物的变异减少，更多的家养动物（绵羊、山羊、牛）出现，使人与动物有了更多的联系。所有这些变化对人类的健康有着深远的影响。

当农业取代了狩猎和采集成为主要的营养资源以后，人们获得的营养的种类变得狭窄。由于集中在不多的几种栽培植物上，人体所吸收的维生素和矿物质变得单一化，这样容易导致营养不良。而在狩猎采集的社会不会得这类疾病，因为人类获得的食物资源极为广泛。另外，农业也包含着一些潜在的危机：因为过分依赖仅有

---

① EDWARDS J，BOTH N A，EDWARDS P K. Housing type，stress，and family relations. Social forces，1982，61.

② 余炳辉，等．社会研究的方法．杭州：浙江人民出版社，1986.

③ 本节主要参考：MCELROY A，TOWNSEND P K. Medical anthropology in ecological perspective. Boulder：Westview Press，1985.

的几种作物为食，一旦有天灾人祸，就会出现缺粮和饥饿的危机。营养不良，缺少蛋白质、能量等现象在今天的贫困的农业社会中远比在现存的那些隔离的狩猎采集群体中要严重得多。当然，在早期的农业村落和小城市，这方面的问题还不多见，因为那时毕竟人少地广，可供食用的自然资源很多。

人口规模的增长对健康有深远的影响。许多疾病需要一定数量的人口规模经过常年的积累而发作，这些疾病被称为刺激性社区传染病。这类病菌既可被杀死，又可在康复的病人体内保存。病菌生存在人体中，一些新的因素会诱发疾病复发。一个小的群体不足以诱发疾病复发；但在较大的社会中，人口出生率高，新的携体超过自然免疫体生长的比例，这样疾病就发生了。麻疹的复发，人口规模需要超过50万人，这样的都市规模要到近代才出现。早期的农业村落因为人口规模小，传染性疾病不容易发生，这些村落保存下来的尸体骨骼不会携带多少病菌；但是在大都市中心，1 000年前遗留下来的尸体骨骼如果保存不好就会增加传染病复发的机会。欧洲就曾暴发过刺激性社区传染病。

与定居和农业相关的一个变化是人与动物的接触增多。人类主要与两类动物接触较多：一类是家养动物，如狗、猪、马、鸡、牛、羊等；另一类是有害动物，如老鼠及与人类生活范围相同的昆虫（如蟑螂、蚊子），人类聚落为这些有害动物提供了适应和进化的稳定环境。这两类动物的增长不仅为人类增添了更多的病原体，也增加了人类患病的概率。

更为严重的是，经常与携带病菌的动物接触造成原有环境卫生的破坏。考古发现表明，在古希腊、印度、埃及的古代城市中，虽有排水、饮水的管道及清水器等设备，但这是精英们使用的，对大众的卫生和环境改善无效。那些携带病菌的动物经常污染食物和饮品。相比之下，流动的狩猎采集群体较少与动物接触，此外，由于移动太频繁，那些有害动物难以适应。仅有寄生虫能够在干、冷、热的状况下存活下来，长期侵害这些小群体。

在都市化早期，由环境卫生所引起的健康问题，可通过限制人口密度来控制。莫福德把城市健康史分为两个阶段：第一个阶段是早期小房子的阶段。房子之间有较大的空地，且放养着动物，农田就在附近，消耗用品就地扔。在第二个阶段，人口规模扩大，建筑物之间的空间变小，且没有空的园地。这时的消耗品更多，垃圾常常被扔在废弃的井中，或者由人收集起来搬运到郊外。那些不卫生的垃圾有可能污染水和食物，城市比乡村和狩猎采集群体遭受污染的机会更多。

（二）前工业城市与恶性流行病（瘟疫和鼠疫）

在相当长的时间内，人类由于恶性流行病而出现高发病率和大量死亡。事实上，直到近几个世纪，恶性流行病都仍然导致人口的高死亡率和大量逃亡。恶性流行病的扩散似乎成了城市生活的重要特征。这是因为许多城市具有极差的卫生条件，再加上拥挤、人口多、缺乏营养或营养不良、与传染个体接触的机会多等。

虽然欧洲并不是唯一经历过恶性流行病的地方，但仅仅一部欧洲史就已足以证明恶性流行病的危害之大。在从城镇发展到拥有 50 万居民的城市规模的过程中，一场恶性流行病接着另一场恶性流行病的详细记录成为欧洲历史的最基本的部分。

以麻风病为例。历史医学家声称麻风病在《圣经》时代就有了，大概在罗马衰亡时麻风病就已出名，大约在 11—12 世纪麻风病传播开来，到 13—14 世纪其更为出名，随后这种病变得神秘起来。直至今天，麻风病仍然折磨着成千上万的人。麻风病是通过长时间接触来传染的，可潜伏许多年。在中世纪，由于欧洲卫生条件太差，父母亲在还没有显示出任何症状时就已把病传染给了孩子。

与麻风病相比，鼠疫更容易传染。鼠疫虽有几种类型，但都是由一种病菌引发的。鼠疫是一种城市病，因为城市中有更多传播病菌的载体：病菌先传播给跳蚤、老鼠，然后通过跳蚤、老鼠传染给人类。携带病菌的跳蚤既可以直接也可以间接通过家养动物把病菌传染给人类。鼠疫一旦传染给了人类，就会更迅速地蔓延开来。这种病可以通过打喷嚏、咳嗽传染，因而在拥挤的城市中传染的速度更快。鼠疫是致命的，幸存者的免疫期也不长，因而该病导致上百万人死亡。在欧洲，公元 6 世纪、14 世纪、17 世纪，鼠疫导致了一半欧洲人的死亡。这种病常常持续几个世纪，促进了社会各方面的变迁，如人口分布的改变、都市的兴衰，以及都市移民、宗教改革、药物和治疗方法的发展。

那时城市的卫生条件差，畜力是主要的动力，人与动物的接触多，再加上都市拥挤，因而一旦发生恶性流行病，世界就处在阴影之中。一名医生曾这么评价 1002 年的欧洲：经历了一个严寒的冬天，一个冰冷的四月，一场夏日的雷暴，瘟疫发生了，从撒克逊到普鲁士，一星期中就有 12 000 人死于瘟疫。在波希米亚有天花流行；在西里西亚有另一种流行病流行；在神圣罗马帝国南部发生了可怕的猩红热病；在东欧，饥荒伴着鼠疫和伤寒。据说，仅莫斯科死于恶性流行病的就有 127 000 多人（可能有所夸大）。

（三）发达国家的城市

进入 20 世纪后，前工业社会中的那些致命和死亡率高的因素在发达国家的城市中已不复存在。20 世纪是一个转折点。在这个时期，城市的饮水、垃圾处理、有害动物的防治、食品的保存和加工技术、医疗技术的改进以及居住密度下降，使传染病的危害减轻。但我们并不能说公共卫生条件已完备了，现在仍然有许多城市在与环境污染、人口拥挤、营养不良和传染病做斗争。一些城市解决了这些问题，可又遇到了影响人类健康的其他问题。如某些生理疾病，尤其是心脏病、癌症、艾滋病等至今难以征服。这些新的死因可能是都市环境变迁引起的。此外，还有些社会问题也会影响人类的健康。

二、都市环境与健康相关的因素

讨论健康与城市问题有两种方法：第一种方法是直接地比较乡村与城市的患病

率、死亡率以及其他适合的测量项目，如婴儿成活率和人均寿命。第二种方法是就大家认同的对健康有影响的因素进行分析。下面是综合这两种方法展开的分析。

（一）心脏病

按照美国心脏学会和国家健康统计中心的统计，1979 年全美死于心脏病（包括心血管疾病）的人数有 975 550 人，心脏病成为头号“杀手”。相比之下，全美死于癌症的人数仅此一半。克雷曼 1981 年的研究显示，美国都市中死于贫血性心脏病的患者比郊区的要多得多。而在不同的年龄组中，除了最高年龄组（65～74 岁）以外，其余的年龄组都没什么差异。毛姆特在 1980 年对整个世界的都市与乡村的心脏病患病率进行了概括，指出发达国家（如美国和英国）的心脏病死亡率大致相同，但在死于贫血性心脏病的男性的比例方面则是都市比乡村高 13%。在南斯拉夫，都市与乡村的环境差异比英国和美国的环境差异要大得多，其都市的心脏病患病率比乡村高 200%。在传统的都市社会，如东非的桑布鲁（Samburu），心脏病引发的死亡率微乎其微。总之，心脏病患病率在都市比在乡村要高得多，但其原因并不清楚，可能是由都市与乡村的生活方式的差异造成的。

（二）精神疾病

精神健康的问题，不仅关系到人与人的关系，而且涉及个人对社会文化的适应。精神健康涉及的领域非常广，包括精神病、神经衰弱、性格异常、对社会不适应的行为以及变态行为等。从美国的研究看，住院的精神疾病患者来自城市的概率是来自农村的 1.92 倍，特别是住院的精神分裂症患者，来自城市的比重更大。如纽约市区，每 10 万人中，就有 28.7 个精神分裂症患者，而在农村此数据仅为 14.8。其他地区也有这种趋势。此外，英国的调查也显示，在住院的精神疾病患者中，城市居民要略多些（见表 8－2）。

表 8－2　英国不同居住地区住院精神疾病患者数
（1949 年，16 岁以上，每 10 万人口中的数量）

	性别	精神分裂症	抑郁症	神经衰弱	行为异常	总数
伦敦市	男	29	25	16	8	78
	女	26	52	21	5	104
中等市	男	29	27	20	10	86
	女	22	46	24	5	97
郡县	男	20	25	14	6	65
	女	19	46	19	5	89

资料来源：LEMERT E W，WEINBERG S K. Society and personality disorders. American journal of sociology，1953，18（3）.

关于城市与精神病的关系，E. 法尔斯的社会生态学的研究很著名。他把 1922—1934 年芝加哥的住院患者中的 10 575 名精神分裂症和抑郁症患者，按照地区形态进行划分，并把 1930 年的 15～64 岁的患者按分布情况在图上标出来。该图显示，精神病在城市中心区比在发展地区（贫困者居住地区）的发病率高，而越是城市周边地区发病率越低，从而清楚地说明了城市的精神健康状况。

三、全球化背景下的传染病

尽管前面谈及的前工业社会中的那些致命和死亡率高的因素在目前的发达国家城市中已不复存在，但庞大的城市规模、高密度的人口依旧为传染病的暴发带来了潜在的可能性。进入 21 世纪以来，人类经历了 2003 年的 SARS（严重急性呼吸综合征）疫情、2012 年的 MERS-CoV（中东呼吸系统综合征冠状病毒）疫情以及当前的“新型冠状病毒感染”（COVID-19，以下简称新冠）疫情。随着全球化的发展，跨国交通运输网络的联通使全球流动性增强，传染病从区域暴发扩散至整个国家，最终演变成全球性传染病疫潮。

（一）国家层面对传染病疫情的干预

当面对诸如“非典”“新冠”等传染病导致的重大突发公共卫生事件时，在医疗卫生资源有限的条件下，国家流行病的防疫防治以及社会系统的功能性运作都面临着极大的挑战。让我们以新冠疫情为观察窗口。疫情在我国暴发之初，政府及城市社区启动一级响应措施，及时采取封闭管理模式，采用居家隔离方式，通过限制人员外出来控制疫情发展。居家隔离改变了城市居民的生活习惯，使人群的活动范围缩小、直接交流减少、信息获取来源混乱、消遣方式单一①。随着疫情防控进入“常态化”防范阶段，城市街道社区以居委会为单位实行“网格化”管理，通过在城市各街道小区设点进行人员排查，对疑似患者、具有高危地区旅居史的人群安排居家或集中隔离。严格的群防群控社区管理在有效遏制疫情的蔓延、守护民众健康的同时也限制了人口的流动，民众对传染病的焦虑情绪减少了人与人之间的直接交流，增大了邻里之间的隔阂。传染病的大流行改变了人们对大城市生活风险的评估。城市规模越大、人口流动性越强，受传染病影响的可能性也越大；相比之下，人口流动性较弱的中小城市、乡村受传染病疫情影响的风险较低。②

新冠病毒通过发达的交通运输网络传播并很快蔓延全球。2020 年 3 月，世界卫生组织宣布新冠疫情在全球范围内大流行，感染总人数突破一亿。随着全球疫情的发展，各国政府为遏制新冠感染的传播也采取了前所未有的大规模防控措施。在中国实施武汉封城计划之后，意大利是世界上第一个实行全国封锁的国家，随后许多国家纷纷效仿，制定类似的防疫措施。受这些措施的影响，在城市居住的人们的生活几乎完全停滞。在人类历史上，国家从来没有以健康的名义在这么短的时间内对民众的生活进行过如此大规模的干预。

---

① 王彩凤，黄辰．居家隔离的心理调节．临床医学研究与实践，2020，5（S1）．

② 邹立行．新冠肺炎疫情对全球的影响和启示．东北财经大学学报，2020（4）．

在印度等发展中国家，由于政府严格的封锁措施，成千上万的民众失去了收入来源。由于突然禁止任何形式的交通运输，农民工被困在他们之前工作的城市与其家庭居住的村庄之间。在欧美发达国家，以美国为例，防疫封锁政策导致城市经济下滑，自新冠疫情暴发至 2020 年 5 月，超过 3 300 万人申请政府失业救济金；华尔街股市在两周之内连续下跌熔断 4 次，资本市场出现严重的流动性危机。部分地区的医护人员被视为潜在的传染病传播者，因此遭到了袭击并被逐出家园。当一辆救护车出现在街上时，居民们惊慌失措。在封锁政策、经济衰退以及媒体信息的影响下，居民的恐慌感日益增长，与此同时，各国政府也面临着越来越大的政治压力①。

（二）全球治理体系的建构

面对新冠疫情的挑战，在全球急需团结抗疫之时，中美关系却随着疫情发展变得更加复杂化、敏感化。以美国为首的西方发达国家，出于种种原因，对中国依旧存在种族主义偏见。美国将新冠疫情的责任“甩锅”中国，煽动起西方国家的一部分激进种族主义者的反华情绪。与此同时，美国加大对中国数十亿美元商品（包括急需的医疗防护装备）的征收关税力度，并打击中国企业（如华为、字节跳动）在美国市场的发展。在全球失业率高涨、企业难以维持生存的情况下，美国的这些举措无疑是对全球经济的双重打击，加剧了国际社会的生态不平衡。

在当前全球化的语境下，病毒没有国界，面对传染病疫情，没有任何一个国家和民族能做到独善其身。将新冠疫情政治化、污名化，无助于全球共同遏制传染病疫情的蔓延。为了应对公共卫生危机、经济严重衰退等全球性挑战，各国应携手共进，积极参与全球治理体系建设和改革。目前，世界卫生组织作为联合国系统内卫生问题的指导和协调机构，是国际上最大的政府间卫生组织，在应对全球公共卫生危机方面发挥着不可替代的作用。全球需要依托世界卫生组织加强新冠疫情防控信息共享，推广全面、系统、有效的防控指南。面对全球范围内的传染病疫情，中国加强与世界卫生组织合作，凭借着已有的防疫经验为国际疫情防控合作指出了重点和方向。除了国际物资援助与政策共享方面的合作之外，中国还在科研上积极与美国、欧盟、加拿大等国家和地区合作，组成跨国科研网络，以在短时间内高效率地研究攻克新冠感染的最佳治疗方案和防疫疫苗②。在经济体系层面，世界贸易组织裁决美国对中国征收的关税属非法，并采取实际行动，与中方和其他世界贸易组织成员相向而行，共同维护多边贸易体制，推动世界经济稳定健康发展③。疫情之下，中国通过加强与各国的合作，促进世界经济稳定，推进全球治理，维护以联合国为

---

① CADUFF C. What went wrong：corona and the world after the full stop. Medical anthropology quarterly，2020，34（4）.

② FRY C V，CAI X，ZHANG Y，et al. Consolidation in a crisis：patterns of international collaboration in early COVID-19 research. PLOS ONE，2020，15（7）.

③ 商务部新闻发言人就我诉美 301 关税措施世贸争端案专家组裁决答记者问 .（2020－09－15）[2020－09－15]. http：//www. xinhuanet. com/2020－09/15/c _ 1126497777. htm.

核心的国际体系和以国际法为基础的国际秩序，联合世界各地的力量共同构建人类命运共同体。

本章结论

伴随着都市化进程的推进与发展，都市问题也逐渐暴露在学者们的视野中，主要的都市问题包括规模过度发展、过度拥挤、都市服务短缺、棚户区与非法居住区、交通拥挤、缺乏社会责任心、失业和低就业率、种族与社会争端、环境恶化、都市扩张与农用地减少、行政组织问题、难民和难民营、停滞与负增长等。同时，拥挤的城市也为犯罪提供了条件，人口的迅速扩张使得城市的成员日趋复杂，拥挤的陌生人社会使得都市成为高度不确定的世界。人类学对城市问题的研究，更多地体现在人类的文化使文化持有者在多大程度上适应城市的问题上。而高密度的城市也使得自人类诞生聚落起便随之产生的传染病有了更多的传播途径，都市卫生治理体系的构建，将依然是未来都市发展的重要挑战。

第九章

都市人类学研究方法与技术

在第一章中，我们谈到了人类学的三大特色，那就是整体观、文化相对观和特有的研究方法。都市人类学家面临的最基本的问题就是如何把人类学的三大特色运用到都市研究中。因为人类学方法论的技术过去大部分被运用在部落和村落社会，在那样的社会中，人类学家可以尽可能地参与和与每个人接触。人类学家通常在那些社会中居住一年或更长时间，然后回到自己的社会，对异族生活方式进行准确的描述，书写出民族志。但是，在规模更大、更为复杂的城市中，这种方法是否有效呢？

这种参与他人文化活动的过程是非常困难的，人类学家或多或少会犯一些错误。学习别的语言和习俗是不容易的，同时需要勇气。人类学家虽然可以观察，却很难成为他所研究的群体中的一员。他们即使在自己选择的民族中进行长期的参与观察，也注定会保持一段距离。他们如果走运，工作做得很好，感觉像这个社会的成员一样，就更容易理解社会关系，并像对自己的民族那样真实地翻译。

在研究小规模社会时，人类学家试图研究“目标”文化的整体。整体研究，对于小的群体是可能的。支持这种观点，是因为人类学家所研究的群体可能已濒临消失——这已成为唯一的传承，别人可能再也见不到他们。作为欧洲殖民扩张的一部分，人类学家知道他们所记录的东西可能不久就会永远消失。这样，整个社会和文化，或至少说对所有事物和人的发现，都需要理解和保存。

假使人类学有一条相连的线，那不是文化概念本身，而是其方法论。与民族学整体研究联系在一起的是民族志方法，一个民族与另一个民族的比较，民族学提供一个基础，对整个文化和社会进行跨文化研究。没有一种方法设计能完成既理解个人文化又了解整个人类社会的双重任务，因而人类学家可能不再是真正的人类学家。然而，这是非常自然的，对城市进行参与观察的整体研究是不可能的。即使是规模最小、人口最少的城市，人类学家也至多只能了解其表面的、部分的行为，而要了解每一个习俗是不可能的。但是，不能怀疑人类学家可以通过对少量资料的深入研究来获得和推论整体城市的知识的能力。

是什么使得人类学家进入城市，对复杂社会进行研究呢？正如我们所知，许多人类学家还处于进退两难的地步，这使他们受限于乡村—都市移民研究，或者是都市生活对社会分层和文化多元性的影响的研究。另外，参与观察成了专家的标志，他们牺牲整体论而热心于把城市人群分割成小块进行微观层次（micro-level）或结构式的民族志研究；一些研究者还试图追踪和分析都市网络关系。研究者也做一些中层的社区研究，运用参与观察法对城市中的特殊族群或其他明显相互隔离的都市人群进行有限的整体观察研究。也有些民族学家放弃了自己熟悉的研究基础，而转向对都市群体中的小群体进行参与观察，以求获得关于整个城市的微观层次的民族志。通过将民族志与历史的、社会的研究技术结合起来，人类学家最终发现，规模并不是限制民族志本身的问题，更难的是比较，即对都市生活进行概化民族学层次上的比较。

在审视一些微观研究、宏观研究、社区研究以及都市比较研究之前，必须注意的是都市人类学家所面临的是方法论问题，而不仅仅是都市工作问题。即使在小的部落里，研究者也会遇到从部分资料推论整体的问题。接近和有影响的关系经常限于一两个人，他们与自身文化的关系在完成民族志时处于受限制的地位。这种不一致性甚至在最小的社会中也是不可知的，因为任何两个人之间的知识、对世界观的阐述、可接受的行为的影响标准都是有区别的。这一问题对于人类学家所能观察到的行为的影响并不严重：譬如，他收集到的订婚仪式资料可用于与所发生的任何实际订婚仪式进行比较。而在其他领域，诸如关于性活动的知识，他通常必须依赖于有限的几个报道人。

布瑞曼在《面具的后面》一书中生动地描述了某一文化领域受限制的特征。布瑞曼到印度斯卡达的一个次喜马拉雅文化村庄进行研究，请了一名名叫萨曼的婆罗门阶层的人做助手和翻译。起初他不了解他的助手，因而严重限制了他对村里某些活动的认识，诸如高种姓的人食肉、饮酒等，村民们都试图给他一个正统的印度教教徒的印象。这就是布瑞曼在村里所看到的。可以说他走运，偶然的原因使他失去了助手，他只好请一名退休的中年穆斯林教师——穆哈默德帮助他并做翻译工作。

新的助手使布瑞曼对这一村庄获得了全新的认识。穆哈默德和他的宗教是无处不可接触的。拿萨曼来说，他的身份确保他处于受人尊敬的地位，并且他有意给布瑞曼描绘一个印度教的神话。突然，村民们既没有压力也没有必要保持充满美德的印度教的神话了。尤其是低种姓的村民，以前他们与这位人类学家保持一定距离，很少到他的住处，而不久后他的住处就成了“低种姓聚会的地方”。与低种姓村民的关系使得布瑞曼与高种姓村民疏远，并且那些保守的低种姓村民开始揭露“村里的秘密”，似乎斯卡达突然被划分成两半。高种姓的人留意村里高种姓与低种姓的称呼，低种姓与高种姓的区分通常是“我们的种姓”。最重要的是，布瑞曼从低种姓的报道人那里获得了许多“种姓背景”资料。“我们没有责任来保守村里的秘密，高种姓人所做的不是他的权威和地位所允许的。”与一个公正、正统的印度教村民相比较，布瑞曼发现低种姓村民兄弟们经常共享妻子，而那些高种姓村民却保持着重要的宗教习俗，如跳舞、杀生，以及饮酒舞会等。在萨曼眼中，在村里所发生的这类有价值的活动都是大失身份的，而在穆哈默德眼中，这类活动是无须保密的。

婆罗门阶层在这一地区是最富有的。譬如，萨曼在一些高种姓的人吃肉和喝酒时，就会说，他从来没有接触过这些污秽的东西。后来，当村里人都知道穆哈默德和布瑞曼已经知道高种姓的人参与这一类活动时，萨曼便与布瑞曼分享水煮羊腿以及他带来做礼物的一夸特酒。在家庭问题上，萨曼是不一致的。他坚持高种姓按传统是受人尊重的，他曾带布瑞曼和穆哈默德去他家而没有掩盖他有三个妻子的事实。但无论如何，萨曼都不再把这类事实暴露给布瑞曼。使他感到困窘的是，他知道布瑞曼早已晓得他年轻时作为买卖妇女的帮匪成员蹲过监狱的经历了。①

在一个较大的社会中，要获得关于一个完整社区的准确的印象是困难的。所有的研究都受到研究者技术和运气的限制。另外，还有个人性格的因素。一些人类学家考虑到礼节问题而拒绝参与某些象征活动、吃某些特别的食物，因此不能与村民们密切相处。理性的距离可能是很要紧的，换句话说，需要保持科学的超然性（scientific detachment）。但尽可能地参与、接触是调查的基础。如在我国甘南藏区，请客吃饭时，主人总是要先敬客人三杯，以表示对客人的尊重。如果客人拒绝的话，主客可能就会不欢而散，也就不可能做什么调查了。

这些方法论问题，是人类学家在部落、乡民以及部分都市社会中经常会碰到的。

第一节　都市微观民族志

也许对都市最简单的研究是先撇开对整体城市的完整描述，而通过参与观察对所获资料进行有效的研究。因为大多数人类学家认为亲手获得的资料比那些依靠文献材料或人工的资料研究方法所获得的资料要有价值得多。微观民族志（micro ethnography）主要根据参与观察所获得的资料进行有限的研究。

尽管微观民族志方法受到研究场所的限制，但是它与研究目标通常是很少冲突的。微观民族志是由个人研究的深入理解形成的。然而，研究者是立足于对少数个人的深入研究而做出假设，根据熟悉的情形来理解他人的生活胜过粗略的民族志分析，例如对少数游民进行细致研究，可以从广泛的整体研究上追寻整个游民群体以及他们与更大社会的关系。

一、传统的微观民族志——传记式方法

传统的微观民族志主要依赖简单的观察以及从报道人那里得来的真实资料，而没有运用特别的方法，如结构的或网络的微观民族志方法。这种传记式方法使用得极为普遍。的确，这种最著名的微观民族志方法，在刘易斯的《桑切斯的孩子们》及《生涯：一个贫穷文化中的波多黎各家庭》两书中体现得淋漓尽致。他首先对那些单一家庭进行细致研究，然后从那些家庭进一步扩大。刘易斯在介绍他在墨西哥

---

① BERREMAN G D. Behind many masks: ethnography and impression management in a Himalayan village. American anthropologist, 1963, 65 (6).

城桑切斯一家进行的研究时说，他的目的是通过家庭成员的自传，使读者了解家庭生活的内在，了解拉丁美洲大城市中心一个贫民窟住宅区的房屋增多的意义，以理解迅速的社会变迁的过程。①

刘易斯运用访谈的技术鼓励桑切斯及他的四个儿子将他们相关的生活历史录成音频，以使读者能发现他们的家庭处在“匮乏文化”之中。*La Vida* 一书记载的是纽约的胡安一家——一个波多黎各家庭的故事。他用同样的方法叙述出一个动人而伤感的故事。这两本著作对都市贫困生活的生动描述使得社会科学进入了文学领域。民族志学家利用录音技术把一些谈话编成完整的故事。另外，研究者不可能与每个家庭成员谈话，使得修正一些误差而得出事实成为必须。根据对桑切斯和胡安家庭的叙述，读者可以知道人类学家在每个家庭故事及其亲属关系中的角色。人类学家也了解每个人的性格，以至于能够复原那些不完整的情节。

曼金依据刘易斯的自传式研究，在美国西班牙语区对秘鲁裔妇女的生活史进行了调查。她讲述了一个秘鲁裔妇女的故事。这名妇女的伤心事是她作为学校教导主任的妻子为家庭付出了 12 年而没有得到什么回报，这是一种共同现象：“中产阶级的家庭中大量的女人和男人成为工作和家务的奴隶。”曼金进一步描述了这部分妇女：她作为家庭的一员，主要为孩子操劳，跟着家庭在整个省内旅行，几年以后，她因家务事更多而很少出门，12 年里她没有收入。“他愚弄了我，我工作非常努力，但他对我仍不好。那些认识我的人当看到我工作时就摇摇头说‘太糟了’。”

当组织学生进行都市人类学研究时，教师通常会选择微观民族志研究，因为聚焦于较小的样本最适宜这类时间紧的计划。虽然要描述任何一个城市的结构，仅花几小时进行研究是不够的，但将这些时间花费在一些特别的方面就可以做得很好。巴沙姆（Basham）在圣马来西亚大学教书时就做过许多微观民族志调查。有时是独自工作，有时是几个人一起工作，学生按课程安排调查印度面包师（用自行车带上在家中做的面包，将面包分送到各个印度人家庭中）、未经批准的停车场的服务员、年轻妓女、舞厅女侍及伴舞者等。

对伴舞者的研究是分开的，三名女学生组成一组，而另外一名男学生单独工作。比较两份调查报告对谁做什么和怎样做的描述是很有意义的。女学生的结论依据的是对许多伴舞者的访谈，这些姑娘有的已成为这一大社区不公开的妓女。但事实上她们并没有丧失道德准则，只是因为贫困而接受了这一在社会上不受人尊敬的职业。那名男学生则肯定这类公司提供色情服务，认为管理者和伴舞者的这类活动是没有道德底线的。

尽管传统的微观民族志研究对于时间有限的计划是适合的，但它也不能无限制地扩展②。沃尔卡特（Wolcott）在《校长办公室的男人》一书中就聚焦于校长的活

① LEWIS O. The children of Sanchez. New York：Random House，1961.

② BASHAM R. Urban anthropology：the cross-cultural study of complex societies. California：Mayfield Publishing Company，1978.

动。对教育的研究显示出，在这类个案研究中，获取无意义资料的行为正在迅速增多（例如，97%的中学教师在课堂上谈论政治时使用“总是”“经常”或“时常”，44%的教师在大都市而35%的教师在小镇）。在美国社会的成千上万的事件中集中于某一方面是可靠的，沃尔卡特掌握了学校校长的世界观，描述了对校长日常生活的仔细观察，以及正式的或非正式的来访者对校长的社会角色的期望。在调查校长近两年后，他能描述出校长平时做些什么。更重要的是，他了解了校长的活动是怎样把他自己的目标与学生、教师以及社区对他职业的期望协调起来的。校长对于这些期望的影响是很重视的。校长特别指出了他所做的许多事，像赶跑学校操场上的狗或寻找丢失的三明治，并不是他的本职工作的要求，而是别人期望他做的。沃尔卡特认为，他把校长的角色限于与外界的联系，并随着别人的期望不断改进。这一种地位要求任何问题都是“重要的”，不能忽视任何寻求帮助的机会，因为传统存在于其周围，牵制、加重着校长的负担。

沃尔卡特的研究展示出对整个社会的任何一个显著部分的精细分析的价值。这样，我们可以发现都市社会研究实用技术的模式，并对这些进行仔细分析：（1）个人目标；（2）行为的期望与位置的相适应。

二、民族语义学技术

近来人类学家关心的是，描述分类能否准确地反映现实，以及能否被所研究的那些民族理解。为了进行跨文化比较，人类学曾经发展了一套词语来给相应的风俗和信仰分类。例如，传统的人类学家运用婚后居住原则，如从父居、从母居、从兄弟居、两可居以及新居等作为划分一个群体的社会组织的基本手段。然而，菲歇尔（Fisher）和古德纳夫（Goodenough）在土基斯（Turkese）人的分类方法上提出了不同的意见。他们认为，这些原则大多是人类学家头脑中固有的。同样，科恩也争论道：非洲人对自身社会、个人的理解与社会科学家所描述的并不一致。

这个问题引出一个结论：要对一个文化进行整体研究，就离不开语言学的透视。为了减少用外语写作，语言学家首先遇到的是一大堆声音，这些声音在自身文化中可能没有意义，但在别的文化中却具有意义。当然，语言学家最开始并不能确定哪些声音是有意义的。接着，语言学家必须记录每一种声音，即语言发声翻译成的每一因素。在经过翻译后，运用国际音标进行分类，接下来进行语言分析。到此，语言学家必须尽量减少符号数量，设法确定每种声音的不同含义。譬如，语言学家第一次遇到英语时，从 aspiration 听到呼出空气很少的“p”音，即送气音。当“p”在“pia”中时，送气音被记成［p‘］，当“p”在“spin”中时不送气，在国际音标中被记成［p］。通过英语词汇比较，语言学家知道了“p”送气与不送气与其在词中的位置相关联，而并不代表不同的意义。

从语言的描述可推论到文化的其他方面。关于文化普遍的或特殊的分类，我们可以从客位（etic，来自 phonetic）到主位（emic，来自 phonemic）的层次进行描述，即我们研究时试图用一个群体自己的语言来理解他们。这种运用分类学对整个文化进行研究的方法被人们称为结构语义分析，简称语义分析。理论上，结构民族志是依据文化相对性的原则和概念在逻辑上的引申，希望寻找一种传统的、客位的民族志以求提供更为准确的世界观定义。不幸的是，民族科学普遍的经历是不成功的：严格定义和翻译文化内涵词汇的困难大大限制了对亲属制系统、色彩和植物分类学的研究。毕竟文化相对性的分类仍是立足于普遍性分类之上的。

认识民族志对这些民族的心理描述是否正确的问题与都市人类学家面临的问题相当，因为在研究自身社会时也会遇到这些问题。正如斯普拉德利在游民研究中所发现的，虽然生活在城市中的人共享着同一地域，但游民们实际上与文化世界是相隔离的。都市人类学的最重要的一部分就是对文化世界进行细致的民族志描述。

虽然在美国任何地方都没有文化世界的分离，但游民与中产阶级的文化的区别是明显的，甚至游民也感觉到中产阶级的美国人是遥远的。毫无疑问，游民们最关心的是酒，一个假设的原因是大多数游民因公开醉酒或与酒相关的犯罪而被捕过。但从斯普拉德利与游民的谈话可以看出，“找一个睡觉的地方，或者找一个安全的地方睡觉”，比其他任何活动都费时间。这对于游民是非常重要的，如果没有一个安全的住所，那么天气、暴力，或者因流浪罪被捕随时威胁着他。关注睡觉的地方的另一个事实是睡觉（flop）变得既是动词又是名词。与大多数美国人不一样，游民睡觉的地方是不定的。对睡觉的语义学分析显示，游民不仅把他们睡觉的地方当作名词，而且有好坏的区别，依据的是是否昂贵、舒适和安全等因素。

正如游民个案一样，美国人所了解的吸毒者是传播媒介所描绘的，而他们很少了解吸毒者次文化的内部知识。有研究者试图纠正这种误解，因为这通常涉及为满足中产阶级需要而非吸毒者需要而设计的法律和治疗方案。为此安高（Angar）在肯塔基全美治毒中心的吸毒者中做了深入的结构分析。通过对在这里的大多数吸毒者的研究，他做出的解释和假设是吸毒者身份在社会心理上的挫折。安高在对吸毒者进行微观民族志研究后提出了一个问题：“如果暂时终止先前的判断，将吸毒者作为一个多样文化的复杂社区进行民族志研究，那么他们与其他美国次文化比较会有什么差别?”

从一开始，安高就清楚他研究的是一种毁灭的次文化：由不同年龄、种族和来自不同地方的吸毒者构成的次文化。他精心设计问题，安排与吸毒者会谈。作为一个语言学家，他注意到一些外人难以理解的词。吸毒者将一些常用词改变了原意。如称 hustle 为“非法获得钱”，称 cop 为“买海洛因”，称 get off 为“注射海洛因”，等等。他逐渐掌握了吸毒者使用的更多的词，如 stuff（有海洛因）、dealer（出售海洛因的人）、rip（抢）、burn（获得的海洛因与付出的钱不对等）、man（法官）、bust（被捕）。这样，安高能划分吸毒次文化的逻辑关系和一般的概念。

但安高并没有注意到对吸毒者生活的描述。吸毒并不仅仅是吃一种药，而是一种生活方式。

安高的研究对人类学的重要性是明显的，为了理解和研究吸毒者，达成民族志的目的，就需要获得基本的材料。那些试图为美国吸毒问题提供结论的人亦认为，不能把吸毒简单地当作化学吸毒来处理，而应该与文化吸毒联系起来。这一研究，对我国有关吸毒的研究也有所启示。吸毒者已经把吸毒作为一种生活方式，他们也形成了自己的次文化。因而，我们不能用隔离的办法来解决吸毒的问题。

另一个有关结构民族志的具有开创性而又有趣的研究是斯普拉德利对鸡尾酒会的女招待进行的调查。他探讨了其地位及与其他男性和女性的关系，提供了一个“窥视世界上男女角色的窗口”，对此全面的分析能回答美国基本的男女角色。这种情形反映了“成年男女的社会关系整合的过程”。

而特别有意思和有价值的是斯普拉德利把研究者角色分成了两个部分，即参与和观察。研究的合作者在一个酒吧寻找工作，成为鸡尾酒会女招待，斯普拉德利则成为观察者。合作者既是研究者又是资料提供人，避免了这种可能：“重要的现象发生在各个参与者身上，在几个星期以后，研究者就已知道得比她能谈的更多”（观察者比参与者知道更多）。[①] 从这一研究可以看到多种视野观察的必要性。

三、都市社区研究

人类学家将参与观察与有限整体论相结合的研究策略是社区研究（community studies）。虽然受到研究地点的限制，但民族志学家仍然能从实际经历以及各种其他技术（如从整体人口中抽样的结构访谈）中获得资料。人类学家也能设计问卷或进行类似的研究（许多人类学家设计的问卷的结构包括一种人工的假设的资料，如某时的消费活动、对问题的阐释、编辑资料等等），也喜欢依赖参与观察。但是，人类学家仅能选择城市中有限的社区进行研究，仅能概化该社区而不是对整个城市进行参与观察研究。

实际上，社区研究是与传统部落研究最接近的，人类学家的技术适用于对都市较小的复杂区域的研究。毫无疑问，社区研究是都市人类学家应用最普遍的方法。他们研究美国黑人社区，包括黑人街区的男人、黑帮、都市蓝色音乐和音乐家、圣灵降临节、吉卜赛人、美国华人、东京看护，以及中产阶级日本社区，等等。

四、传统的民族志分析

传统的民族志分析（traditional ethnographic analysis）最有意思的例子之一是希普勒（Hippler）的《猎人的点：一个黑人聚居区》。这项研究应用了生活史分析（analysis of life histories）和 TAT（主题统觉测验）分析，并与参与观察相结合，对两个失父单亲家庭和两个完整家庭的成员进行了对比研究，探讨了社区的价值

---

① SPRADLEY J P，MANN B J. The cocktail waitress. New York：Jone Wiley & Sons，1975.

观、社会组织、与白人的关系以及社区居民的主要人格模式。作为一个在黑人社区开展研究的白人，希普勒说："我觉得不能真正成为社区的一部分。"希普勒为了自由地观察那些白人和黑人，没有搬到黑人棚户区居住，这是因为黑人厌恶与白人一起住。

与希普勒强调田野工作的观察方面不同，利博则是亲自参与到美国首都华盛顿街角的群体中。他的研究计划是做低阶层黑人男性生活的三四个方面的研究，而仅花一天时间做研究前的观察。他在街区没走多远，就看到一个尖声呐喊抗议被捕的妇女，一群人拥挤在那儿，使他和两个观察伙伴有机会加入谈话。一个老人和警察在进行简单的交易后就走了，其他人则留下来，接受调查者的邀请去喝咖啡。

那天晚上利博回到家记下了他一天的经历，并赞成明天执行研究计划。第二天，他在同一条街走近一个围着一条小狗的人群。利博停下来看了看，然后走进饭店买了牛奶喂它。几分钟后又有两个新来者加入了这一人群，这是研究想找的人。当其他人离开后，利博和新来者泰丽、杰克逊进入饭店谈了四个小时并开始了他们的友谊。

这些参与者成为利博研究黑人街角男性的计划的核心，同时他确定了一个重要的目标——"泰利的街角"。普通低阶层黑人男性在美国社会的特殊环境中，通常会进入一个关系迅速建立而又迅速毁灭的世界。他们无法通过谋职支撑其家庭及保持正当的身份和地位。①

在美国社会中，黑人的婚姻经常是暗淡和失败的，因为丈夫没有承担起最重要的角色，那就是家庭负担者。不仅黑人妇女比男人就业机会更多，而且因男人不能负担家庭责任而靠福利补助金生活的家庭越来越多。失败的男人经常采取的逃避方式是抛弃妻子和孩子。在这样的社区中，认同与安全感、自我信念与相互的友谊变得尤为重要。

五、结构访谈

结构访谈（formal interviewing）是访谈法的一种，是指在调查前先设计好问题，然后由访问员逐个询问调查对象。访谈问题的设计类似于问卷。可以先建立假设，明确证实假设所需要的指标，甚至像问卷一样只提供有限的选项。与问卷不同的是，结构访谈是直接的面对面的访问，这样可以避免问卷的死板性，可以就一些问题深入追踪下去。与一般性访谈不同的是，有了统一的问题，既便于组队进行大规模的调查，又方便将指标量化以进行统计分析。

笔者曾以广州外来散工为主题，组织人类学系的本科生进行调查。由于对外来人口已经有一定的了解，因此可以建立起假设和分析构架。根据分析架构，将各项指标分解成具体的问题。在调查之前，就涉及这一主题的概念、分类进行解释。然

① LIEBOW E. Tally's corner. Boston：Little，Brown and Co.，1967.

后，分组、分区在各散工聚集点进行访谈。调查规定每个组员都必须完成规定的问题访问，之后可以随组员的兴趣提问。这样，每个调查样本都既有对同一问题的回答（这一部分可以量化），同时又各有其特色，使得样本资料生动活泼（增加了很多事先没有设计到的内容）。在完成调查后，分组进行讨论并写出初步的报告，然后全班集中讨论。最后，根据定量分析和个案分析写出总的报告，从而揭示出广州外来散工的生活概况、工作方式、人际关系和适应方式。[①]

第二节　网络分析技术

一、社会网的基本概念

将社会中的个人视为点，将人际关系视为线，即连接社会网中的个人的关系，其结构和动态的过程，即社会网概念的基础。当然，社会网中的点不限于个人，也可以是某个群体、社会或国家；所连接的关系不仅可以为朋友关系，也可以为亲戚关系、敌对关系、生意关系等。米歇尔 1969 年把社会网定义为：某一群体中个人间特定的连接关系，其整体的结构可用于说明该群体中个人的社会行为。可从三个方面描述社会网概念，即社会网的结构、连接和功能。

（一）社会网的结构

（1）社会网的规模和广度，包括直接和间接的以个人为中心的所有连接的人数。

（2）社会网的密度，指一个社会网中的实际关系与所有发生的关系的比例，以此来衡量社会网结构松紧的程度。

（3）社会网的组合，指构成社会网的个人的社会背景的同质性。构成同一社会网的个人背景越相近，则其组合的同质性越强、越简单，呈单一性；反之，则其组合的同质性越弱、越复杂，呈多元性。这种组合的同质性越强、越简单，其对社会网密度的增高越有帮助；反之，则密度有降低的可能。

（二）社会网的连接

社会网的连接可从四个方面来考察：一是社会网连接的强度，指社会网中个人关系的强度，如是一般朋友还是好朋友等。二是社会网连接的多元性，指一社会网连接关系中同质性的程度。这与社会网的结构稍有不同。结构组合是指构成同一社会网的全部人的社会性质（包括社会网中所有的点），连接的多元性注重连接关系

---

① 周大鸣．广州“外来散工”的调查与分析．社会学研究，1994（4）．

者的社会性质的比较（比较构成社会网中的线）。三是社会网连接的持久性。社会网的密度越大，其连接强度越高，则持久性越强，反之则越弱。这种持久性是构成社区团结精神与社区整合的重要因素，但在现代都市社会中有所减弱。四是社会网的互换性，这是指社会网中个人的关系互换对称的程度。如甲认为乙是其好朋友，而乙也认为甲是其好朋友，则其互换性强；要是乙仅认为甲是一般朋友，则互换性弱。

（三）社会网的功能

社会网主要有两种功能：一是信息交流功能。个人利用社会网获得各种信息，如有关工作机会、介绍对象、走“后门”，甚至嫖娼、吸毒等不良行为的信息，均可利用社会网的渠道获得。二是社会互助功能。此功能又可以分为两种：其一是发挥对外在侵袭伤害的缓冲作用，其二是实际的互助功能。社会网的功能是社会网研究中的重要因素。

现在的研究不再停留在个人，而是以社会网为对象。都市人常利用其社会网来应付复杂的都市生活。此外，都市人的社会网有超越空间限制的趋向。

二、都市社会网的特征

都市人的社会网的结构、连接方式，与乡村人的社会网相比差异很大。都市人的社会网具有如下特征：

（1）都市人的社会网的广度比乡村人高。

（2）都市人的社会网的密度一般比乡村人低。

（3）都市人的社会网的结构通常较为复杂，具有异质性和多元性的特征。

（4）都市人的社会网的连接强度比乡村人低。

（5）都市人的社会网的连接关系具有多元性特征。

（6）都市人的社会网连接的持久性、互换性均较弱。

三、网络分析的应用

许多人类学家在过去的20年里把网络分析研究广泛地应用于人际关系及其他社会研究。社会网络的概念起源于巴恩斯（Barnes）对挪威某教区的研究，他用网络研究的方法解释了岛上渔船招聘水手的过程：

“每个人都与其他人联系——有些是直接的有些是间接的，同样，每个人都有一些朋友——任何一个人的朋友们总有一些是相互认识的，一些是相互不认识的，从这类一般网络的分析中能了解整个社会的生活。”巴恩斯的工作成果很快被鲍特在美国家庭“有序都市”研究中加以应用。该研究展示出丈夫和妻子的网络联结关系的特性。在结婚之前，丈夫和妻子就有编织密集的网络，结婚后每个人都可能把这种网络保存下来（由地理的或其他环境决定）。结婚只是在原有关系网络上添加联系，以便能继续进入其他人的活动中去。在这种情况下，他们从外界的联结关系中获得帮助和精神满足。假使相反，丈夫和妻子进入松散的网络关系，或者他们的网络成为松散的网络，则在同样的情况下，从别人那里获得的帮助和情绪支持就会少一些。

爱泼斯坦应用社会网络对传统人类学对非洲本土的研究进行了分析。他根据网络理论，通过检验网络的依托、范围和排列特性，以及这些方面的相关本质，如网络的容量、方向、持久性、紧张性和经常性等，以寻求我们对人际关系理解的标准。

爱泼斯坦通过仔细分析和对照他对非洲报道人查达的研究，描绘出了“都市社会生活无规律的特性”和“极为固定领域中的规律性因素”。他发现，在短时间内，查达建立了一个包括朋友、亲戚和熟人的坚实网络。当然，查达的网络并不构成一个合作的群体，而仅仅是他自己活动的结果。对查达的网络的分析也表明，网络中成员的相关强度是不同的，因而网络可被划分为有效网络和无效网络。有效网络是指与查达联系最紧密和联系有规律的个人，并且那些个人之间大多是相识的。扩展网络的成员是指查达的熟人，而他们之间通常是不相识的。

流言（gossip）在都市情景中对社会网络有重要功能。流言不仅涉及哪些人参与传递，还常常影响行为准则并起着社会控制的作用。流言很多是“好的”，也有一些“坏的”流言。随着“坏的”流言进一步传播，可能会使某个人的生活质量下滑、地位下降，以及面临偏离社会准则的危险。

在流言中最普遍的是有关性的故事。在研究赞比亚北罗德西亚恩达罗时，爱泼斯坦的助手询问另一个报道人查尔斯问题，发现查尔斯的弟弟使查尔斯承认他与啤酒厂卡车司机卡文的妻子莫尼卡通奸。啤酒厂的啤酒销售范围很广，卡文经常长途送货，查尔斯就利用这些空当在卡文家中与其妻子通奸。在卡文不在的晚上，查尔斯的弟弟来访，发现了这一奸情。卡文回来后听说了这件事，与查尔斯发生了冲突，并且痛打了卡尔斯一顿，还警告以后再见到他还揍他。

爱泼斯坦指出，通奸是普遍发生的。这个个案有趣的是，由于知道这件事的人很多，因而可以就此事进行讨论，通过这一故事的散布追溯一些线索。爱泼斯坦发现，这件事本身也揭示了有关通奸者的秘密网络。

这则通奸消息传递的道德观似乎与这些事实相关：莫尼卡是个漂亮的女人，比丈夫受过更高的教育，是在卡文提供医药费治好她的性病后才与卡文结婚的。她父母愿意促成这一婚事，而莫尼卡对与一个年老的、性能力差的男人结婚一点儿都不高兴。她的丈夫虽然有一份好的工作，但是从穿着和风度上看仍是一个乡巴佬。尽管莫尼卡有通奸的行为，但卡文从美丽的妻子那里获得了威信，因此他不与她离婚。这种流言并没有谴责莫尼卡，而是集中在通奸上。

围绕莫尼卡和卡文的婚姻所出现的一些流言表明，非洲城市居民中出现了一种严厉的消息评论阶层。正如爱泼斯坦发现的那样：“莫尼卡的朋友的流言制造了莫尼卡所有（或者一部分）的社会网络，并给予他们共同的价值观，以及对所处社会阶层应有态度的再次肯定。这清楚地表明了流言对社会组织控制的重要性，在那些以亲属制和种族为基础的社会中更是如此，但现在一些明确的行为准则经常限制了阶层的区别。”①

第三节 都市宏观民族志

宏观研究都市的方法，就是依赖民族志的、历史的和社会的观察技术对城市做完整的描述。这种宏观民族志强调社会结构而不是都市居民的行为模式和认知结构。这样，宏观民族志与文化人类学的研究相比更接近社会学的或者是社会人类学的研究。

毫不奇怪，都市宏观民族志的大多数工作是社会人类学家做的，并且在非洲城市研究中奠定了基础。所有这些民族志学者共同的特点就是试图尽可能整体性地描述城市。如斯坚纳（Skinner）在《非洲都市生活：瓦嘎都根的转型》一书中用这些标题来描述瓦嘎都根的发展：“职业和经济活动”“亲属制和亲属关系”“求婚和婚姻”“家庭生活和身份外观”“消遣和娱乐”“宗教和法律约束”“政策和行政管理”。这几乎包括了关注在部落社会的民族志学者所研究的一切。斯坚纳长期居住在这一城市，既是美国外交官又是人类学家，因而能够收集到有关瓦嘎都根生活的以及社区各方面的历史的和民族志的资料。在《瓦嘎都根研究的方法论》中，他说道：“我认为，只有在对一个城镇的所有方面和所有制度都有所了解后才能理解非洲的都市生活。通晓传统社会和文化对城镇上的大部分人口的描述推进了民族志的研究。对于我来说，进而了解城镇的本质——朴素的人群是可能的。虽然我能观察和分析‘社会网络’，了解城镇的社会分层中的关键成员，但对城镇做一个人口学的普查却是很难的。当可能时，用问卷来进行调查是有效的。瓦嘎都根的市立法院给我提供资料，市镇的行政文件都是资料来源并被应用到我的研究中。”

尽管对瓦嘎都根进行了整体的研究，但是，斯坚纳仍不了解被忽略的某些主体，并且对于问题取向的描述以及对于理论的阐释都还不够。但他的做法给我们提供了“相近的文化”（culture of distance up close）。他从数年的参与观察转向对瓦嘎都根的概括，而不是将一组民族志的轶事填入他的研究成果之中。②

当宏观民族志研究方法在非洲城市研究中被应用时，在美国、法国、加拿大、

① EPSTEIN A L. The network and urban social organization. Rhodes-livingstone journal，1961，29.

② SKINNER E P. African urban life：the transformation of ouagadougou. Princeton：Princeton University Press，1974.

黎巴嫩、日本也出现了一种对都市化社会研究的全方位的相近文化研究。最广为人知的是华纳在 1930 年对扬基城的研究，并出版了几卷书。扬基城系列丛书聚焦于社区的一些方面，包括对扬基城的社会生活、身份系统和民族群体、制鞋厂的社会系统、居民的象征系统的研究。

尽管这种组队访问与社会学研究较为接近，但是华纳的主要贡献——对美国社区阶层结构的划分——被归功于他所受的民族志的训练以及对澳大利亚土著进行研究的经历。华纳在开始研究社区结构以前就有个人偏见，并且他对社区的研究最初来源于对报道人的分类。由于他的背景以及对土著的分类，因而他有一种将事物过于普遍化的趋向。例如他在《图勒的民主》一书的引言中的结论就太过于以点代面了，似乎图勒代表了所有美国人，所有美国人都类似于图勒，研究图勒就是研究美国。正如社会学家高登（Gordon）所说的："这样一种看法可以归结于研究技术和华纳的专业训练所倾向的文化人类学特性。"他继续说："民族学家研究自我范围的部落社区，每个社区都可建立起自己的'文化'普遍性。假使他对社区的研究是正确的，那么他的普遍性的结论就不成问题。"①

一、生态学的研究

这种方法就是将城市视为一种复合体，这种复合体是由城市自身的聚落和历史所形成的特色构成的。如普莱士对内瓦达（Nevada）的热罗城（Reno）的研究，就是对其特征进行整合研究：电缆车、妓女、快速离婚、西方牛仔文化的复兴和强调个人自由的文化精神。他用调查队来研究热罗城的这些方面，并建立起了研究生态的架构，把都市生活视为一个凝聚的生态体系，不同的人为了生存而占据一定的位置。任何城市都可能产生一个动力系统。调查队的成员被分配做田野工作，去发现现存模式是由谁开发的、对同样的位置是怎样进行竞争的等等。

又如，巴沙姆对马来西亚彭安（Penang）的研究，揭示出妓女、三轮车车主、旅店老板、拉皮条者、匪帮成员与某些警察之间存在的系统性联系。来这个城市度假的游客肯定会碰到三轮车车主询问他需不需要"姑娘"或去有妓女的地方（因为在彭安，卖淫是非法的）。如果游客表示感兴趣，他就将会被带到一家旅店和妓女见面。通常三轮车车主会热情地介绍，因为如果他介绍成功了就会得到一笔可观的佣金。当安排妥当以后，嫖客就会付钱给旅店经理（往往是匪帮成员）——这些人的工作就是把这些钱分配给妓女（妓女可能得到一半）。三轮车车主、旅店老板（拉皮条者或者匪帮成员通常是拿薪水的雇员，并且这些匪帮成员将向依附者提供保护和消除竞争匪帮的干扰）还要分一部分钱给警察，这些警察被称为"坏男人"，他们只要收了钱就允许这些旅店存在。要摆脱警察是很难的，因为所有的人都清楚旅店真正的功能（例如酒吧通常占整个地下层，三轮车拉着男性顾客不时地前来），

① GORDON M M. Social class in American sociology. Now York：McGraw-Hill，1963：89.

并且大多数旅店位于中心警察局所辖的少数街区之中。

生态研究由于其可组织学生的研究计划而受到欢迎，但显然它是有利有弊的。虽然用这样一种整体分析的方法可能比用其他方法描述城市更为精确，但是这样做要花费大量时间，需要大量的助手做基础调查，然后把各部分材料归纳在一起进行分析。

二、都市民族学

目前，已有大量的人类学家从事都市人类学研究，都市人类学家开始把都市人类学发展成都市民族学或者比较都市人类学。之所以这样，是因为都市复合体涉及的问题多且反复地出现。

有一本《都市人类学》杂志，其副标题是“城市作为一种连接体”，各类文章主要研究的问题包括什么是城市、城市与其他人类聚落有何不同、怎样对这种连接体进行比较研究等。杂志的引言中特别指出，都市工作缺乏比较，这与人类学早期研究农民社会就好像他们是在研究自给自足的部落连接体一样相关。乡村在一个大的社会之中，因此乡村生活本身是有意义的，其作用却经常被忽视。这种“非概化的继承”传播到了都市人类学领域，使得都市人类学家仅对感兴趣的事“做研究”，而不会花费太多的时间来研究功能或进行比较（这样会导致概化的尝试）。无疑这是对的。的确，这本杂志本身也竭力建立起一个都市民族学的领域，包括乡镇移民、都市家庭结构、都市适应与调适、都市社会分层和文化多元性等，以达到跨文化概化的目标。

近来，都市民族学的发展较快，像纳高塔对马来西亚两个城镇的比较，詹姆斯（James）对美国和南非城市街区及主体性的研究，罗伯茨对秘鲁和危地马拉的城市相互关系的比较。未来，这种民族学趋势将继续。这种研究不仅仅可以在整体的层次上进行，更重要的是可以在部分的层次上进行，通过比较能更清楚地了解都市生活的意义。

都市人类学家的方法论材料经常涉及一些次级的层次。正像上述人类学家在理解原始社会结构方面有其专长，一个好的民族学家研究都市也会像研究小规模社会一样依据民族志进行描述。但民族志的严重问题是无论做什么研究，都是用人类学家的语言进行讨论，即到处发现一些“文化”，描述和记录文化，并吸纳其规律。

结构分析提供了结论。当我们研究每一种文化时，都用其自身的、主位的、可能理解一个群体的世界观。但在进行主位研究时，客位研究也常被用来分辨出共同的单位以便做跨文化比较。无论是文化的翻译还是研究的范畴，真正的民族学总是建立在对民族志的了解之上。最后，都市民族志和民族学的评估必须与其他研究一致：学者们所证实的或所做的研究必须经得起重复研究的检验。

第四节　网络民族志

一、关于网络民族志

民族志一直是人类学田野调查的重要产出，同时也是关于一个特定族群文化的真实记录。从人类学诞生之日起，关于民族志方法的讨论和争论就始终存在。20世纪20年代以马林诺夫斯基（Malinowski）和拉德克利夫-布朗（Radcliffe-Brown）为代表的科学民族志强调对异文化的忠实记录，强调民族志写作中的主客位立场的区别。格尔茨（Clifford Geertz）在《文化的解释》中也强调："文化就在那里，你（人类学家）的工作就是回来告诉我们它是什么。"当时民族志中所呈现的文化是固着在地方的，因此民族志也是对地方文化的最直接的反映和记录。

对民族志的新一轮反思和批评自20世纪80年代开始，以马尔库斯（Marcus）为代表的人类学对传统的民族志中所体现出的人类学家与被研究者之间的关系提出了新的理解，"写文化"的概念挑战了传统的民族志中人类学家代表被研究者书写、呈现其文化的方式，更加强调互为主体性的文本建构方式。

到了今天，随着全球化的程度日益加深，我们发现不仅是关于异文化的书写和呈现需要被批评和讨论，就连格尔茨所说的"就在那里"的文化也越来越难以寻找。现在，在世界任何地方想要找到一个既内部统一而又明确地区别于他者的文化整体变得越来越不可能，人类社会开始快速地现代化和差异化，不同文化和社会之间的联系变得越来越密切，媒体、电信技术、经济、移民、旅游开始让联系发生。文化之间的边界开始变得模糊，这对传统的以一个整体性的异文化为记录对象的民族志来说又是一个挑战。"无民族的民族志"这种在经典的民族志书写中被视为在逻辑上完全无意义的呈现在当下变得可能，甚至有些时候还是必需的。

二、超越田野

因为文化开始变得交叠复合，所以对于文化所依附的田野的选择自然也不能还奉行原有的仅限于一地。马尔库斯和费彻尔（Michael Fischer）建议采用"多点民族志"解决上述问题。然而到了网络社会，人和文化的移动开始变得更加频繁，自然人类学的"田野"也必须移动起来，普通的多点民族志恐怕也无法满足此种文化研究的需要。为此，卡斯特（Castells）提出摆脱既有的对物理空间的田野作业的束缚，转而从网络民族志寻求研究的突破，并且网络也还是同特定的物理空间相关的。与以往的田野不同，网络是一个开放的结构，有极强的扩张性，同时极富活力。网络研究更加重要一点的是，不仅可以从网络中看到很多节点，而且能够清楚地发现节点之间的关系，因此网络研究能够更好地发现移动和变化。网络民族志正是通过研究节点及节点之间的关系来发现文化之间的互动和差异的。

除了网络民族志以外，互联网虚拟空间的民族志研究也是一个超越物理空间的田野的文化研究策略。随着互联网的发展，虚拟空间成为一种新的文化空间，几乎影响我们生活的所有方面。线上社交无疑已经成为现在人类学研究的一个全新领域，虚拟社会的概念已经为大众所接受。

三、在互联网时代应该如何进行田野调查

（一）田野点的选择

所有的田野调查都要从选取田野点开始，而无论是实地田野调查还是网络田野调查。经典的实地田野调查在选取田野点时相对容易，因为无论是人群还是社区，抑或是村落，都有一个相对明显的、可识别的边界。然而互联网空间似乎是无边界的，是一个开放的结构。因此，在网络民族志的田野中，田野的边界不是天然存在的，而需要人类学家主动地、有意识地与调查对象共同建构一个网络空间（space of networks），这个空间是差异化的。因此从这个意义上说，网络人类学的研究从最开始的田野边界的设定就已经提前结构化了自己的研究发现和结论。

（二）田野进入

在经典的田野作业中都会有一个田野进入的看门人，他作为中介将人类学家带入田野，并充当地方文化与人类学家之间的媒介，从事跨文化的翻译工作，让人类学家慢慢地对地方文化逐渐了解。然而，在网络民族志中，人类学家可能没办法通过这样的中介获得帮助进入田野，一个网络中的个体节点之间的联系大部分时候是相对较弱的。进行网络民族志研究的人类学家可能无法期待只要认识网络中的一个人就能够同所有人熟识。他可能需要在网络中尽量多地认识不同的个体，以获得对整体的了解。

这样一来，人类学家可能需要花费更多的时间选择多个网络，而不是仅仅在一个网络中进行调查。同时，由于不同的网络中生产、交换的信息和知识是有差异的，并且人类学家所掌握的知识有的时候在某些网络中是不足以同其他的网络成员（例如动漫群体）进行交换的，因此人类学家大多数时候更像是需要通过自己的资源甚至动用经济手段换取网络成员的信息。即便如此，人类学家也必须熟悉网络中的成员彼此生产和交换的知识，以此来说服其他人提供必要的信息。如此一来，人类学家与被研究者之间的关系就发生了变化，被研究者不再是“他者”，人类学家也已经嵌入网络中——无论是在空间意义上还是在社交意义上。

四、网络民族志需要注意的几个问题

（一）关于民族志的核心方法——参与观察

很显然，网络民族志中的观察只有在一个特定和简化的模式下才能够实现。我们可以观察一个网页随着时间发生的改变，可以观察一个讨论组的形成和解散，可以观察一个微信群中文字信息的增加，也可以观察在一个 3D 的环境中人物化身的移动。但是，我们没办法看到所有这些行为背后的真实的人，而人才是参与观察的核心。因此，参与观察与民族志实践之间的关系成为网络民族志这个概念是否成立的痛点。通过视频进行网上观察、通过社交软件进行访谈（包括网上座谈会、问卷调查）等研究方法在西方已经成为网络民族志参与观察的重要方法和手段，可以获得相对完整的事实材料，解释互联网中的文化现象。至于是否需要将线上和线下的材料互相印证，则属于研究视角的问题，并不涉及研究是否具有意义的问题。

（二）关于网络民族志的材料和数据的真实性问题

互联网上的信息，如一个人的年龄、性别、国籍等，很难判断真实与否，为此，多数网络民族志人类学家选择相信使用信息的人自己的判断，并且不刻意地将从网络上获取的资料同真实世界进行对照。从事互联网研究的人类学家认为虚拟空间与真实空间之间并不需要互相印证，两个空间可以独立并行运转，对于两个空间的研究也不应该刻意寻求数据的互相印证。一个人很有可能在网络空间中选择了一个和自己在真实空间中完全不同的性别、年龄、职业甚至性格，当然也有人会完全按照自己在真实空间中的形象去描绘自己的网络肖像。总之，这就是互联网的魅力所在。

（三）关于网络民族志中的语境问题

在网络民族志研究中，人类学家和被研究者完全通过虚拟的网络进行互动，这就导致了田野中语境的消失。人际互动中肢体的动作、说话时的神情、周围的环境等一切有关语境的背景内容都被抹去了，而这同真实情景中的面对面交往是极为不同的。在面对面交往中，除了对话内容以外，身体姿势、说话的语调，甚至周围的环境都对理解交往行为极为重要。而互联网交往中只有被输入的文字和一些表情符号，因此网络民族志需要借助多点民族志的方法，将互联网作为田野调查的其中一个点，同时将物理空间纳入对情境的分析，否则这种意义上的网络民族志只能是话语分析或文本分析。

本章结论

人类学的目标是通过对整个人类社会的研究以获得对人类社会和文化的认识，

人类学的目标不仅仅是研究原始的或奇异的民族。人类学也从不排斥其他学科的研究方法和技术。实际上，越来越多的人类学家运用社会学、心理学、地理学和历史学的方法，当然常常是综合多种方法来进行研究。在都市这种复杂的社会里，单枪匹马进行研究的机会是不多的，常常是组队就某些专题进行研究。笔者负责的乡村都市化研究，就是组织研究人员分组按照研究大纲来进行调查；并且运用问卷调查的方法，结合使用计算机软件进行统计；同时选择一些点进行参与观察。这样，我们就在有限的时间内完成了课题预定的目标。同时，互联网时代人在变，研究人的民族志自然也在变：开始从空间意义上的地方转向了社交意义上的地方——网络，从物理空间转向了数码空间。这种转变虽然恰逢其时，但也会给传统的民族志方法带来诸多挑战。无论是虚拟民族志还是网络民族志，都不仅会改变民族志本身，同时也会给民族志方法带来重大的改变。中国的网络人类学研究正处于萌芽期，传统的人类学理论和研究范式受到了较大的冲击，虚拟民族志开始在中国人类学的语境中被提出。但在现阶段，有必要将虚拟民族志的研究同现实社会的研究相结合，即采用线上、线下相结合的方式，继续巩固“田野”在民族志中的地位和作用。

附录1　中西姓名译名对照表*

Ablon，Joan 阿布隆
Album，Irene 阿尔伯姆
Anderson，E. N. 安德森
Asheton，Guy 阿什顿
Barth，Frederick 巴斯
Bascom，William 巴斯科姆
Basham，Richard 巴沙姆
Bazakas，Mary 巴扎卡斯
Beals，Ralph 比尔
Bensman，Joseph 本斯曼
Berreman，Gerlald 布瑞曼
Boas，Franz 博厄斯
Boissevain，Jeremy 博斯维恩
Boswell，D. M. 鲍斯威尔
Bott，Elizabeth 鲍特
Braidwood，Robert 布雷伍德
Brim，Joseph 布里姆
Bruner，Edward 布鲁纳
Bryce-Laporte，R. 布赖斯-拉波特
Butterworth，D. 巴特沃斯
Cabral 卡布拉尔
Calhoun，J. B. 卡尔霍恩
Childe，V. Gordon 柴尔德
Cohen，Abner 科恩
Denich，Bette S. 丹尼克
Doughty，Paul 道蒂
Eames，Edwin 埃姆斯
Ehelich，P. 爱里奇
Epstein，A. L. 爱泼斯坦
Ewing，E. 尤因
Fallers，Lloyd 法勒斯
Firth，Raymond 弗思
Fisher，J. L. 菲歇尔
Forge，A. 弗格
Foster，George M. 福斯特
Frazer，J. G. 弗雷泽
Gans，Herbert J. 甘斯
Geertz，C. 格尔茨
Glick，Nina 格里克
Gluckman，Max 格利克曼
Gonzalez，N. 冈萨雷斯
Goode，Judith 古德
Goodenough，Ward M. 古德纳夫
Gordon，Milton M. 高登
Greaves，Thomas 格里夫斯
Greeberg，Joseph 格里博格
Grillo，B. D. 格里洛
Guldin，G. E. 顾定国
Gutkind，Peter 古特金
Hall，Peter 霍尔

* 本书译名主要参考：新华通讯社译名资料组．英语姓名译名手册．4版．北京：商务印务馆，2004.

Hannerz，Uif 汉纳兹
Harries Jones 海里斯·琼斯
Henderson，R. N. 亨德逊
Hill，Thomas W. 希尔
Hippler，Arthur 希普勒
Hirabayashi，J. 希雷巴亚斯
Hodge，William H. 霍奇
Hubert，J. 胡伯特
Hutheesing，Otome 胡斯辛
Jacobson，David 杰考布森
James，Jennifer 詹姆斯
Jones，Delmos 琼斯
Keil，Charles 基尔
Kemferer，Bruce 开普费勒
Kemper，Robert 肯珀
Kleiner，R. 克莱纳
Klevansky 格里维奇
Kroeber，A. L. 克鲁伯
Kulischer，Eugene 库利舍
Kulp，D. H. 葛学溥
Kuznets，D. S. 库兹涅茨
Lee，Everett S. 厄文特·S. 李
Leeds，Anthony 利兹
Lemasters，E. 雷马斯德
Lewis，Oscar 刘易斯
Liebow，Elliot 利博
Little，Kenneth 利特
Loewen，James W. 洛温
Lomnitz，L. 洛姆尼兹
Lynd，Robert S.；Lynd，Helen Merrill 林德夫妇
Mangin，W. 曼金
Mann，Nrenda 曼恩
Marris，Peter 马里斯
Mayer，Philip 迈耶
McGee，T. C. 麦基
Merry，S. E. 梅里
Miner，Horace 迈那
Moore，Wilbert 莫尔
Morgan，Lewis 摩尔根
Morrill，W. T. 莫里尔
Mtchell，J. C. 米歇尔
Murphey，R. 墨菲
Nagata，Judith 纳高塔
Nancy 南希
Pach，Richard 帕奇
Paden，J. N. 派盾
Padilla，E. 帕迪利亚
Parker，S. 帕克
Parkin，D. J. 帕金
Peattie，L. 皮蒂
Pilcher，William 皮尔彻
Plotnicov，Leonard 普拉尼科瓦
Price，John 普莱士
Rainwater，Lee 雷恩沃特
Ravenstein，E. G. 拉文斯坦
Redfield，Robert 雷德菲尔德
Roberts，Bryan 罗伯茨
Rollwagen，Jack 罗瓦根
Rowe，William 罗欧
Safe，Helen 色夫
Schneider，David 施耐德
Schwarzweller，Harry K. 施瓦兹威勒
Shack，W. A. 沙克
Shildkrat，Enid 施尔德雷特
Simic，Andrei 斯米克
Singer，M. 辛格
Sjoberg，Gideon 肖博格
Skinner，Elliott P. 斯坚纳
Smith，M. Estellie 史密斯
Southall，A. 索撒尔
Spradley，James 斯普拉德利
Stack，Carol 斯代克
Steward，J. 斯图尔德

Stub，Holger 斯塔布
Suttles，Gerald 萨特尔斯
Theodore，D. Graves 西奥多
Trigger，B. 特里格
Tylor，E. 泰勒
Uzzell，J. Douglas 乌兹尔
Valentine，Betty 瓦沦汀
Vatuk，Sylvia 瓦土克
Vidich，A. 维迪奇
Warner，W. L. 华纳
Watson，James 沃森
Weber，Max 韦伯
Weppner，Robert S. 韦普勒
Whiteford，Michael 怀特福德
Whyte，W. F. 怀特
Wiebe，Paul 威贝
Wilmott，P. 威尔莫特
Wirth，Louis 沃斯
Wolf，Eric 沃尔夫

附录 2　主要参考文献

（中文文献以姓氏笔画为序，英文文献以字母顺序排列）

一、中文参考文献

1. 马戎，王汉生，刘世定．中国乡镇企业的发展历史与运行机制．北京：北京大学出版社，1994.

2. 马强．流动的精神社区：人类学视野下的广州穆斯林哲玛提研究．北京：中国社会科学出版社，2006.

3. 王宁远，刘斌．杭州市良渚古城外围水利系统的考古调查．考古，2015（1）.

4. 王明达．浙江余杭反山良渚墓地发掘简报．文物，1988（1）.

5. 王彩凤，黄辰．居家隔离的心理调节．临床医学研究与实践，2020，5（S1）.

6. 王琛．漂移的时空：当代中国少数民族的经济生活．北京：社会科学文献出版社，2012.

7. 中国农村劳动力流动与转移课题组．中国农村劳动力就业现状及发展情景研究，农业经济问题，1989（7）.

8. 贝斯特．邻里东京．上海：上海译文出版社，2008.

9. 石奕龙．应用人类学．厦门：厦门大学出版社，1996.

10. 布雷克．越轨青年文化比较．北京：北京理工大学出版社，1989.

11. 台风之乡：澳门土生族群动态．澳门：澳门文化司署，1995.

12. 叽村英一．城市问题百科全书．哈尔滨：黑龙江人民出版社，1988.

13. 周大鸣．发展中国都市人类学//陈国强，林加煌．中国人类学的发展．上海：上海三联书店，1996.

14. 邢鉴生．新兴工业国家劳动力移动论．台北：台湾商务印书馆，1986.

15. 列堡（利博）．泰利的街角：一项街角黑人的研究．重庆：重庆大学出版社，2010.

16. 当代都市人类学发展概况人类学论文选集：三．中山大学学报论丛，1994.

17. 曹洪涛，储传亨．当代中国的城市建设．北京：中国社会科学出版社，1990.

18. 朱健刚．国与家之间：上海邻里的市民团体与社区运动的民族志．北京：社会科学文献出版社，2010.

19. 朱鸿飞，吕薇，李向平．发展与危机：长江流域发展战略思考．上海：上海人民出版社，1996.

20. 乔晓勤．危机与选择．成都：四川人民出版社，1989.

21. 任一飞，李彬．试论我国都市人类学研究的意义、范围和方法．民族研究，1994（1）.

22. 伊藤滋．城市与犯罪．北京：群众出版社，1988.

23. 庄英章，许木柱，潘英海．文化人类学．台北：空中大学，1992.

24. 刘铮．人口学辞典．北京：人民出版社，1986.

25. 刘敦桢．中国古代建筑史．北京：中国建筑工业出版社，1980.

26. 刘斌，王宁远，郑云飞，等．2006—2013 年良渚古城考古的主要收获．东南文化，2014（2）.

27. 刘福垣．关于农村城市化的几个认识问题．农业经济问题，1988（9）.

28. 许学强，叶嘉安，阎小培．中国经济改革与城市：发展、规划及教育．北京：科学出版社，1994.

29. 许学强．珠江三角洲的发展与城市化．广州：中山大学出版社，1988.

30. 阮西湖，张继焦．都市人类学研究在国外．内蒙古社会科学（文史哲版），1994（2）.

31. 阮西湖．20 世纪后半叶世界民族关系探析：社会人类学研究的一项新课题．北京：民族出版社，2004.

32. 阮西湖．都市人类学．北京：华夏出版社，1991.

33. 阮西湖．都市人类学学科的建立与中国都市人类学的发展．民族研究，1996（3）.

34. 孙九霞．浅析澳门与广东的文化关系：以对斗门县乾雾镇的初步调查为例．广州社会，1996.

35. 麦高登．香港重庆大厦：世界中心的边缘地带．上海：华东师范大学出版社，2015.

36. 杨允中．澳门与澳门基本法．澳门：澳门基金会，1994.

37. 杨国枢，文崇一．社会及行为科学研究的中国化．台北："中央研究院"民族学研究所专刊乙种第十号，1982.

38. 李亦园．文化的图像．台北：允晨文化实业股份有限公司，1992.

39. 李荣荣．美国的社会与个人：加州悠然城社会生活的民族志．北京：北京大学出版社，2012.

40. 李德洙．走向世界的中国都市人类学．北京：中国物资出版社，1994.

41. 李德洙．都市人类学与边疆城市理论研究．北京：中国民航出版社，1996.

42. 李德洙．都市化与民族现代化．北京：中国物资出版社，1994.

43. 吴志良．澳门政制．澳门：澳门基金会，1994.

44. 何金铭，周尔鎏．中国城乡协调发展的道路．西安：陕西人民出版社，1991.

45. 余振．澳门华人与政治文化．澳门：澳门基金会，1993.

46. 邹立行．新冠肺炎疫情对全球的影响和启示．东北财经大学学报，2020（4）.

47. 张晓春．文化适应与中心转移：近现代上海空间变迁的都市人类学研究．南京：东南大学出版社，2006.

48. 张继焦．都市人类学分析方法的演进与创新．世界民族，1996（1）.

49. 张鹂．城市里的陌生人：中国流动人口的空间、权力与社会网络的重构．南京：江苏人民出版社，2014.

50. 陈国强，林加煌．中国人类学的发展．上海：上海三联书店，1996.

51. 杰华．都市里的农家女：性别、流动与社会变迁．南京：江苏人民出版社，2006.

52. 周大鸣，马建钊．城市化进程中的民族问题研究．北京：民族出版社，2005.

53. 周大鸣，乔晓勤．现代人类学．重庆：重庆出版社，1990.

54. 周大鸣，周建新，刘志军．自由的都市边缘人：中国东南沿海散工研究．广州：中山大学出版社，2007.

55. 周大鸣．珠江三角洲外来劳动人口研究．社会学研究，1992（5）.

56. 周大鸣．都市人类学三题．中山大学学报（社会科学版），1991（4）.

57. 周大鸣，郭正林，等．中国乡村都市化．广州：广东人民出版社，1996.

58. 周大鸣．广州“外来散工”的调查与分析．社会学研究，1994（4）.

59. 周大鸣．外来工与“二元社区”：珠江三角洲的考察．中山大学学报（社会科学版），2000（2）.

60. 周大鸣．当代岭南文化的考察//广东炎黄文化研究会．岭峤春秋：岭南文化论集（一）．北京：中国大百科全书出版社，1994：77.

61. 周大鸣．安海与虎门：闽粤集镇化的比较．广州社会，1997（1）.

62. 周大鸣．论珠江三角洲的乡村都市化. 开放时代，1995（3）.

63. 周大鸣．现代都市人类学．广州：中山大学出版社，1997.

64. 周大鸣．珠江三角洲人口移动探讨．社会科学战线，1990（2）.

65. 周尔鎏，张雨林，等．城乡协调发展研究．南京：江苏人民出版社，1991.

66. 周星，王铭铭．社会文化人类学讲演集．天津：天津人民出版社，1997.

67. 郑天祥，等．澳门人口．澳门：澳门基金会，1994.

68. 郑杭生．中国社会转型中的社会问题．北京：中国人民大学出版社，1996.

69. 项飙．跨越边界的社区：北京“浙江村”的生活史．北京：生活·读书·新知三联书店，2000.

70. 赵辉．良渚的国家形态．中国文化遗产，2017（3）.

71. 科塔克．远逝的天堂：一个巴西小社区的全球化．北京：北京大学出版社，2012.

72. 费孝通．人的研究在中国．天津：天津人民出版社，1993.

73. 费孝通．行行重行行．银川：宁夏人民出版社，1992.

74. 费孝通．江村经济．南京：江苏人民出版社，1986.

75. 费孝通．学术自述与反思．北京：生活·读书·新知三联书店，1996.

76. 费孝通．费孝通学术论著自选集．北京：北京师范大学出版社，1992.

77. 贺业钜．关于我国古代城市规划体系之形成及其传统发展的若干问题//中国建筑学会建筑历史学术委员会．建筑历史与理论：第三、四辑．南京：江苏人民出版社，1984.

78. 秦洁．重庆“棒棒”：都市感知与乡土性．北京：生活·读书·新知三联书店，2015.

79. 夏循祥．权力的生成：香港市区重建的民族志．北京：社会科学文献出版社，2017.

80. 顾益康，黄祖辉，徐加．对乡镇企业—小城镇道路的历史评判：兼论中国农村城市化道路问题．农业经济问题，1989（3）.

81. 高珮义．中外城市化比较研究．天津：南开大学出版社，1991.

82. 郭书田，刘纯彬，等．失衡的中国．石家庄：河北人民出版社，1990.

83. 郭彦弘．城市规划概论．北京：中国建筑工业出版社，1992.

84. 唐代望，唐晓阳．现代城市管理学．北京：中国人事出版社，1991.

85. 朔知．良渚文化的初步分析．考古学报，2000（4）.

86. 陶复．建筑考古三十年综述（1949—1979）//中国建筑学会建筑历史学术委员会．建筑历史与理论：第三、四辑．南京：江苏人民出版社，1984.

87. 黄启臣，郑炜明．澳门经济四百年．澳门：澳门基金会，1994.

88. 黄淑娉，龚佩华．文化人类学理论与方法研究．广州：广东高等教育出版社，1996.

89. 曹漫之．中国青少年犯罪学．北京：群众出版社，1987.

90. 阎小培，林初升，许学强．地理·区域·城市：永无止境的探索．广州：广东高等教育出版社，1994.

91. 斯卡皮蒂．美国社会问题．北京：中国社会科学出版社，1986.

92. 韩起澜．苏北人在上海，1850—1980. 上海：上海古籍出版社，2004.

93. 辜胜阻，简新华．当代中国人口流动与城镇化．武汉：武汉大学出版社，1994.

94. 程焕文．信息高速公路：全面改变21世纪人类社会生活之路．广州：广东高等教育出版社，1995.

95. 程福财．流浪儿：基于对上海火车站地区流浪儿童的民族志调查．上海：上海社会科学院出版社，2008.

96. 童恩正．文化人类学．上海：上海人民出版社，1989.

97. 富晓星．空间文化表演：东北A市男同性恋群体的人类学观察．北京：光明日报出版社，2012.

98. 谢剑．理论与实践：当代应用人类学简介．成都：四川人民出版社，1990.

99. 蓝佩嘉．跨国灰姑娘：当东南亚帮佣遇上台湾新富家庭．长春：吉林出版集团有限责任公司，2011.

100. 澳门统计暨普查局．第十三次人口普查暨第三次住屋普查总体结果．1993.

101. 澳门族群的构成．“澳门土生人”特辑：人类学、历史和文化．RC文化杂志（中文版），1994（20）.

二、外文参考文献

1. BASHAM R. Urban anthropology：the cross-cultural study of complex societies. California：Mayfield Publishing Company，1978.

2. BOTT E. Family and social network. New York：The Free Press，1971.

3. BRUNN S D，WILLIAMS J F. Cities of the world. London：Harper & Row Ltd.，1983.

4. CADUFF C. What went wrong：corona and the world after the full stop. Medical anthropology quarterly，2020，34（4）.

5. COHEN A. Custom and politics in urban Africa. London：Routledge and Kegan Paul，1969.

6. EAMES E，GOODE J. Urban poverty in a cross-cultural context. New York：The Free Press，1973.

7. EAMES E，GOODE J G. Anthropology of the city：an introduction to urban anthropology. New Jersey：Prentice-Hall Inc.，1977.

8. EMBER C R，EMBER M. Cultural anthropology（seventh edition）. New Jersey：Prentice-Hall Inc.，1993.

9. EPSTEIN A L. Politics in an urban African community. Manchester：Manchester University Press，1958.

10. FOSTER G，KEMPER R. Anthropologists in cities. Boston：Little，Brown and Co.，1974.

11. FRY C V，CAI X，ZHANG Y，et al. Consolidation in a crisis：patterns of international collaboration in early COVID-19 research. PLOS ONE，2020，15（7）.

12. GANS H J. Urban villagers. New York：Simon and Schuster，1982.

13. GLAZER N，MOYNIHAN D P. Ethnicity：theory and experience. MA：Harvard University Press，1975.

14. GMELCH G，ZENNER W P. Urban life：readings in urban anthropology. New York：St. Martin's Press，1980.

15. GULDIN G E. Urbanizing China. Westport：Greenwood Press，1992.

16. GULDIN G E，SOUTHALL A. Urban anthropology in China. New York：Koln，1993.

17. GULDIN G E，DAMING Z. Rural urbanization. Chinese sociology and anthropology，1995—1996，28 (2).

18. GUTKIND P. Urban anthropology. New York：Barnes and Noble Books，1974.

19. HONIGMANN J J. Handbook of social and cultural anthropology. Chicago：Rand McNally and Co.，1973.

20. KEMPER R V. Trends in urban anthropological research：an analysis of the journal urban anthropology 1972—1971. Urban anthropology and studies of cultural systems and world economic development，1991，20 (4).

21. LEWIS O. La Vida. New York：Random House，Inc.，1965.

22. LIEBOW E. Tally's corner. Boston：Little，Brown and Co.，1967.

23. MANGIN W. Peasants in cities. Boston：Houghton Mifflin，1970.

24. MCGEE T G. The emergence of desakota regions in Asia：expanding a hypothesis//GINSBURG N，KOPPEL B，MCGEE T G. The extended metropolis：settlement transition in Asia. Honolulu：University of Hawaii Press，1991.

25. MITCHELL J C. Social networks in urban situations. Manchester：Manchester University Press，1969.

26. PILCHER W. The portland longshoremen. New York：Holt，Rinehart and Co.，1972.

27. REDFIELD R. The folk culture of Yucatan. Chicago：University of Chicago Press，1930.

28. REDFIELD R. Peasant society and culture. Chicago：University of Chicago Press，1956.

29. MURPHEY R. The city as a center of change：west Europe and China//WAGNER P L，MIKESELL M W. Readings in cultural geography. Chicago：University of Chicago Press，1962.

30. SJOBERG G. The pre-industrial city. American journal of sociology，1995，IX：438 - 445.

31. SOUTHALL A. Urban anthropology. New York：Oxford University Press，1973.

32. SPRADLEY J，MANN B. The cocktail waitress. New York：John Wiley & Sons，1975.

33. SUTTLES G. The social construction of communities. Chicago：University of Chicago Press，1972.

后　记

《现代都市人类学》一书原为1997年出版，一晃过去了26年，除了在“孔夫子旧书网”上有拍卖，其余早就售罄了。这些年，不时有同行催促我修订再版，但手上琐事甚多，一拖就拖下来了。在北京开会时认识了中国人民大学出版社人文分社社长潘宇，她询问我有什么书可以出版，于是我就提到了此书，她当即拍板可行。于是就指定了一位编辑与我联系，确定了最后交稿的日期。这样就无法推脱了！

我认为，作者无法校对自己的稿子，原因是永远无法定稿。此次修订，基本维持原有的框架，但每一章都进行了修改。一是文字的修改，二是增添新的个案和新的研究材料，三是增加新的节，四是对个别章重写。眼看交稿的日子越来越近，与原版相比，本书差不多脱胎换骨，可是总感觉问题还很多。

本书中引用了我的博士研究生们的一些研究个案材料，如刘华芹的“虚拟社区”，姬广绪的“土族快手”，王琛的“深圳苗族”，王欣的西双版纳移民与城市化，等等。田絮崖帮助我对全书进行了文字的校对，杨小柳对研究方法一章做出了贡献，翟慧文对城市问题一章做出了贡献。特此鸣谢！

感谢麻国庆教授作序！回想20世纪80年代下半叶，我们一起与美国的顾定国教授举办都市人类学培训班，参加首届中国都市人类学国际会议，筹办2000年国际人类学与民族学联合会中期会议等，共同见证了中国都市人类学发展壮大的过程。

学无止境！中国都市化进程加速，都市的规模、复杂性都在扩展，都市人类学有着更多施展的地方。作为正在发展中的都市人类学，要面对挑战、发现和解决问题，需要培养更多的人才满足日益增长的需求。期望本书能为此做点贡献！

周大鸣

2023年1月23日

图书在版编目（CIP）数据

现代都市人类学/周大鸣编著．-- 北京：中国人民大学出版社，2023.7
新编21世纪社会学系列教材
ISBN 978-7-300-31895-0

Ⅰ．①现… Ⅱ．①周… Ⅲ．①都市人类学-高等学校-教材 Ⅳ．①C912.4

中国国家版本馆CIP数据核字（2023）第124169号

新编21世纪社会学系列教材
现代都市人类学
周大鸣　编著
Xiandai Dushi Renleixue

出版发行	中国人民大学出版社		
社　　址	北京中关村大街31号	**邮政编码**	100080
电　　话	010－62511242（总编室）		010－62511770（质管部）
	010－82501766（邮购部）		010－62514148（门市部）
	010－62515195（发行公司）		010－62515275（盗版举报）
网　　址	http://www.crup.com.cn		
经　　销	新华书店		
印　　刷	北京市鑫霸印务有限公司		
开　　本	787 mm×1092 mm　1/16	**版　　次**	2023年7月第1版
印　　张	14.5 插页1	**印　　次**	2023年7月第1次印刷
字　　数	301 000	**定　　价**	49.00元

关联课程教材推荐

书号	书名	作者	定价
978-7-300-27737-0	人类学通论（第四版）	庄孔韶	65.00 元
978-7-300-17154-8	人类学研究方法	王积超	40.00 元
978-7-300-18650-4	人类学理论史	黄剑波	20.00 元
978-7-300-13316-4	医学人类学	张有春	49.00 元
978-7-300-28548-1	理解人类多样性：科塔克人类学	康拉德·菲利普·科塔克	88.80 元

配套教学资源支持

尊敬的老师：

衷心感谢您选择人大版教材！相关的配套教学资源，请到中国人民大学出版社官网（www.crup.com.cn）下载。部分教学资源需要验证您的教师身份后，才可以下载，请您登录出版社官网后，点右上角“注册”，填写“会员中心”的“我的教师认证”项目，等待后台审核。我们将尽快为您开通下载权限。

如您急需教学资源或教材样书，也可以直接与我们的编辑联系：

龚洪训　　电话：010-62515637　　电子邮箱：6130616@qq.com

专业教师 QQ 群：

195761402（全国社会学教师 QQ 群）

欢迎您登录浏览人大社网站，了解图书信息，共享教学资源

期待您加入专业教师 QQ 群，开展学术讨论，交流教学心得